METHODEN HISTORISCHEN LERNENS

BERND SCHÖNEMANN, HOLGER THÜNEMANN

Schulbucharbeit

Das Geschichtslehrbuch in der Unterrichtspraxis

WOCHEN SCHAU GESCHICHTE

Bibiliografische Information der Deutschen Nationalbibliothek

Die Deutsche Nationalbibliothek verzeichnet diese Publikation in der Deutschen Nationalbibliografie; detaillierte bibliografische Daten sind im Internet über http://dnb.ddb.de abrufbar.

www.wochenschau-verlag.de

Umschlaggestaltung: Ohl Design
Umschlagbild: imago
Gedruckt auf chlorfrei gebleichtem Papier
Gesamtherstellung: Wochenschau Verlag
ISBN 978-3-89974592-4

Inhaltsverzeichnis

Vorwort

Trotz zunehmender Konkurrenz gilt das Schulbuch nach wie vor als Leitmedium des Geschichtsunterrichts. Dennoch ist sein Status prekär. Die meisten Schülerinnen und Schüler finden Schulbucharbeit eher langweilig, und in Schule und Hochschule macht man immer wieder die Erfahrung, dass in der Regel ziemlich unklar ist, wie man mit dem Schulbuch in der Unterrichtspraxis eigentlich umgehen soll.

Die vorliegende Publikation verfolgt daher ein doppeltes Ziel. Einerseits soll sie die Chance eröffnen, sich mit dem Medium des Geschichtslehrbuchs – mit seiner Entwicklung und Konstruktion, mit seiner Analyse und Erforschung – theoretisch auseinanderzusetzen. Ausgehend von dieser theoretischen Fundierung, bietet der Band andererseits Anregungen und Ideen, die dazu beitragen können, dass Schulbucharbeit zu einer motivierenden und abwechslungsreichen Lehr-Lernmethode im Geschichtsunterricht wird. Anders als manchmal behauptet sind nämlich auch moderne Schulgeschichtsbücher keine „Selbstläufer". Sie verfügen zwar über zahlreiche Methodenseiten und bieten Tipps zur Unterrichtsgestaltung. Guter Geschichtsunterricht ist aber nur möglich, wenn Lehrerinnen und Lehrer sich intensiv mit der medialen Eigenlogik des Schulbuchs auseinandersetzen: Wie sind Schulbücher aufgebaut? Was muss man beachten, wenn man auf der Basis des Schulbuchangebots Geschichte unterrichten will? Und: Welche Methoden der Schulbucharbeit eignen sich für die Anbahnung reflektierter Lehr-/Lernprozesse?

Der vorliegende Band gibt auf zentrale Fragen wie diese eine Antwort. Er ist damit die erste umfassende Monografie zum Thema, er schlägt eine Brücke zwischen Theorie und Praxis und versucht zugleich, eine häufig beklagte Forschungslücke zu schließen. Adressaten des Buches sind sowohl Studierende und Referendare als auch praktizierende Geschichtslehrerinnen und Geschichtslehrer. Damit der Band den Anforderungen eines beschleunigten Studien- und Berufsalltags gerecht werden kann, ist er so konzipiert, dass die einzelnen Kapitel auch getrennt voneinander lesbar sind. Dass dadurch insgesamt geringfügige Redundanzen entstehen, haben wir bewusst in Kauf genommen.

Wolfgang Jacobmeyer hat mehrere Kapitel dieses Buches akribisch gelesen und kommentiert. Ihm gilt unser Dank ebenso wie Markus Drüding, Manuel Köster, Martin Schlutow, Sebastian Wemhoff und Anne Ritter.

Münster, im April 2010
Bernd Schönemann und Holger Thünemann

1. Klassiker oder Auslaufmodell? Das Schulbuch als Leitmedium des Geschichtsunterrichts

„Klassiker oder Auslaufmodell?" – wer so zugespitzt fragt und nicht bloß eine rhetorische Scheinalternative aufbauen will, der muss zunächst einmal die Zuspitzung seiner Fragestellung rechtfertigen. Denn vorliegende Untersuchungen über die „Zukünftige Entwicklung von Lehr- und Lernmedien", so der Titel einer von der Cornelsen-Stiftung in Auftrag gegebenen Delphi-Studie,[1] weisen ziemlich deutlich darauf hin, dass die *„traditionellen Medien [...] durch die neuen elektronischen Medien nicht verdrängt oder gar völlig ersetzt"*[2] werden. Dies gilt insbesondere für das traditionelle Schulbuch, und zwar explizit auch dann, wenn keine Kopplung mit neuen Medien vorliegt. Der Einschätzung „Das traditionelle Schulbuch wird in Zukunft kaum noch genutzt, es sei denn, es ist mit neuen Medien gekoppelt" *widersprachen* immerhin 46 Prozent der Befragten,[3] und knapp 40 Prozent bewerteten die Bedeutung der Schulbücher für schulisches Lernen mit „sehr hoch bzw. hoch", womit diese zwar hinter den elektronischen Medien rangierten, aber die Spitzenstellung unter allen klassischen Unterrichtsmedien einnahmen.[4]

Die in der fach*unspezifischen* Delphi-Studie der Cornelsen-Stiftung vorherrschende Tendenz zur *Symbiose alter und neuer Medien* entspricht auch dem Mainstream der geschichtsdidaktischen Diskussion, wie er sich im Prinzip, wenn auch in wechselnder Diktion, schon seit Jahrzehnten beobachten lässt. Bereits 1986 traf Joachim Rohlfes folgende Feststellung: „Nach wie vor ist das Geschichtsbuch [...] das meistverwendete Lehr- und Lernmittel des Faches [...]. Die Prophezeiung vom Zurücktreten des Buches im Zeitalter der visuellen Medien hat sich, was den Geschichtsunterricht betrifft, bislang nicht bewahrheitet."[5] Acht Jahre später variierte er seine These: „Unter den Medien des Geschichtsun-

1 Vgl. Cornelsen-Stiftung „Lehren und Lernen": Zukünftige Entwicklung von Lehr- und Lernmedien. Ausgewählte Ergebnisse einer Delphi-Studie – zusammengestellt von Witlof Vollstädt. In: Internationale Schulbuchforschung 24 (2002), S. 213-231. „Die Delphi-Methode wurde gewählt, weil das Erfahrungswissen von Experten aus Schulforschung, Erziehungswissenschaft, Fachdidaktik, Medienpädagogik, Lehreraus- und -fortbildung sowie Schulpraxis genutzt werden sollte [...]. Wesentliche Kennzeichen dieser Methode sind [...] die Mehrstufigkeit der Befragung und die Rückkopplung der jeweiligen Ergebnisse." Vgl. Witlof Vollstädt: Neue Medien und Schulentwicklung. In: Internationale Schulbuchforschung 24 (2002), S. 161-173, Zitat S. 161 f.

2 Vollstädt, Medien (wie Anm. 1), S. 166. Kursive Hervorhebungen im Original.

3 Vgl. ebd., S. 165 f.; Cornelsen-Stiftung, Entwicklung (wie Anm. 1), S. 219 f., Zitat S. 220.

4 Vgl. Cornelsen-Stiftung, Entwicklung (wie Anm. 1), S. 222.

5 Joachim Rohlfes: Geschichte und ihre Didaktik. Göttingen 1986, S. 310.

terrichts ist das Schulbuch nicht nur das älteste und traditionsreichste, sondern nach wie vor auch das bei weitem wichtigste. Seine mehrfach prophezeite Entthronung durch die neuen elektronischen Medien hat bislang nicht stattgefunden und steht fürs erste auch kaum zu erwarten. Seinen Erfolg verdankt das Buch nicht nur liebgewordenen Gewohnheiten und den dem Buch grundsätzlich innewohnenden Stärken, sondern auch den mancherlei Modernisierungsschüben, die es in den letzten Jahrzehnten erlebt hat [...]."[6] Schließlich werden auch und gerade von denjenigen, die sich für eine Arbeit mit den neuen Medien im Geschichtsunterricht einsetzen, überwiegend moderate Positionen vertreten. So konditioniert und limitiert Peter Kunze den Einsatz neuer Medien, indem er ihn von übergeordneten didaktischen Qualitätskalkülen abhängig macht und nur für spezifische Anwendungsbereiche wie entdeckendes Lernen, historische Projektarbeit und fächerverbindenden Unterricht empfiehlt.[7] Und Vadim Oswalt spricht ganz offen davon, dass der Umgang mit Multimedia im Geschichtsunterricht „zwischen Euphorie und tiefer Skepsis" schwanke: „Hochfliegenden Erwartungen im Hinblick auf die unbegrenzten Möglichkeiten der Neuen Medien steht oftmals die Ernüchterung über die tatsächliche Qualität von CD-ROMs gegenüber."[8]

Wenn also sowohl die allgemeindidaktisch-medienwissenschaftliche wie auch die geschichtsdidaktische Diskussion weniger durch schroffe Alternativen zwischen alten und neuen Medien als durch Perspektiven der Symbiose geprägt ist und wenn zusätzlich berücksichtigt wird, dass das Schulbuch in seiner herkömmlichen Form aus einem jahrhundertelangen Entwicklungsprozess hervorgegangen[9] und auch in der Gegenwart weniger durch Homogenität als durch Differenz geprägt ist, dann stellt sich erneut die Frage nach der Berechtigung der schroffen Dichotomie Klassiker versus Auslaufmodell. Die Antwort ist relativ einfach: Diese Dichotomie ist vom Betrachter abhängig, und wenn *der* von der Zukunftsvision eines „computergestützten Schulbuchs" ausgeht, das „als computerlesbare[r] Datenträger gestaltet" sein soll, dann kann er die

6 Joachim Rohlfes, Schulgeschichtsbücher. In: Geschichte in Wissenschaft und Unterricht 45 (1994), S. 460-465, Zitat S. 460.

7 Vgl. Peter Kunze: Neue Medien als Herausforderung für guten Unterricht. In: Geschichte lernen 15 (2002), H. 89, S. 10-16.

8 Vgl. Vadim Oswalt: Multimediale Programme im Geschichtsunterricht. Visionen und Alltagsprobleme. Ebd., S. 17-21, Zitate S. 17; ders.: Multimediale Programme im Geschichtsunterricht (Geschichte am Computer, Bd. 1). Schwalbach/Ts. 2002. Zu wiederkehrenden Mängeln im Bereich der neuen Medien vgl. auch Kunze, Medien (wie Anm. 7), S. 12.

9 Vgl. dazu das 3. Kapitel dieses Bandes.

auf dem gegenwärtigen Schulbuchsektor beobachtbare Formenvielfalt durchaus auf einen einzigen Typus reduzieren – auf den Typus *des* Schulbuchs in der „gewohnte[n] Buchform". Der Betrachter, von dem hier die Rede ist, ist Waldemar Grosch, dessen anregender Aufsatz über „Das Schulbuch der Zukunft"[10] aus dem Jahre 2001 in der geschichtsdidaktischen Diskussion, soweit wir sehen, nicht hinreichend rezipiert worden ist,[11] hier aber seiner zuspitzenden Kraft wegen zum Ausgangspunkt einer Erörterung gemacht werden soll, in der nichts Geringeres als die *Zukunftsfähigkeit des Schulbuchs in seiner herkömmlichen Form* zur Debatte steht und aus der sich am Ende vielleicht Erkenntnisse über die Faktorenvielfalt gewinnen lassen, die eben darüber entscheidet.

Grosch baut seine Argumentation in fünf Schritten auf, die zunächst im Überblick präsentiert und dann im Einzelnen erläutert werden sollen:

1. Fundamentalkritik an aktuellen Schulbüchern,
2. Vorstellung der „Alternative", nämlich des „Schulbuch[s] auf Datenträger",
3. Entwicklung eines konkreten Umsetzungsvorschlags,
4. Erläuterung der „technischen Voraussetzungen und Kosten",
5. Diskussion möglicher „Einwände".

Am Anfang steht eine *Fundamentalkritik der aktuellen Schulbücher* herkömmlichen Typs, die Grosch zunächst bündelt und dann ausfaltet. Die größte Schwäche des traditionellen Schulbuchs liegt für ihn offenbar in den *Grenzen*, die *seiner Multimedialität* trotz seiner Kompaktheit gesetzt sind: „Als ‚didaktisches Kompendium unterschiedlicher Medien' ", so formuliert er in Anlehnung an Wolfgang Hug, „stößt es jedenfalls an seine Grenzen: gerade die besonders ansprechenden AV-Medien, Animationen und Tonbeispiele bleiben einem herkömmlichen Buch grundsätzlich verschlossen."[12] Auch die weiteren Nachteile, die Grosch in sechs Punkten zusammenfasst, sieht er „in der Natur des Mediums

---

10 Vgl. Waldemar Grosch: Das Schulbuch der Zukunft. In: Hans-Jürgen Pandel/Gerhard Schneider (Hrsg.): Wie weiter? Zur Zukunft des Geschichtsunterrichts. Schwalbach/Ts. 2001, S. 136-155, Zitate S. 140.

11 Indikator dafür ist die Nichtberücksichtigung in den einschlägigen Schulbuchartikeln der Handbücher und Kompendien: Ursula A.J. Becher: Schulbuch. In: Hans-Jürgen Pandel/Gerhard Schneider (Hrsg.): Handbuch Medien im Geschichtsunterricht. 4. Aufl. Schwalbach/Ts. 2007, S. 45-68; Renate Teepe: Umgang mit dem Schulbuch. In: Ulrich Mayer/Hans-Jürgen-Pandel/Gerhard Schneider (Hrsg.): Handbuch Methoden im Geschichtsunterricht. 2., überarb. Aufl. Schwalbach/Ts. 2007, S. 255-268.

12 Grosch, Schulbuch der Zukunft (wie Anm. 10), S. 136. Konkret bezieht sich Grosch auf Wolfgang Hug: Geschichtsunterricht in der Praxis der Sekundarstufe I. 3. Aufl. Frankfurt/M. 1985, S. 138.

selbst" begründet: (1) die nur mäßige Attraktivität für Schülerinnen und Schüler, (2) die durch ein vorgegebenes didaktisches Konzept verursachte pädagogische Eingleisigkeit, (3) die hohen Anschaffungskosten und die damit einhergehende Langzeitbindung an ein bestimmtes Werk, (4) die „Parzellierung des Unterrichtsstoffs" durch Beschränkung auf ein einziges Fach, (5) die eingeschränkte Tauglichkeit als Nachschlagewerk und (6) die häufig schlechte Verfügbarkeit für Rück- und Vorgriffe sowohl im Unterricht als auch zuhause.[13]

„Die genannten Mängel", so leitet Grosch seinen zweiten Argumentationsschritt ein, „sind weitestgehend im materiellen Bereich zu suchen; sie lassen sich leicht beheben, wenn man die gewohnte Buchform aufgibt und Schulbücher künftig als computerlesbare Datenträger gestaltet." Damit sind wir bei der *Vorstellung der „Alternative", beim „Schulbuch auf Datenträger"*.[14]

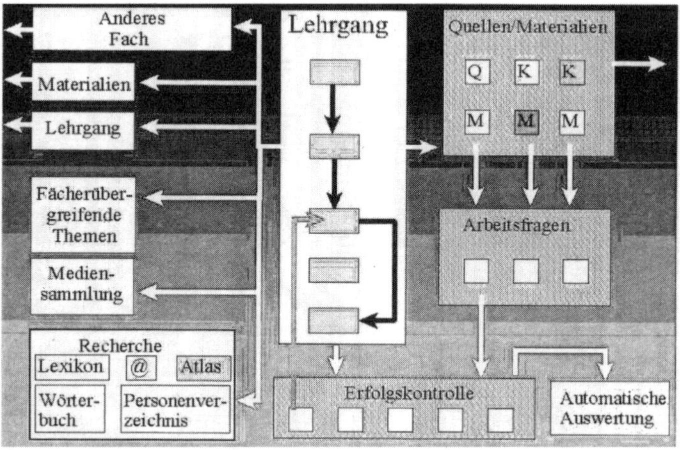

Abb. 1: Der Aufbau des Schulbuchs auf Datenträger (Waldemar Grosch: Das Schulbuch der Zukunft. In: Pandel/Schneider, Wie weiter? [wie Anm. 10], S. 145)

Grosch zufolge weist das „computergestützte Schulbuch" im Unterschied zu seinem herkömmlichen Vorgänger vor allem Vorteile auf, und zwar wiederum sechs an der Zahl: (1) die „multimediale Gestaltung", gekennzeichnet durch ein unbegrenztes Medienangebot, jederzeitigen

13 Vgl. Grosch, Schulbuch der Zukunft (wie Anm. 10), S. 136-140, Zitate S. 136 u. 139.

14 Ebd., S. 140. Kursive Hervorhebungen durch die Verf.

Internetzugriff und ein „Höchstmaß an Flexibilität" in der Anpassung an einzelne Unterrichtsstunden und Lerngruppen, (2) die „Vielseitigkeit" im Hinblick auf Arbeits- und Sozialformen, Varianten der Materialpräsentation und Rückgriffe auf „Datenbestände anderer Fächer", Sequenzen oder Schuljahre, (3) verbesserte Möglichkeiten der Leistungsdiagnostik und Lernerfolgskontrolle, (4) individuelle Nutzbarkeit als „Lernmaschine" im Rahmen des Selbststudiums, (5) vergleichsweise rasche Aktualisierbarkeit durch updating und schließlich (6) erleichterte Materialbeschaffung sowie verbesserte „Nachschlagemöglichkeiten für alle Schülerinnen und Schüler".[15]

Soviel zu den Leistungsmöglichkeiten eines „Schulbuchs auf Datenträger". Wie dieses konkret aussehen sollte, weiß auch Grosch nicht, denn er spricht davon, dass viele Fragen erst noch im Rahmen eines Forschungsprojekts unter Beteiligung von Fachvertretern und „Fachleute[n] für Programmierung, Ergonomie und ästhetische Gestaltung" geklärt werden müssten. Gleichwohl entwickelt er einen *konkreten Umsetzungsvorschlag*, bestehend aus einem Aufbaukonzept und zwei Beispielsequenzen zur Dampfmaschine und zur Industrialisierung, auf deren detaillierte Darstellung hier verzichtet werden muss.[16]

Dafür wollen wir uns mit den *technischen Voraussetzungen und Kosten*, die Grosch gesondert erläutert, genauer befassen. „Selbstverständlich", so schreibt er, „bedingt die Einführung eines solchen Schulbuchs auf Datenträger ein gewisses Maß an Investitionen. Allerdings sind diese gar nicht so hoch: Notwendig wäre lediglich ein auch nach heutigen Verhältnissen einfacher Multimedia-PC pro Schüler, wie er in den Computerräumen der Schulen bereits regelmäßig vorhanden ist [...]. Diese Geräte müssen nun aber in sämtlichen Räumen installiert und über ein Klassenraumnetz mit anderen Rechnern verbunden werden, ähnlich wie in einem Sprachlabor [...]. Allerdings wäre für die Installation und Unterhaltung der Netzwerke *Personal* erforderlich; das Engagement einzelner technisch versierter Kollegen reicht nicht aus. Denkbar wäre die Einführung eines Dienstpostens ‚Technischer Assistent', wie ihn einzelne Schulen für die Betreuung von Sammlungen und AV-Geräten

15 Vgl. ebd., S. 140-144, Zitate ebd. Bei der Beschreibung all dieser Vorzüge gewinnt man bisweilen den Eindruck, als hielte Grosch das Schulbuch auf Datenträger nicht nur für das bessere Schulbuch, sondern auch für den besseren Lehrer. So betont er beispielsweise, dass die Lernmaschine die Intimität des einzelnen Schülers wahre, weil sie ihn bei der Korrektur eines Fehlers nicht vor den anderen bloßstelle, ja er verleiht ihr sogar anthropomorphe Eigenschaften, wenn er die „unerschöpfliche Geduld" des Computers hervorhebt. Vgl. ebd., S. 144.

16 Vgl. ebd., S. 145-151, Zitat S. 144f.

kennen."[17] Auch im Hinblick auf die häusliche Nutzung des Schulbuchs auf Datenträger ist Grosch zuversichtlich: „[I]n großer Zahl" könnten Schülerinnen und Schüler bereits heute ihren eigenen Computer benutzen, und im „günstigsten Fall" verfügten alle Schülerinnen und Schüler über einen „eigenen" Laptop, der sowohl zuhause als auch in der Schule genutzt werden könne.[18]

Abschließend diskutiert Grosch vier mögliche *Einwände* gegen sein Konzept. Da ist erstens der Einwand gegen die Monopolstellung eines Schulbuchs auf Datenträger, den er mit dem Hinweis darauf zu entkräften versucht, dass dieses als ein Unterrichtsmedium „neben anderen" gedacht sei. Der zweite Einwand richtet sich gegen eine mögliche Unterforderung der Schüler durch schematische Stoffpräsentation. Dagegen macht Grosch geltend, dass das Medium genügend Differenzierungsmöglichkeiten biete. Sodann gibt es den dritten Einwand, der sich gegen eine Verdrängung des herkömmlichen Schulbuchs richtet, also letztlich eine Variante des ersten Einwandes darstellt und eben deshalb auch mit der Versicherung, es sei „keineswegs daran gedacht, das Buch völlig zu verdrängen", beschwichtigt wird. Der vierte und letzte Einwand beklagt den „Mehraufwand bei der Unterrichtsvorbereitung". Ihn schwächt Grosch ab, indem er darauf verweist, dass Lehrerinnen und Lehrer auf „vorgefertigte Module" zurückgreifen könnten, „die grundsätzlich ohne Hinzufügung eigener Materialien" einsetzbar seien.[19]

Soweit die von Waldemar Grosch angestellten Überlegungen zum „Schulbuch der Zukunft", die jetzt problematisiert werden müssen; denn wenn die herkömmlichen Schulbücher so gravierende Nachteile aufweisen, wenn alternative Schulbücher auf Datenträger ihnen wirklich so haushoch überlegen sind, wenn sie sich so leicht konzipieren und entwickeln lassen, wenn die technischen und finanziellen Voraussetzungen so problemlos erfüllt werden können und wenn sich die Einwände gegen das Schulbuch der Zukunft so mühelos entkräften lassen – wieso haben wir es dann *immer* noch nicht?

Weshalb das herkömmliche Schulbuch auch heute noch eher als Klassiker denn als Auslaufmodell bezeichnet werden kann und jedenfalls noch immer als Leitmedium des Geschichtsunterrichts fungiert, lässt sich nicht monokausal erklären. Wer eindimensional argumentiert, wie Grosch dies infolge seiner Fixierung auf das Kritierium multimedialer Leistungsfähigkeit im Wesentlichen tut, wird keine Lösungen für komplexe Sachverhalte finden können, sondern unweigerlich unterkomplex

17 Ebd., S. 151, kursive Hervorhebung durch die Verf.
18 Vgl. ebd., S. 152, Zitate ebd.
19 Vgl. ebd., S. 153-155, Zitate S. 153f.

bleiben. Um dies zu vermeiden, soll die Frage, weshalb das Schulbuch der Zukunft vorerst noch mit dem Schulbuch der Gegenwart identisch ist, auf dem Weg über die verschiedenen mit ihm verknüpften Erwartungshaltungen beantwortet werden. Die *Hypothese* ist dabei die, *dass das klassische Schulbuch sich gegenüber dem Schulbuch auf Datenträger deshalb behauptet hat und auch weiterhin behaupten kann, weil es im Spannungsfeld heterogener Erwartungshaltungen mehr Wünsche besser erfüllt als seine Konkurrenz.*

Joachim Rohlfes beschreibt die Komplexität dieses Spannungsfeldes wie folgt: „Bei der Abfassung eines Schulbuches will eine Mehrzahl von Gesichtspunkten beachtet sein, die miteinander nicht immer aufs beste harmonieren: Die Fachwissenschaft verlangt Vollständigkeit und Exaktheit, die Ökonomie des Lernens Kürze und Vereinfachung; der Themenkatalog der verbindlichen Richtlinien entspricht nur selten dem, was die Fachhistoriker für unabdingbar halten; dem Autor schwebt ein umfangreiches, glänzend ausgestattetes Buch vor, der Verleger darf einen gewissen Preis nicht überschreiten; Herausgeber und Verfasser denken an ein grundstürzend neues Konzept, die Verlagsredakteure an die traditionell denkenden Abnehmer. Die Entstehung von Schulbüchern ist von hundert Kompromissen begleitet, und die Schulbuchanalyse hat die Pflicht, solche Zwänge nicht zu ignorieren."[20]

So einleuchtend und praxisnah diese Erklärungen für den Kompromisscharakter des Schulbuches auch sind, sowenig können wir uns mit ihnen zufrieden geben, weil wir ja vergleichend argumentieren wollen. Beginnen wir unseren Überblick über das Spannungsfeld heterogener Erwartungshaltungen mit der Erwartungshaltung der *Schulbuchverlage*, die – jedenfalls in unserem politischen System – als private Wirtschaftsunternehmungen arbeiten, dem ökonomischen Kalkül verpflichtet sind und deshalb vorrangig auf ein vernünftiges Verhältnis von Aufwand und Ertrag achten.[21] Unser politisches System ist aber zugleich auch föderalistisch verfasst, und die Kulturhoheit der Länder hat zur Folge, dass es nicht einen einzigen Schulbuchmarkt, sondern „16 Teilmärkte mit eigenen Fächern, Lehrplänen und Schularten" gibt. Das verlegerische Hauptrisiko liegt also weniger im Bereich des Absatzes, der durch den Status der Schulbücher als Pflichtlektüre weitgehend garantiert ist und allenfalls demografiebedingten Schwankungen unterliegt, sondern

20 Rohlfes, Geschichte und ihre Didaktik (wie Anm. 5), S. 319.

21 Vgl. dazu jetzt Heike Hessenauer: Die Produktion von Schulbüchern – Zwischen rechtlichen Vorgaben und unternehmerischem Kalkül. In: Saskia Handro/Bernd Schönemann (Hrsg.): Geschichtsdidaktische Schulbuchforschung (Zeitgeschichte – Zeitverständnis, Bd. 16). Berlin 2006, S. 265-282.

mehr in einer uneinheitlichen und wechselhaften Bildungs- und Schulpolitik.[22] Wenn jedes der jetzt 16 Länder der Bundesrepublik Deutschland beispielsweise nicht nur abstrakt eine Verstärkung der Regional- und Landesgeschichte in den Richtlinien und Lehrplänen festschreiben, sondern konkret die Behandlung bestimmter Themen der je *eigenen* Regional- und Landesgeschichte verordnen würde, dann müssten die Schulbuchverlage, deren Produkte ja ein strenges staatliches Zulassungsverfahren durchlaufen müssen, im Extremfall 16 verschiedene Ausgaben vorlegen. Mit anderen Worten: Je weniger die Verlage ihre Produkte verändern und variieren müssen und je länger sie sie verkaufen können, desto besser wirkt sich das auf ihre Ertragslage aus. Das von Grosch entworfene Schulbuch der Zukunft macht sie komplizierter statt einfacher: Allein die fächerübergreifende Kombination aller Unterrichtsfächer einer Jahrgangsstufe auf einer CD-ROM würde die update-Intervalle enorm verkürzen und ungeheure Kapazitäten binden, die man vielleicht in den großen Lexikonverlagen hat, nicht aber in den Schulbuchverlagen; ohnehin würde die Konzeption eines konsequent fächerverbindenden Lehrbuchs die Möglichkeiten gerade kleinerer und spezialisierter Verlage überschreiten. Je mehr man miteinander verkettet, desto komplizierter werden die Abläufe – diese Einsicht ist offenbar verlorengegangen.

Bei der Analyse der Erwartungshaltung der *Schulträger* soll eine Ebene berücksichtigt werden, die häufig ausgeklammert bleibt: die *kommunale Ebene.* Diese ist deshalb von Bedeutung, weil Schule eine gemischt finanzierte Veranstaltung darstellt. Für die Gebäude, die Sachausstattung und das technische Personal sind in erster Linie die Städte und Gemeinden zuständig, während die Länder für das pädagogische Personal aufkommen. Würde man also, den Vorschlägen Groschs folgend, alle Schulen flächendeckend mit Computern bestücken und zur Installation, Wartung und Vernetzung der Rechner sogar neues technisches Personal einstellen, so löste man damit eine veritable Kostenlawine aus, die die kommunalen Etats restlos überfordern müsste. Wenn sich kürzlich schon eine verhältnismäßig wohlhabende Großstadt wie Münster außerstande sah, die Streichung von Landeszuschüssen zur Schulbuchbeschaffung für sozial schwächere Schüler vorübergehend mit Mitteln aus dem eigenen Etat zu kompensieren – wie realistisch ist es dann, von einer durchgängig opulenten Ausstattung der Schulen mit Hardware, Software und zusätzlichem technischen Personal, flächendeckend finanziert durch kommunale Haushalte, auszugehen?

22 Vgl. ebd., S. 275.

Die nächsthöhere und zugleich höchste Ebene der Schulträgerschaft ist die *Länderebene*. Auf ihr ist mit der Kulturhoheit zugleich die Schulhoheit angesiedelt. Das schließt unter anderem das Recht ein, über die Zulassung von Schulbüchern zu entscheiden.[23] In der Ausübung dieses Rechts gab und gibt es durchaus Unterschiede zwischen den einzelnen Ländern.[24] Gegenwärtig reicht das „Spektrum der Regelungen [...] von Berlin, das im Januar 2004 das Zulassungsverfahren abgeschafft hat, über Brandenburg, Bremen, Hamburg und Sachsen-Anhalt, wo Schulbücher für die Sekundarstufe II nicht genehmigungspflichtig sind, und dem Saarland, das nicht selbst prüft (dort gelten in Baden-Württemberg und Rheinland-Pfalz zugelassene Bücher als genehmigt) bis hin zu Ländern wie z. B. Bayern, wo zwei anonyme Gutachter (Lehrkräfte) zusätzlich zu einem allgemeinen Katalog speziell für Geschichte auch einen methodisch-inhaltlichen mit 20 Fragen vorgelegt bekommen. Als Trend ist hier in den letzten Jahren insgesamt eine Liberalisierung festzustellen."[25] Trotz dieser Unterschiede zwischen den Ländern und trotz der genannten Liberalisierungstendenz steht aber nicht zu erwarten, dass die Länder ihre Gestaltungs- und Kontrollrechte gänzlich aufgeben. Sie werden weiterhin Schulgesetze, Richtlinien und Lehrpläne erlassen und überprüfen, ob die verwendeten Unterrichtsmedien gesetzes- und verwaltungsrechtskonform gestaltet sind, und dies lässt sich bei herkömmlichen Schulbüchern, die eine vergleichsweise hohe Objektpermanenz besitzen, sehr viel leichter bewerkstelligen als bei den vergleichsweise flüchtigeren elektronischen Medien, die sehr viel rascher verändert werden können. Mit anderen Worten: Das statische

23 Zur historischen Entwicklung der Schulbuchzulassung vgl. Walter Müller: Schulbuchzulassung. Zur Geschichte und Problematik staatlicher Bevormundung und Kontrolle von Unterricht und Erziehung (Grundfragen systematischer Pädagogik, Bd. 2). Kastellaun 1977; Michael Sauer: Zwischen Negativkontrolle und staatlichem Monopol. Zur Geschichte von Schulbuchzulassung und -einführung. In: Geschichte in Wissenschaft und Unterricht 49 (1998), S. 144-156. Zur Kritik an der geläufigen Zulassungspraxis vgl. Joachim Rohlfes: Die staatliche Prüfung und Zulassung von Schulbüchern: ein notwendiges Ärgernis? Unfrisierte Gedanken eines Schulbuchverfassers. In: Geschichte in Wissenschaft und Unterricht 33 (1982), S. 599-608; ders.: Politische und didaktische Tugendwächter. Warum unsere Schulbuch-Gutachter mehr Zurückhaltung üben sollten. In: Geschichte in Wissenschaft und Unterricht 49 (1998), S. 157-164.

24 Vgl. Angelika Lackamp/Jörg Ziegenspeck: Das Schulbuchgenehmigungs- und Schulbuchzulassungsverfahren in den Ländern der Bundesrepublik Deutschland – Eine Synopse mit kritischen Anmerkungen. In: Horst Schallenberger/Gerd Stein (Hrsg.): Das Schulbuch zwischen staatlichem Zugriff und gesellschaftlichen Forderungen (Zur Sache Schulbuch, Bd. 7). Kastellaun 1978, S. 101-132.

25 Hessenauer, Produktion (wie Anm. 21), S. 272.

Leitmedium Schulbuch kommt dem staatlichen Kontrollinteresse stärker entgegen als sein dynamischeres elektronisches Pendant. Und vielleicht gibt es sogar eine stillschweigende Interessenkonvergenz zwischen den Verlagen und den Ländern: Wenn jene ihren Aufwand begrenzen und diese ihre Hoheits- und Kontrollrechte wahren wollen, so könnte allen mit dem Erhalt des Status quo mehr gedient sein als mit einer revolutionären Veränderung der Unterrichtsmedienlandschaft.

Wechseln wir von der Seite der Produzenten und Kontrolleure auf die Seite der Anwender und Nutzer, und beginnen wir mit der Erwartungshaltung der *Lehrerinnen und Lehrer*. Vielleicht ist es am besten, ihrer Erwartungshaltung durch ein Negativbeispiel auf die Spur zu kommen – durch das Negativbeispiel des reinen Arbeitsbuches mit Baukastencharakter, das unter dem Titel „Fragen an die Geschichte" von Heinz Dieter Schmid herausgegeben wurde und in den siebziger und achtziger Jahren Furore machte.[26] Dieses Arbeitsbuch, das keine zusammenfassenden Darstellungsteile enthielt, sondern als reine Materialsammlung angelegt war, ist von allen Schulbuchtypen sicherlich derjenige, der dem von Grosch konzipierten Schulbuch der Zukunft am nächsten kommt. Und gerade dieser Schulbuchtyp erlitt in der Praxis Schiffbruch! Viele Lehrer benutzten „Fragen an die Geschichte" zwar zumindest gelegentlich für die eigene Unterrichtsvorbereitung und als Materialsteinbruch, gaben ihren Klassen jedoch lieber kombinierte Lern- und Arbeitsbücher an die Hand. Der Hauptgrund dafür dürfte in dem immens hohen Vorbereitungsaufwand gelegen haben, den ein kontinuierlicher Einsatz des Arbeitsbuches als *Schüler*buch für das Lehrpersonal zur Folge gehabt hätte; denn jede Stunde mit diesem Lehrbuch musste eigens geplant werden, da die baukastenartige Materialpräsentation keinerlei Affinität zur Struktur einer Stunde aufwies. Anstatt die Mehrheit der Lehrer systematisch zu überfordern, konnte man ihr aber auch entgegenkommen. Welche Maximen dabei zu befolgen waren, das hat der Geschichtsdidaktiker und Schulbuchmacher Hans Georg Kirchhoff einmal mit erstaunlicher Offenheit geschildert: „Was, so fragte ich mich, braucht ein Lehrer, der weit mehr als 20 Stunden wöchentlich und dabei ein Korrekturfach wie Deutsch unterrichten muß? Ich sah mich vor den Stapeln von Diktaten und Aufsätzen aus vier Klassen von Sexta bis Oberprima sitzen und dachte an die vielen Weinflaschen, die dabei zu leeren waren. Wo wäre da für einen (noch nicht genügend routinierten) Lehrer Zeit für intensive methodische Vorbereitung seiner

26 Vgl. Heinz Dieter Schmid (Hrsg.): Fragen an die Geschichte. Geschichtliches Arbeitsbuch für die Sekundarstufe I im gymnasialen Bereich. 4 Bde. Frankfurt/M. 1974-1978.

sechs Geschichtsstunden geblieben (und Geschichte ist ja methodisch ungleich schwieriger als Deutsch)? Und was war mit den manchmal sehr zahlreichen unerwarteten Vertretungsstunden? Ich stellte mir vor, was ich damals gebraucht hätte: ein Lehrbuch als ‚Selbstläufer', das auch bei fehlender Vorbereitung des Lehrers keine Unterrichtsstunde zu einem Fiasko werden ließ, aber auch ein Buch, das einem Schüler, der gefehlt hatte, das Nacharbeiten erleichtern konnte. Dem diente die Mischung aus Autorentexten, Text- und Bildquellen und dienten vor allem die zahlreichen Aufgaben jenseits der bloßen Extraktion von Inhalten. So entstand, wie der Erfolg zeigte, ein in der Praxis brauchbares Werk."[27]

Wie auch immer man solche Maximen praktischer Brauchbarkeit beurteilen mag: Sicherlich ist denjenigen Lehrerinnen und Lehrern, die an routinemäßig verlaufenden Lehr-Lernprozessen mit einem überschaubaren Vorbereitungsaufwand interessiert sind, mit einem traditionellen Lehrbuch mehr gedient als mit dem von Grosch konzipierten Schulbuch der Zukunft.

Last but not least geht es um die Erwartungshaltung der *Schülerinnen und Schüler*. Was sie mit Fug und Recht von einem guten Schulbuch erwarten dürfen, haben Alexandra Binnenkade und Peter Gautschi didaktisch differenziert entfaltet: Sie sollen u. a. „in ihrer Lebenswelt bei ihren Grundfragen abgeholt" werden, mit dem Lehrmittel selbständig arbeiten können, in ihrem Vorstellungsvermögen angeregt und mit Wahlmöglichkeiten ausgestattet werden, und all dies in einer klaren, verständlichen und schülergerechten Sprache.[28] Man kann diese Frage nach den Schülererwartungen aber auch ganz basal mit dem Anspruch auf ständige Verfügbarkeit beantworten. Genau hierin liegt aber das Problem des Schulbuchs auf Datenträger. Selbst wenn es durch einen gewaltigen finanziellen Kraftakt gelänge, allen Schülern in der Schule einen Computerarbeitsplatz zur Verfügung zu stellen, so wäre doch damit noch keineswegs garantiert, dass alle ihr elektronisches Schulbuch auch zuhause nutzen können. In diesem Zusammenhang sei an die Zahlen aus der 15. Shell-Jugendstudie aus dem Jahre 2006 erinnert, denen zufolge zwar 82 Prozent der befragten Jugendlichen einen Zugang zum Internet

27 Hans Georg Kirchhoff: Von der historischen Katechese zum geschichtlichen Arbeitsbuch. Zum Wandel der Unterrichtsmethodik vom 18. zum 20. Jahrhundert. In: Bernd Schönemann/Uwe Uffelmann/Hartmut Voit (Hrsg.): Geschichtsbewußtsein und Methoden historischen Lernens (Schriften zur Geschichtsdidaktik, Bd. 8). Weinheim 1998, S. 25-38, Zitat S. 37.

28 Vgl. Alexandra Binnenkade/Peter Gautschi: Didaktisches Konzept des Lehrmittels „Menschen in Zeit und Raum". Das Theoriekonzept von „FUER Geschichtsbewusstsein" als Horizont. In: Zeitschrift für Geschichtsdidaktik 2 (2003), S. 197-212, hier S. 209 f., Zitat S. 209.

haben, wobei jedoch offenbleibt, wo genau dieser Zugang lokalisiert ist und wie sich die Zugänge auf Privatsphäre, Ausbildung und Beruf verteilen.[29] Solange aber nicht sichergestellt ist, dass wirklich alle Schülerinnen und Schüler auch über einen eigenen häuslichen PC-Arbeitsplatz verfügen oder einen solchen wenigstens nutzen können, solange wird jede bildungspolitische Forderung nach Schulbüchern auf Datenträgern zwangsläufig eine Chancengerechtigkeitsdiskussion auslösen.

Alles in allem dürfte deutlich geworden sein, dass über die Zukunftsfähigkeit des herkömmlichen Schulbuchs offenkundig zahlreiche und andere als nur technische Faktoren entscheiden. Ginge es nur um das Ausmaß an Multimedialität, dann gäbe es keine vernünftige Erklärung für das Überleben des herkömmlichen Schulbuchs als Leitmedium des Geschichtsunterrichts. Dieses wird erst verständlich, wenn man das verlegerische Kalkül, die begrenzte Finanzkraft der Kommunen, das staatliche Kontrollinteresse, die Praxisroutinen der Lehrerinnen und Lehrer sowie das bildungspolitische Postulat der Chancengerechtigkeit berücksichtigt, das einen für alle Schülerinnen und Schüler gleichen Zugang zu den Unterrichtsmedien einschließt.

29 Vgl. Shell Deutschland Holding (Hrsg.): Jugend 2006. Eine pragmatische Generation unter Druck. Frankfurt/M. 2006, S. 83 f.

2. Perspektiven der Wissenschaft: Historische, internationale und didaktische Schulbuchforschung

In der geschichtsdidaktischen Forschung nimmt das Schulbuch seit langem eine „Sonderstellung“ ein. Als Hans-Jürgen Pandel 1980 das Fehlen einer geschichtsdidaktischen Mediendiskussion „im konkreten Sinne des Wortes“ konstatierte, machte er eine bezeichnende Ausnahme – das Schulbuch: „Dieses Medium hat als einziges eine größere Aufmerksamkeit auf sich gezogen. Sieht man einmal von den schon rituellen und trivialen Schulbuchschelten ab, liegen hier mehr oder minder methodisch gut abgesicherte Untersuchungen vor, und hier ist auch von einer Diskussion zu sprechen. Dieses Medium hat es auch als einziges zu einer eigenen Zeitschrift und zu einem eigenen Forschungsinstitut gebracht.“[1] Pandel verwies damit auf das Georg-Eckert-Institut für internationale Schulbuchforschung in Braunschweig und die dort seit 1979 erscheinende Zeitschrift „Internationale Schulbuchforschung“,[2] ohne die Linien des Forschungsfeldes genauer auszuziehen. Genau das soll hier geschehen, und zwar durch systematische Unterscheidung zwischen den *drei Hauptrichtungen der Schulbuchforschung*, der historischen, der internationalen und der didaktischen Schulbuchforschung.[3] Diese drei Hauptrichtungen sollen des besseren Überblicks halber zunächst grob charakterisiert und danach in exemplarischen Zugriffen detaillierter vorgestellt werden.

Was die *historische Schulbuchforschung* betrifft, so versteht sie das Schulbuch vor allem als *Quelle,* die Aufschluss über den Zeitgeist vergangener Epochen und die in ihnen vorwaltenden historischen Bildungsabsichten zu geben vermag. Auch vergangene Gesellschaften werden damit als Wissensgesellschaften begriffen, die sich im Spiegel derjenigen geschichtlichen Wahrnehmungen und Deutungen, die sie tradieren und via Schulbuch an die nachwachsende Generation weitergeben wollen, gewissermaßen selber abbilden und somit auch erschließen

1 Vgl. Hans-Jürgen Pandel: Anmerkungen zum Stand der geschichtsdidaktischen Mediendiskussion. In: Geschichtsdidaktik 5 (1980), S. 329-334, Zitate S. 329 f.

2 Vgl. ebd., S. 334, Anm. 2.

3 Dazu in fast lakonischer Knappheit Ursula A. J. Becher: Schulbuch. In: Hans-Jürgen Pandel/Gerhard Schneider (Hrsg.): Handbuch Medien im Geschichtsunterricht. 4. Aufl. Schwalbach/Ts. 2007, S. 45-68, hier S. 63.

lassen.[4] Wolfgang Jacobmeyer hat Schulbücher deshalb mit Recht als „nationale Autobiographien" bezeichnet.[5]

Für die *internationale Schulbuchforschung* ist das Schulbuch dagegen v. a. ein *Instrument der Völkerverständigung*. Um diese Funktion erfüllen zu können, muss es beständig revidiert und von Verzerrungen, Vorurteilen und Stereotypen befreit werden, damit die Kriege in den Köpfen, die den realen Kriegen vorauszugehen pflegen, gar nicht erst ausbrechen.

Für die *didaktische Schulbuchforschung* (die man eigentlich als didaktische Schulbuchforschung im engeren Sinne bezeichnen müsste) ist das Schulbuch schließlich zuvörderst ein *Medium historischen Lehrens und Lernens*, das es in seiner Struktur und Funktion, aber auch in seiner Entstehung und Wirkung zu erschließen gilt. Aber ausgerechnet auf diesem für die gegenwärtige Unterrichtspraxis zentralen Forschungsfeld gibt es, wie noch zu zeigen sein wird, die meisten Defizite.

2.1 Historische Schulbuchforschung

In der historischen Schulbuchforschung lassen sich mindestens *drei Formate* unterscheiden: erstens gattungsgeschichtliche Untersuchungen, zweitens themenspezifische Analysen und drittens Beiträge zur Geschichte der Geschichtsdidaktik und des historischen Lernens.

Gattungsgeschichtliche Untersuchungen zur Geschichte des Schulbuchs im Allgemeinen und zur Geschichte des Geschichtslehrbuches im Besonderen sind eine ausgesprochene Rarität. Die bislang vorliegenden Arbeiten sind entweder epochal begrenzt,[6] oder sie bieten eher skizzen-

---

4 Hier folgen wir Johannes Fried und seinem weiten Verständnis von Wissensgesellschaft: „Einen Auswuchs geradezu an Arroganz stellt das für unsere Gegenwart vindizierte Konzept der ‚Wissensgesellschaft' dar. Als ob frühere und andere Gesellschaften ohne Wissen, Wissenszuwachs und Wissenserneuerung ausgekommen wären […]. In Wahrheit ist Wissen durch und durch seinem ganzen Wesen nach ein Traditionsbegriff und ist auch die unsere wie jede andere vor uns eine tradierende Wissensgesellschaft […]." Vgl. Johannes Fried: Die Aktualität des Mittelalters. Gegen die Überheblichkeit unserer Wissensgesellschaft. 3. Aufl. Stuttgart 2003, Zitat S. 34.

5 Vgl. Wolfgang Jacobmeyer: Konditionierung von Geschichtsbewußtsein: Schulgeschichtsbücher als nationale Autobiographien. In: Gruppendynamik 23 (1992), S. 375-388.

6 Zu den wenigen gattungsgeschichtlichen Untersuchungen zählen Heinz Rommel: Das Schulbuch im 18. Jahrhundert (Probleme der Erziehung, Bd. 9/10). Wiesbaden-Dotzheim 1968; Wolfgang Jacobmeyer: Von „öden Verzeichnissen" zu „erhabenen Beyspielen". Beobachtungen an deutschen Unterrichtsmaterialien aus der zweiten Hälfte des 18. Jahrhunderts. In: Internationale Schulbuchforschung 9 (1987), S. 233-249; ders.: Die Genese des „modernen" Lehrbuchs für das Fach Geschichte im 18. Jahrhundert. In: Saskia Handro/Bernd Schönemann (Hrsg.): Geschichtsdidaktische Schulbuchforschung (Zeitgeschichte – Zeitverständnis, Bd. 16). Berlin 2006, S. 249-262; Rainer Riemenschneider: Das Ge-

artige Überblicke.[7] Eine Gesamtdarstellung ist dagegen nach wie vor ein Desiderat und kann durch den Entwurf einer Gattungsgeschichte in Form einer Typenabfolge, wie er im nächsten Kapitel dieses Bandes vorgestellt wird, nur begrenzt kompensiert werden.

Themenspezifische Schulbuchanalysen in epochenspezifischen wie epochenübergreifenden Bezügen sind dagegen überaus zahlreich vertreten, ja fast schon Legion. Das Hauptinteresse der Arbeiten dieses Formats ist weniger sachgeschichtlicher als rezeptionsgeschichtlicher und ideologiekritischer Natur: Im Mittelpunkt stehen meist historische Personen, Ereignisse oder Ereigniskomplexe von der Antike bis ins 20. Jahrhundert, deren Nachwirkung es jeweils zu erforschen gilt. Dabei wird in epochenspezifischen Zugriffen eher nach dem *Spektrum* der historischen Wahrnehmungen und Urteile gefragt, während die epochenübergreifenden Analysen stärker den Deutungs*wandel* akzentuieren bzw. das Verhältnis von Kontinuität und Wandel im Urteil genauer zu bestimmen versuchen.[8]

---

schichtslehrbuch in der Bundesrepublik. Seine Entwicklung seit 1945. In: Klaus Bergmann/Gerhard Schneider (Hrsg.): Gesellschaft – Staat – Geschichtsunterricht. Beiträge zu einer Geschichte der Geschichtsdidaktik und des Geschichtsunterrichts von 1500-1980. Düsseldorf 1982, S. 295-321.

7 Vgl. Falk Pingel: Geschichtslehrbücher zwischen Kaiserreich und Gegenwart. In: Paul Leidinger (Hrsg.): Geschichtsunterricht und Geschichtsdidaktik vom Kaiserreich bis zur Gegenwart. Festschrift des Verbandes der Geschichtslehrer Deutschlands zum 75jährigen Bestehen. Stuttgart 1988, S. 242-260; Wolfgang Jacobmeyer: Das deutsche Schulgeschichtsbuch 1700-1989. Vorbericht zu einem laufenden Projekt. In: Heinz-Werner Wollersheim/Hans-Martin Moderow/Cathrin Friedrich (Hrsg.): Die Rolle von Schulbüchern für Identifikationsprozesse in historischer Perspektive (Leipziger Studien zur Erforschung von regionenbezogenen Identifikationsprozessen, Bd. 5). Leipzig 2002, S. 123-132. Dazu ferner Becher, Schulbuch (wie Anm. 3), 46-57.

8 Aus der Fülle der Studien seien beispielhaft genannt: Katja Gorbahn: „Griechische Bürgerstaaten trotzen der persischen Weltmacht". Die Darstellung des persischen Reiches in Schulbüchern für die Sekundarstufe I seit 1990. In: Handro/Schönemann, Schulbuchforschung (wie Anm. 6), S. 177-197; Hans-Eberhard Hilpert: Geschichtsdidaktische Innovation in der Bundesrepublik Deutschland. Lehrpläne und Schulbücher am Beispiel ihrer Darstellung von Kirchenreform und Investiturstreit. Stuttgart 1989; Hans Vollstedt: Die Darstellung der Reformation und der Gegenreformation in deutschen Schulgeschichtslehrbüchern des 19. und 20. Jahrhunderts (Probleme der Erziehung, Bd. 8). Wiesbaden-Dotzheim 1969; Wolfgang Jacobmeyer: Mentalitätsgeschichtliche Strukturen im Lutherbild deutscher Schulgeschichtsbücher, 1860-1942. In: Internationale Schulbuchforschung 6 (1984), S. 5-16; Peter Meyers: Friedrich II. von Preußen im Geschichtsbild der SBZ/DDR. Ein Beitrag zur Geschichte der Geschichtswissenschaft und des Geschichtsunterrichts in der SBZ/DDR. Mit einer Methodik zur Analyse von Schulgeschichtsbüchern (Studien zur internationalen Schulbuchforschung, Bd. 35). Braunschweig 1983; Eugen Kotte: „Not to Have Ideologies But to Be One". Die Gründungsgeschichte der USA in amerikanischen Schul-

Historische Schulbuchforschung tritt schließlich auch in Form von *Beiträgen zur Geschichte der Geschichtsdidaktik und des historischen Lernens* auf. Ein frühes Beispiel dafür ist Ernst Weymars Studie über den Geschichtsunterricht an höheren Schulen im 19. Jahrhundert, in die zahlreiche Schulbuchanalysen integriert wurden.[9] Weitere unterrichtsfachgeschichtliche Untersuchungen sind diesem Beispiel gefolgt, indem sie die Schulbuchentwicklung als Teil der geschichtsdidaktischen Gesamtentwicklung abhandelten.[10]

Für alle Formate historischer Schulbuchforschung gilt, dass ihre Aussagekraft notwendigerweise beschränkt bleiben muss, weil die Schulbücher zurückliegender Epochen – ähnlich wie Erlasse, Richtlinien und Lehrpläne aus älteren Zeiten – nur über die Zielsetzungen, nicht jedoch über die Resultate und Wirkungen vergangenen historischen Lernens Auskunft geben können. Doch auch in der Beschränkung auf die *Intentionalität*

---

geschichtsbüchern aus den Jahren 1968 bis 1985 (Studien zur Internationalen Schulbuchforschung, Bd. 93). Hannover 1997; Rainer Riemenschneider: „Dem Belieben von Mordbuben ausgeliefert". Die Französische Revolution in deutschen Schulgeschichtsbüchern von 1871 bis 1945. In: Ulrich Herrmann/Jürgen Oelkers (Hrsg.): Französische Revolution und Pädagogik der Moderne. Aufklärung, Revolution und Menschenbildung im Übergang vom Ancien Régime zur bürgerlichen Gesellschaft (Zeitschrift für Pädagogik, Beiheft 24). Weinheim/Basel 1989, S. 391-409; Axel Koppetsch: 1789 aus zweierlei Sicht. Die Französische Revolution als Gegenstand nationaler Rezeptionsgeschichten in der französischen und deutschen Schulbuchhistoriographie seit 1870 (Studien zur internationalen Schulbuchforschung, Bd. 79). Frankfurt/M. 1993; Heinz Sproll: Französische Revolution und Napoleonische Zeit in der historisch-politischen Kultur der Weimarer Republik. Geschichtswissenschaft und Geschichtsunterricht 1918-1933 (Schriften der Philosophischen Fakultät der Universität Augsburg, Nr. 42). München 1992; Isabelle de Keghel: Das vorrevolutionäre Russland in spät- und postsowjetischen Schulbüchern. In: Handro/Schönemann, Schulbuchforschung (wie Anm. 6), S. 137-148; Bodo von Borries: Der soziale, wirtschaftliche, politische und mentale Wandlungsprozeß Deutschlands im 19. und 20. Jahrhundert im Spiegel des Schulbuchs. In: Internationale Schulbuchforschung 16 (1994), S. 49-79.

9 Vgl. Ernst Weymar: Das Selbstverständnis der Deutschen. Ein Bericht über den Geist des Geschichtsunterrichts der höheren Schulen im 19. Jahrhundert. Stuttgart 1961.

10 Vgl. dazu etwa Horst Schallenberger: Untersuchungen zum Geschichtsbild der Wilhelminischen Ära und der Weimarer Zeit. Eine vergleichende Schulbuchanalyse deutscher Schulgeschichtsbücher aus der Zeit von 1888 bis 1933. Ratingen 1964; Horst Gies: Geschichtsunterricht unter der Diktatur Hitlers. Köln u. a. 1992, bes. S. 59-66; Heike Christina Mätzing: Geschichte im Zeichen des historischen Materialismus. Untersuchungen zu Geschichtswissenschaft und Geschichtsunterricht in der DDR (Studien zur internationalen Schulbuchforschung, Bd. 96). Hannover 1999, bes. S. 269-274, S. 280-282, S. 287-295, S. 357-372 u. S. 393-482.

vergangenen Geschichtsunterrichts kommt Geschichtsbewusstsein zum Ausdruck – nämlich dasjenige Geschichtsbewusstsein, das Kollektive oder ganze Gesellschaften an die nachwachsende Generation weitergeben *wollten*. Der im Medium des Schulbuchs gespeicherte Traditionsbestand weist im Übrigen eine vergleichsweise klare Kontur auf, weil für die Zeiten einer noch vorcurricularen Didaktik zulässig bleibt, was sich in der didaktischen Moderne gewissermaßen von selbst verbietet: der direkte Schluss von den Lehrbuchinhalten auf die Unterrichtsziele.

Wie arbeitet historische Schulbuchforschung konkret? Zur Verdeutlichung sei das *Beispiel* der *Lehrbuchentwicklung im Kaiserreich* angeführt.[11] Dabei soll die Darstellung, die dem Format Beiträge zur Geschichte der Geschichtsdidaktik und des historischen Lernens zuzurechnen ist, lediglich drei Schwerpunkte herausgreifen: (1) die Reichsgründung von 1871 als Zäsur, (2) die beiden Grundtypen der Präsentation nationaler Identität in Schulbüchern und (3) die schulformspezifischen Varianten der Geschichtsvermittlung.

Vor 1871 bildeten die deutsche Nation und ein einheitlicher deutscher Nationalstaat keineswegs die oberste Richtschnur und Sinnmitte historischen Lernens an deutschen Schulen. Die Einzelstaaten als Träger des Geschichtsunterrichts pflegten ältere Loyalitäten territorialstaatlich-dynastischer wie konfessioneller Provenienz und entwickelten kein sonderliches Interesse daran, dem Nationalstaatsgedanken, der aus ihrer Perspektive vor allem eine Oppositionsideologie darstellte, ein unbeschränktes schulisches Heimatrecht zu gewähren. Wie sich das mit der Reichsgründung änderte, verdeutlicht ein Auszug aus dem Vorwort zur 1871 erschienenen dritten Auflage der „Geschichte des deutschen Volkes" von David Müller: „Dem Buche ist das seltene Glück zu Theil geworden, in seinen drei aufeinander folgenden Auflagen jedes Mal mit einem ruhmvollen Abschnitte auf der Bahn unser vaterländischen Entwickelung zusammen zu fallen: Bei seinem Erscheinen 1864 mit der Befreiung Schleswig-Holsteins [...]; bei der zweiten Auflage 1867 [...] mit der Gründung des norddeutschen Bundes, diesmal, bei der dritten, mit dem herrlichen Wiederaufbau des deutschen Kaiserreiches [...]. Solche Zeiten unseres Volkes erlebt zu haben, ist Gnade von Gott; noch Größeres zu wünschen, wäre Vermessenheit." Dieser Schulbuchautor wurde – auch jenseits des rhetorischen Pathos – von den politischen Ereignissen der Jahre 1864-1871 regelrecht ergriffen, und er legte gro-

11 Die folgenden Passagen stützen sich im Wesentlichen auf Bernd Schönemann: Nationale Identität als Aufgabe des Geschichtsunterrichts nach der Reichsgründung. In: Internationale Schulbuchforschung 11 (1989), S. 107-127.

ßen Wert darauf, sein Lehrwerk unverzüglich aktualisiert zu haben.[12] Müller war kein Einzelfall: Auch auf andere Lehrbuchautoren wirkte die Reichsgründung wie ein Sog, der sie zur Auseinandersetzung mit der jüngsten Zeitgeschichte veranlasste, ohne dass es dazu staatlicher Direktiven bedurft hätte. Bereits 1878 konnte Wilhelm Herbst, selbst Verfasser eines weitverbreiteten Lehrbuchs,[13] einen völlig neuen Umgang mit der „Neuesten Geschichte" beobachten: „Vor zehn Jahren noch machte der Unterricht in der Regel am Ausgang der Befreiungskriege, anno 1815 Halt, wenn auch die gangbarsten Lehrbücher in jeder neuen Auflage immer bis auf die Gegenwart herabgiengen. Es zeugte damals von gesundem Takt, überhaupt einen Abschluß und gerade *diesen* zu suchen. [...] Das ist nun anders geworden [...]. Der Unterricht kann unmöglich mehr stille stehen bei dem Abschluss der Freiheitskriege, er muß den Abschluß des neudeutschen Reiches erreichen. [...] Die Kriegs- und Siegesjahre 1870 und 1871 wurden aus *nationalem* Interesse, als Abschluß einer *nationalen* Entwicklung, in den Bereich der Schulbildung aufgenommen."[14]

Daran, *dass* die jüngste Zeitgeschichte nach der Reichsgründung Eingang in die Lehrbücher und den Unterricht fand, kann also keinerlei Zweifel bestehen; *wie* dies jedoch geschah, genauer: *wie* sich die Schulbuchautoren der Aufgabe entledigten, Zeitgeschichte unter den Bedingungen dynamischen Wandels zu schreiben, soll jetzt idealtypisch beschrieben werden. Der erste der beiden Grundtypen der Präsentation nationaler Identität ist der *additive Typus.* Er stellt gewissermaßen die Minimalform der Präsentation nationaler Identität dar, ist besonders unter den nur begrenzt veränderbaren „Langläufern" unter den Schulbüchern verbreitet und findet sich später vornehmlich in den Werken, die der borussisch-kleindeutschen Geschichtsinterpretation distanziert gegenüberstehen – beispielsweise in dem bekannten Pütz'schen Grundriss, der „das ganze Jahrhundert hindurch *das* Geschichtslehrbuch für katholische

---

12 Vgl. David Müller: Geschichte des deutschen Volkes in kurzgefaßter, übersichtlicher Darstellung zum Gebrauch an höheren Unterrichtsanstalten und zur Selbstbelehrung. 3., verb. u. bis 1871 vervollständigte Aufl. Berlin 1871, Zitat S. IXf.

13 Vgl. Wilhelm Herbst: Historisches Hülfsbuch für die oberen Klassen von Gymnasien und Realschulen. 3 Bde. Mainz 1864-1867. Zu den weiteren Auflagen des „Hülfsbuches", das bald zu den „meistbenutzten Lehrbüchern in Deutschland" zählte, vgl. Weymar, Selbstverständnis (wie Anm. 9), S. 200, Zitat ebd.

14 Vgl. Wilhelm Herbst: Geschichte. Der Geschichtsunterricht an Gymnasien. In: Karl Adolf Schmid (Hrsg.): Encyklopädie des gesammten Erziehungs- und Unterrichtswesens. Bd. 2. 2., verb. Aufl. Gotha 1878, S. 970-987, Zitate S. 986f., kursive Hervorhebungen im Original gesperrt.

Schulen" blieb.[15] Das inhaltliche Hauptmerkmal des additiven Typus besteht darin, dass er nationale Identität als jahrhundertelang entbehrtes, erst durch den gemeinsamen Krieg gegen Frankreich wiedererlangtes und in der Reichsgründung sicher aufgehobenes Kleinod darstellt. Außerdem bevorzugen Lehrbücher dieses Typs faktographisch-knappe Übersichten über die wichtigsten Bestimmungen der Reichsverfassung und bewahren gegenüber der innen- und außenpolitischen Entwicklung nach 1871, wenn sie sie denn überhaupt aufgreifen, eine auffällige Zurückhaltung.

Anders der zweite, der *integrale Typus*, der vor allem in der neuen preußischen Lehrbuch- und Lehrerhandbuchgeneration der Wilhelminischen Ära verbreitet ist. Als Maximalform präsentiert dieser Typus nationale Identität in borussozentrischer Verengung und zeitlicher Ausweitung zugleich. Das beginnt damit, dass die neue Reichsverfassung idealisiert wird, und setzt sich damit fort, dass die Autoren die gesamte Innen- und Außenpolitik seit 1871 in all ihren Wendungen affirmativ nachvollziehen. Die prägnanteste Eigenschaft der Lehrbücher dieses Typs besteht schließlich darin, dass sie die deutsche Geschichte *vor* 1871 teleologisch umstrukturieren und als eine Art Einbahnstraße darstellen, die direkt auf die preußisch-kleindeutsche Reichsgründung zuläuft. Wie kühn die historischen Linien waren, die dabei ausgezogen wurden, verdeutlicht Friedrich Neubauers „Lehrbuch der Geschichte für höhere Lehranstalten", genauer: ein einführender Überblick im ersten Kapitel des fünften Bandes für die Oberprima. Dort heißt es: „In der Periode der Geschichte, welche vom westfälischen Frieden bis zum Ende des achtzehnten Jahrhunderts reicht, schreitet der Verfall und die Zersplitterung des *Deutschen Reiches* weiter fort, bis es sich schließlich auflöst. Von einer nationalen Reichspolitik ist nicht mehr die Rede. [...] Unter diesen Umständen ist für die Geschichte der Nation das bedeutendste Ergebnis dieses Zeitalters, daß der *brandenburgisch-preußische Staat* innerlich und äußerlich so erstarkt, daß seine Interessen mehr und mehr mit den allgemeindeutschen Interessen zusammenfallen und er fähig wird den Kern zu bilden für ein in Zukunft neu erstehendes deutsches Reich."[16]

Neben den beiden Grundtypen der Präsentation nationaler Identität gab es weitere Varianten der Schulbuchdarstellung, denn es war keines-

15 Wilhelm Pütz' „Grundriß der Geographie und Geschichte" erschien seit 1834 in zwei je dreibändigen Ausgaben für die mittleren und oberen Klassen höherer Lehranstalten. Genauere Angaben zu den Auflagen und der Verbreitung des Lehrwerkes bei Weymar, Selbstverständnis (wie Anm. 9), S. 55, Zitat ebd.

16 Friedrich Neubauer: Lehrbuch der Geschichte für höhere Lehranstalten. 5. Tl.: Vom westfälischen Frieden bis auf unsere Zeit (Oberprima). 9. Aufl. Halle a.S. 1908, S. 1. Kursive Hervorhebungen im Original gesperrt.

wegs gleichgültig, wo man als Schüler Geschichte lernte – ob in Bayern oder in Preußen, auf einer katholischen oder einer protestantischen Schule, auf dem Gymnasium oder in der Volksschule. Verglichen mit den regional- und den konfessionsspezifischen Differenzen waren die schulformspezifischen Unterschiede allerdings die wichtigeren. Die „scharfe Trennung der beiden ‚Schuletagen'", von der Karl-Ernst Jeismann mit Recht gesprochen hat,[17] spiegelte sich nicht nur in unterschiedlichen Professionalisierungsgraden der Lehrämter wider,[18] sondern schlug auch direkt auf die geschichtsdidaktischen Erwartungshorizonte durch. So distanzierte sich Richard Kabisch, der unter dem Titel „Erziehender Geschichtsunterricht" den „Versuch einer preußisch-deutschen Staatsgeschichte für Volksschulen" vorlegte, ausdrücklich von dem „theoretisch-historische[n] Interesse", das die Stoffauswahl auf den höheren Schulen leite. Stattdessen forderte er für den Geschichtsunterricht in der Volksschule, dass dort keiner „methodischen Einheit" Heimatrecht gewährt werden solle, die sich nicht über ihren „praktisch-erziehlichen Wert" ausweisen könne. Was das konkret zu bedeuten hatte, zeigte Kabisch am Beispiel des Dreißigjährigen Kriegs: „[...] was hat es für einen Wert, die verschiedenen Phasen des [...] Krieges vorüberzuführen, den böhmisch-pfälzischen Krieg, den niedersächsisch-dänischen Krieg usw. Wie in dem unseligen Glaubenskrieg das deutsche Volk sich gegenseitig zerfleischt, wie es darüber den Fremden zur Beute fällt, und wie ein Land (Brandenburg) dann am übelsten dran ist, wenn es nicht die Mittel und den Mut aufbringen mag, sich seiner Haut zu wehren, das soll hier gezeigt werden; und in die nächtliche Glut lodernder Dörfer treten dann, um die Phantasie mit menschlicher Größe zu fesseln, zwei Männer hinein – Wallenstein und Gustav Adolf, allenfalls erscheinen im Hintergrund der Winterkönig und Tilly. Mir scheint, wer mehr bringt, zeigt damit nur die Hilflosigkeit gegenüber der Stoffülle, in der er sich nicht mit Sinn zu beschränken weiß."[19]

17 Karl-Ernst Jeismann: Das preußische Gymnasium in Staat und Gesellschaft. Die Entstehung des Gymnasiums als Schule des Staates und der Gebildeten, 1787-1817 (Industrielle Welt, Bd. 15). Stuttgart 1974, S. 346.

18 Während die Lehrer im niederen Schulwesen in der Regel seminaristisch ausgebildet, notorisch karg besoldet und noch der kirchlichen Schulaufsicht unterworfen waren, standen ihre akademisch gebildeten Kollegen an den höheren Schulen als wohlsituierte Staatsbeamte, die lediglich einer weltlichen Fachaufsicht unterlagen, wesentlich besser da. Vgl. ebd., S. 310-324 u. Douglas R. Skopp: Auf der untersten Sprosse: Der Volksschullehrer als „Semi-Professional" im Deutschland des 19. Jahrhunderts. In: Geschichte und Gesellschaft 6 (1980), S. 383-402.

19 Richard Kabisch: Erziehender Geschichtsunterricht. Versuch einer preußisch-deutschen Staatsgeschichte für Volksschulen. 2., verb. Aufl. Göttingen 1913, S. 2.

Hochgradige Reduktion historischer Komplexität, dramatisierende, personalisierende und psychologisierende Verfahrensweisen sowie die explizit verkündete Zielsetzung, „nicht Kenntnisse sondern Gesinnung" zu vermitteln[20] – all dies prägte den Geschichtsunterricht an den Volksschulen weitaus stärker als an den Gymnasien.

2.2 Internationale Schulbuchforschung

Wenn man den im letzten Abschnitt am deutschen Beispiel beschriebenen Aufstieg der eigenen Nation zum Fluchtpunkt und zur Sinnmitte historischen Lehrens und Lernens im eigenen Lande aggressiv auflädt und als multilaterales Phänomen in den europäischen Raum hineinprojiziert, dann erfasst man den *historischen Hintergrund*, aus dem heraus internationale Schulbuchforschung als internationale Schulbuchrevision entstanden ist. Internationale Schulbuchrevision war Karl-Ernst Jeismann zufolge von Anfang an eine „*Gegenbewegung*, welche die nationalistische Formierung des Geschichtsbewußtseins durch die Staatsschule durchkreuzen wollte [...]." Ihre Ziele waren also vornehmlich defensiver Natur: „die Aufdeckung und Ausmerzung von Fehlern, Verzerrungen, Feindbildern und Vorurteilen in den nationalen Schulbüchern."[21]

Die *Geschichte der internationalen Schulbuchrevision* kann hier nur ganz grob skizziert werden. Ihr Beginn fällt in das letzte Jahrzehnt des 19. Jahrhunderts und ist von Initiativen im Anschluss an den Weltfriedenskongress in Paris 1889 geprägt, die jedoch allesamt über bescheidene Anfänge nicht hinausgelangten.[22] Erst nach dem Ende des Ersten Weltkriegs, der als „Urkatastrophe"[23] des 20. Jahrhunderts die zerstörerische Kraft des Nationalismus unmittelbar vor Augen geführt hatte, verstärkten sich die Aktivitäten internationaler Schulbuchrevision, die vom Völkerbund und von nationalen wie internationalen Komitees getragen wurden.[24] Otto-Ernst Schüddekopf hat mit Recht auf den „ge-

---

20 Vgl. ebd., S. 3.

21 Vgl. Karl-Ernst Jeismann: Internationale Schulbuchforschung. Aufgaben und Probleme. In: Internationale Schulbuchforschung 1 (1979), H. 1, S. 7-22, Zitate S. 8. Kursive Hervorhebung durch die Verf.

22 Vgl. Otto-Ernst Schüddekopf: 20 Jahre Westeuropäischer Schulgeschichtsbuchrevision 1945-1965. Tatsachen und Probleme (Schriftenreihe des internationalen Schulbuchinstituts, Bd. 12). Braunschweig 1966, S. 10.

23 George F. Kennan, zit. nach Wolfgang J. Mommsen: Die Urkatastrophe Deutschlands. Der Erste Weltkrieg 1914-1918 (Gebhardt. Handbuch der deutschen Geschichte. 10., völlig neu bearb. Aufl. Bd. 17). Stuttgart 2002, S. 14.

24 Vgl. Jeismann, Schulbuchforschung (wie Anm. 21), S. 8. Zum größeren historischen Kontext der Entwicklung des Internationalismus vgl. jetzt auch Madeleine Herren: Internationale Organisationen seit 1865. Eine Global-

ringen praktischen Erfolg" dieser Revisionsbemühungen hingewiesen, aber auch hinzugefügt, dass ihre Protagonisten in der Minderheit waren und jeweils einer Überzahl von prinzipiellen Gegnern mit großem Regierungseinfluss gegenüberstanden.[25] Das gilt auch für den deutschen Geschichtsdidaktiker Siegfried Kawerau, der 1927 eine „Denkschrift über die deutschen Geschichts- und Lesebücher vor allem seit 1923" vorlegte.[26] Leitkriterium seiner Schulbuchanalyse war das im Artikel 148 der Weimarer Verfassung kodifizierte Völkerversöhnungsgebot, das durch folgende fünf Kriterien ergänzt wurde: die „Ausmerzung aller nachweislichen Unwahrheiten", die „Vermeidung doppelter Moral", die „Vermeidung aller generalisierenden Werturteile", die „Zurückhaltung bei der Bearbeitung des Weltkrieges, zumal in der Schuldfrage" sowie die „Positive Behandlung der Völkerbundfrage".[27] Die Ergebnisse der Analyse waren wenig schmeichelhaft: Trotz gewisser Fortschritte gegenüber den älteren Lehrbüchern wiesen auch die jüngeren Lehrwerke „Tendenzen einer ‚vaterländischen' Geschichtsschreibung" auf, indem sie für Deutschland unangenehme Wahrheiten – beispielsweise zu den Themen Kriegsausbruch, Kriegsende, Kriegsschuld, polnische Frage, Selbstbestimmungsrecht der Völker – entweder verschwiegen oder verdrehten. Kaweraus Biograph Jochen Huhn spricht zusammenfassend von einer „Verdrehung bekannter historischer Tatsachen zum Schaden nicht nur des Friedens, sondern auch der Demokratie in Deutschland". Die nach Erscheinen der Denkschrift lautwerdende Kritik konzentrierte sich gleichwohl nicht auf die Schulbuchautoren, sondern auf Kawerau, dem von einem führenden Vertreter des Verbandes deutscher Geschichtslehrer ein Mangel an nationalem Verantwortungsgefühl vorgeworfen wurde.[28] Diese – durchaus mehrheitsfähige – Position lässt klar erkennen, dass die zum Zwecke der Völkerverständigung betriebene Schulbuchanalyse in der Zwischenkriegszeit einen schweren Stand hatte und sich trotz einiger Erfolge nicht gegenüber der allenthalben dominanten nationalen Staatsräson zu behaupten vermochte. Trotzdem oder gerade deshalb

geschichte der internationalen Ordnung. Darmstadt 2009. Zu den kulturpolitischen Völkerbundprojekten insbesondere zur Schulbuchüberprüfung und zur Filmförderung vgl. ebd., S. 80.

25 Vgl. Schüddekopf, Schulgeschichtsbuchrevision (wie Anm. 22), S. 12.

26 Siegfried Kawerau: Denkschrift über die deutschen Geschichts- und Lesebücher vor allem seit 1923. Berlin 1927.

27 Vgl. ebd., S. 15-17, Zitate S. 16.

28 Vgl. Jochen Huhn: Siegfried Kawerau (1886-1936). In: Siegfried Quandt (Hrsg.): Deutsche Geschichtsdidaktiker des 19. und 20. Jahrhunderts. Wege, Konzeptionen, Wirkungen. Paderborn u. a. 1978, S. 280-303, bes. S. 290 f., Zitate S. 290.

sollte man Siegfried Kawerau als den ersten Pionier der internationalen Schulbuchrevision in Deutschland nicht vergessen.

Ihren vollen Durchbruch erlebte die internationale Schulbuchrevision erst nach dem Zweiten Weltkrieg.[29] Jetzt waren es zwei große überstaatliche Organisationen, die Ende 1945 gegründete UNESCO und der vier Jahre später eingerichtete Europarat, die die ersten multilateralen Seminare und Tagungen unterstützten und auf diese Weise Starthilfen gaben sowie Orientierung vermittelten. Dennoch sieht Otto-Ernst Schüddekopf in den *bilateralen* Konferenzen europäischer Historiker und Geschichtslehrer nach 1945 mit Recht den „Kern der [...] internationalen Schulbuchverbesserung."[30] Zu deren „Zentrum und Motor"[31] wurde mehr und mehr das von Georg Eckert 1951 an der Kant-Hochschule in Braunschweig gegründete „Institut für internationale Schulbuchverbesserung", 1953 umbenannt in „Internationales Schulbuchinstitut" und 1975, ein Jahr nach dem Tode seines Gründers, durch ein Gesetz des Niedersächsischen Landtags als „Georg-Eckert-Institut für internationale Schulbuchforschung" zu einer eigenständigen Anstalt des öffentlichen Rechts erhoben und damit auf eine dauerhaftere organisatorische und finanzielle Grundlage gestellt.[32] Eckert, der zweite große Wegbereiter der internationalen Schulbuchrevision in Deutschland, hatte zeitlebens unter wesentlich bescheideneren Rahmenbedingungen arbeiten müssen, es aber dennoch verstanden, eine Schulbuchbibliothek anzulegen und durch die Gründung institutseigener Periodika[33] für die Dokumentation und Veröffentlichung der Ergebnisse der internationalen Konferenzarbeit zu sorgen. Im Georg-Eckert-Institut hat man an diese Tradition ange-

29 Vgl. Jeismann, Schulbuchforschung (wie Anm. 21), S. 8.

30 Vgl. Schüddekopf, Schulgeschichtsbuchrevision, S. 19-25, Zitat S. 25.

31 Jeismann, Schulbuchforschung (wie Anm. 21), S. 8.

32 Vgl. Ernst Hinrichs/Falk Pingel: Georg Eckert (1912-1974) und die internationale Schulbuchforschung. In: Paul Leidinger (Hrsg.): Geschichtsunterricht und Geschichtsdidaktik vom Kaiserreich bis zur Gegenwart. Festschrift des Verbandes der Geschichtslehrer Deutschlands zum 75jährigen Bestehen. Stuttgart 1988, S. 334-349; Hans-Peter Harstick: Georg Eckert (1912-1974). Wegbereiter einer neuen Konzeption von Geschichte in Wissenschaft und Unterricht. In: Ursula A. J. Becher/Rainer Riemenschneider (Hrsg.): Internationale Verständigung. 25 Jahre Georg-Eckert-Institut für internationale Schulbuchforschung in Braunschweig (Studien zur internationalen Schulbuchforschung, Bd. 100). Hannover 2000, S. 105-115, hier S. 112; Gesetz über die Gründung des Instituts ebd., S. 126.

33 Gemeint sind das 1951 gegründete „Internationale Jahrbuch für Geschichtsunterricht" (seit 1965/66 Internationales Jahrbuch für Geschichts- und Geographieunterricht) und die „Schriftenreihe des internationalen Schulbuchinstituts".

knüpft: durch Ausbau der Schulbuchsammlung,[34] durch Gründung der Zeitschrift „Internationale Schulbuchforschung" (1979-2008) und durch Herausgabe der „Studien zur Internationalen Schulbuchforschung". Gleichzeitig musste sich das Institut Ende der 1970er Jahre auf neue Bedingungen einstellen, da die „klassische Phase der internationalen Schulbuchrevision" zu Ende gegangen war. In dieser Phase hatte es im Hinblick auf das Schulbuch noch Gegenstandsgewissheit, im Hinblick auf die mediale Beeinflussbarkeit von Lernprozessen noch recht schlichte Wirkungskalküle gegeben; außerdem wurde die nationale Zentrierung der Geschichtsdeutungen nicht grundlegend in Frage gestellt, sondern durch den dominanten Modus bilateraler Gesprächsführung zumindest indirekt bestätigt.[35] Wenn es einen Begriff gibt, der „Arbeitsform, Medium und Ergebnis" klassischer internationaler Schulbuchrevision bündelt, dann ist es der der „Empfehlungen". Wolfgang Jacobmeyer sieht den Hauptgrund für die Karriere dieses Begriffs „in seiner semantischen Lagerung, in der feinfühligen begrifflichen Rücksichtnahme auf politische Dominierungsängste und fremde Ansprüche gerade gegenüber den als ‚Autobiographien der Nation' gehüteten Lehrbüchern [...]. Denn mögen ‚Empfehlungen' in der Aufdeckung und Klärung von Mängeln in Schulbuchdarstellungen auch einen hohen diagnostischen und deiktischen Wert haben, so markieren sie doch auch immer gleichzeitig ein niedriges Niveau der Forderung nach Umsetzung. Sie erheben einen mittleren Geltungsanspruch, indem ‚Empfehlungen' nachdrücklicher sind als ‚Hinweise', aber nicht so inakzeptabel gouvernemental wie ‚Weisungen'."[36]

Seit Ende der 1970er Jahre und dann noch einmal seit 1989/90 haben sich die Rahmenbedingungen internationaler Schulbuchrevision erheblich verändert. Da ist zum einen die Fülle heterogener Unterrichtsmaterialien einschließlich der Neuen Medien anzuführen, die konkurrierend neben das Schulbuch getreten sind und jedenfalls seine Monopolstellung beseitigt haben. Da ist zum anderen auf die Lernzielorientierung und den Konstruktivismus zu verweisen, die direkte Schlüsse von den Unterrichtsinhalten auf die Lehrabsichten und erst recht auf die erzielten Lernleistungen verbieten. Und endlich ist es auch mit rein fachwissenschaftlichen Schulbuchanalysen nicht mehr

34 Vgl. Gisela Teistler: Die Schulbuchsammlung des Georg-Eckert-Instituts als Basis der Schulbuchforschung. In: Becher/Riemenschneider, Verständigung (wie Anm. 32), S. 349-361.

35 Vgl. Jeismann, Schulbuchforschung (wie Anm. 21), S. 8f.

36 Wolfgang Jacobmeyer: „Empfehlungen". Arbeitsform, Medium und Ergebnis der international vergleichenden Schulbuchforschung. In: Zeitschrift für Geschichtsdidaktik 4 (2005), S. 196-209, Zitate S. 196f.

getan: Moderne internationale Schulbuch*forschung*, die mehr sein will als klassische Schulbuchrevision, verlangt erstens interdisziplinäre Zugriffe unter Berücksichtigung der Fachdidaktiken, der Erziehungswissenschaft, der Psychologie, der systematischen Sozialwissenschaften und der vergleichenden Kulturwissenschaften und zweitens eine neue Grundlagenforschung, die sich nicht nur mit der Morphologie und Tiefenstruktur jeweils vorliegender Schulbücher, sondern auch mit deren Konstruktion, Distribution und Rezeption befasst.

Mit dem Ende des Ost-West-Konflikts haben sich schließlich auch die weltpolitischen Rahmenbedingungen internationaler Schulbuchforschung verändert.[37] Das Aufbrechen neuer kultureller und ethnischer Konflikte hat insbesondere das Georg-Eckert-Institut vor große Herausforderungen gestellt und dazu geführt, dass neue, *multilaterale* Gesprächs- und Arbeitsformen entwickelt wurden, in denen Beratung und Konfliktmediation eine immer größere Rolle spielen.[38] Georg Stöber, der die Projekte internationaler Schulbuchzusammenarbeit in den europäischen Ländern (Abb. 1) und weltweit (Abb. 2) zwischen 1950 und 2000 kartiert hat, fasst die geschilderten Veränderungen noch einmal prägnant zusammen: „Die nach dem Zweiten Weltkrieg [...] im Jahre 1950 mit deutsch-britischen Schulbuchgesprächen einsetzende Schulbucharbeit hat in den folgenden fünf Jahrzehnten fast sämtliche Länder Europas einbezogen. Zudem wurden schon in den fünfziger Jahren außereuropäische Staaten in den Kreis der Gesprächspartner eingeschlossen [...]. Die ‚klassischen', meist auf bilateraler Ebene, gelegentlich auch multilateral geführten Gespräche zielten auf eine Revision der gegenseitigen Wahrnehmung und mündeten oft in die Verabschiedung von Schulbuchempfehlungen. In den neunziger Jahren traten Vorhaben auf multilateraler Basis hinzu, in denen es um anderes ging als den gegenseitigen Schulbuchvergleich zwischen Deutschland und den Partnern: Vor allem die Nachfolgestaaten der Sowjetunion waren im Zuge ihrer Schulbuchentwicklung an einem Transfer von Know-how interessiert, und im Falle Südafrikas, Israel/Palästinas, Südosteuropas oder Lateinamerikas spielten konfliktbehaftete Fragen zwischen den Partnern eine entscheidende Rolle."[39]

---

37 Die Argumentation folgt Jeismann, Schulbuchforschung (wie Anm. 21), S. 9-14, zieht aber nach dreißig Jahren Abstand einige Linien weiter aus.

38 Vgl. Verena Radkau: Georg-Eckert-Institut. In: Ulrich Mayer u. a. (Hrsg.): Wörterbuch Geschichtsdidaktik. 2., überarb. u. erw. Aufl. Schwalbach/Ts. 2009, S. 78 f.

39 Georg Stöber: Internationale Schulbuchzusammenarbeit. Projekte des Instituts für Schulbuchverbesserung, des Internationalen Schulbuchinstituts sowie des Georg-Eckert-Instituts für internationale Schulbuchforschung. In: Becher/Riemenschneider, Verständigung (wie Anm. 32), S. 144 f., Zitat S. 144.

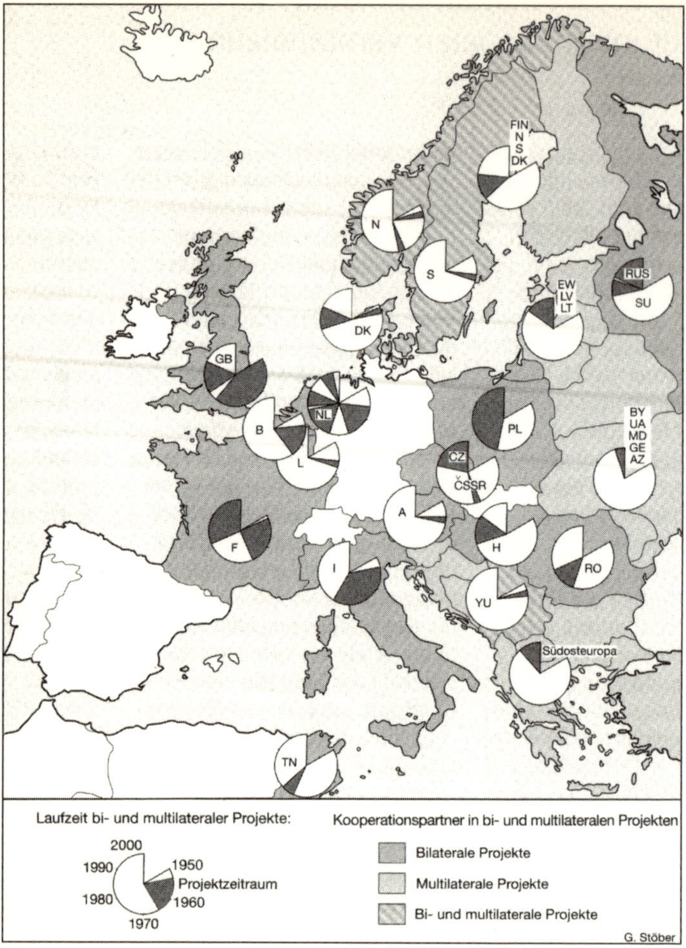

Abb. 1: Laufzeit von Projekten der bi- und multilateralen Schulbuchzusammenarbeit mit europäischen Ländern (Georg Stöber: Internationale Schulbuchzusammenarbeit. Projekte des Instituts für Schulbuchverbesserung, des Internationalen Schulbuchinstituts sowie des Georg-Eckert-Instituts für internationale Schulbuchforschung. In: Becher/ Riemenschneider, Verständigung [wie Anm. 32], S. 145)

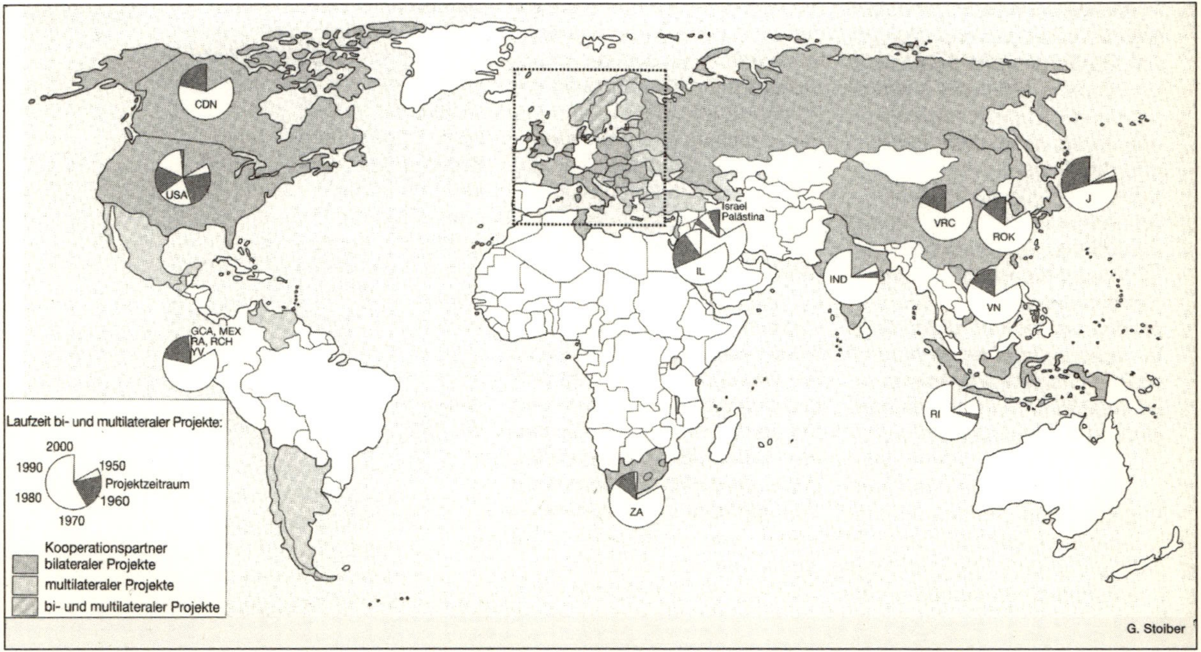

Abb. 2: Laufzeit von Projekten der bi- und multilateralen Schulbuchzusammenarbeit – weltweit (ebd., S. 144)

Wie arbeitet internationale Schulbuchforschung konkret? Zur Verdeutlichung sei das *Beispiel der deutsch-polnischen Schulbuchgespräche* herangezogen, deren Vorgeschichte mit jenen 47 Thesen zur Darstellung der deutsch-polnischen Beziehungen und der polnischen Geschichte in den Lehrbüchern höherer Schulen begann, die der Oldenburger Oberstudienrat Dr. Enno Meyer 1956 im „Internationalen Jahrbuch für Geschichtsunterricht" veröffentlichte. „Hinter dem Eisernen Vorhang", so schrieb Meyer im Vorwort, „gibt es keine Historiker und keine Verbände, die mit denen der freien Welt sachlich und unabhängig diskutieren könnten. Dabei wäre gerade das so sehr notwendig. Erheben sich doch zwischen uns Deutschen und den Slawen ganze Berge von historischen Vorurteilen und Irrtümern, die wegzuräumen wären. [...] Aber wie soll man zu einer deutsch-polnischen Verständigung über den Inhalt der Lehrbücher kommen? An deutsch-polnische Tagungen ist nicht zu denken."[40] Dass diese resignative Feststellung zwanzig Jahre später nicht mehr gültig war, dürfte vor allem auf zwei Faktoren zurückzuführen sein: Erstens setzten Meyers Thesen eine Art Vorgespräch in Gang, das Wissenschaftler beider Länder in Form von Zeitschriftenbeiträgen miteinander führten. Folgt man Wolfgang Jacobmeyer, dann offenbarte sich gerade in dieser „auf Distanz geführten deutsch-polnischen Diskussion", in der nationalistische Denkfiguren noch eine große Rolle spielten, die Notwendigkeit gemeinsamer Gespräche.[41] Als dann – zweitens – zu Beginn der 1970er Jahre die neue Ostpolitik der sozialliberalen Regierung Brandt/Scheel und die Verträge von Moskau und Warschau eine Ära der Normalisierung zwischenstaatlicher Beziehungen einleiteten und die Sensibilität für deutsch-polnische Probleme erhöhten, waren die Voraussetzungen dafür geschaffen, die Vordebatte der fünfziger und sechziger Jahre in bilaterale Wissenschaftsgespräche zu überführen.

Karl-Ernst Jeismann hat die deutsch-polnische Schulbucharbeit 1992 in drei Phasen unterteilt und diese mit den Begriffen „Experiment – Provokation – Modell" prägnant charakterisiert.[42] Die Phase des *Expe-*

40 Zit. nach Enno Meyer: Wie ich dazu gekommen bin: Die Vorgeschichte der deutsch-polnischen Schulbuchgespräche 1948-1971 (Studien zur internationalen Schulbuchforschung, Bd. 56). Braunschweig 1988, S. 29 f. Der komplette Text der Thesen findet sich bei Enno Meyer: Über die Darstellung der deutsch-polnischen Beziehungen im Geschichtsunterricht. In: Internationales Jahrbuch für Geschichtsunterricht. Bd. 5 (1956), S. 225-243.

41 Vgl. Wolfgang Jacobmeyer: Die deutsch-polnischen Bemühungen zur Verständigung auf dem Gebiet der historischen und geographischen Unterrichtswerke. In: Internationale Schulbuchforschung 1 (1979), H. 1, S. 23-31, Zitat S. 26.

42 Vgl. Karl-Ernst Jeismann: 20 Jahre deutsch-polnische Schulbucharbeit. Experiment – Provokation – Modell. In: Zwanzig Jahre Gemeinsame Deutsch-Polnische Schulbuchkommission. Reden aus Anlaß der Festveranstaltung in Braun-

riments dauerte vom Februar 1972 bis zum April 1976, umfasste neun abwechselnd in Warschau und Braunschweig veranstaltete Tagungen der UNESCO-Kommissionen beider Länder und endete mit der redaktionellen Überarbeitung der „Empfehlungen für Schulbücher der Geschichte und Geographie in der Bundesrepublik Deutschland und in der Volksrepublik Polen" sowie ihrer Publikation in beiden Ländern und in beiden Sprachen.[43] Die insgesamt 26 Empfehlungen, die ausgewählte Probleme der polnischen Geschichte und der deutsch-polnischen Beziehungen vom frühen Mittelalter bis zur Gegenwart behandeln, dürfen nicht mit verbindlichen Richtlinien, ausformulierten Schulbuchtexten oder gar mit Forschungsergebnissen verwechselt werden. Vielmehr handelt es sich bei ihnen um thesenhafte Aussagen zu besonders strittigen Fragen, die von Fachleuten beider Seiten gemeinsam erarbeitet wurden – in dem Bestreben, durch Wissenschaft und politische Vernunft das nationalistische Erbe des Denkens in Feindbildern zu überwinden. Eben darin lag die „eigentliche Substanz des Experiments".[44] Dabei konnte die Verständigung über voneinander abweichende Selbst- und Fremddeutungen durchaus unterschiedliche Formen annehmen. Der Regelfall war die volle sachliche Übereinstimmung, wie sie beispielsweise im ersten Satz der 10. Empfehlung zum Ausdruck kommt: „Das polnische Volk hat sich nach dem Verlust der Eigenstaatlichkeit in keinem der drei Teilungsgebiete mit der Tatsache der Teilung abgefunden, es hat vielmehr den Kampf um Freiheit und Unabhängigkeit aufgenommen."[45] Daneben konnte der Konsens aber auch rein formaler Natur sein, also darin bestehen, dass beide Seiten übereinstimmend feststellten, bestimmte historische Probleme weiterhin unterschiedlich zu interpretieren. So heißt es zu Beginn der 6. Empfehlung über Polen und den Deutschen Orden: „In den polnischen Schulbüchern wird vor allem die säkular-staatliche und militärisch-expansive Rolle des Ordens hervorgehoben, in den westdeutschen seine zivilisatorische und missionarische Aufgabe betont. Dieser Sachverhalt spiegelt zu einem guten Teil die grundsätzlich bzw. punktuell kontroverse Einschätzung des Deutschen Ordens wider […]."[46]

---

schweig am 10. Juni 1992 (Vorträge im Georg-Eckert-Institut. H. 12). Braunschweig 1993, S. 23-31.

43 Vgl. Gemeinsame Deutsch-Polnische Schulbuchkommission: Empfehlungen für Schulbücher der Geschichte und Geographie in der Bundesrepublik Deutschland und in der Volksrepublik Polen (Schriftenreihe des Georg-Eckert-Instituts für internationale Schulbuchforschung, Bd. 22). Braunschweig 1977, S. 9.

44 Vgl. Jeismann, Schulbucharbeit (wie Anm. 42), S. 24, Zitat ebd.

45 Schulbuchkommission, Empfehlungen (wie Anm. 43), S. 21.

46 Ebd., S. 17.

Was als Experiment innerhalb der Kommission glückte, warf in den beiden Gesellschaften zunächst erhebliche Probleme auf: „Die Empfehlungen wirkten als *Provokation.*“[47] Besonders heftig und langanhaltend war der Streit in der Bundesrepublik. Die – vorzüglich dokumentierte – Kontroverse wurde nicht nur in der Tagespresse, sondern auch in den Länderparlamenten ausgetragen,[48] und sie hatte neben einer inhaltlichen auch eine klar politische Dimension. Die inhaltliche Auseinandersetzung konzentrierte sich vor allem auf die fehlende Erwähnung des Hitler-Stalin-Paktes und die Behandlung der Flucht und Vertreibung der Deutschen aus den Ostgebieten unter dem als skandalös empfundenen Begriff „Bevölkerungsverschiebungen“, welcher allerdings dem Art. XIII des Potsdamer Abkommens entnommen worden war.[49] Dass die Debatte über die deutsch-polnischen Schulbuchempfehlungen aber auch als Debatte über die Ostpolitik der Regierung Brandt/Scheel geführt wurde, mag stellvertretend für zahlreiche ähnliche Äußerungen der Beitrag des Abgeordneten Stanitzek (CDU) verdeutlichen, der am 29. Januar 1976 vor dem Hessischen Landtag folgende Aussage traf: „Historische Teilkenntnisse lehren, heißt junge Menschen bewußt unwissend halten, um sie dann besser manipulieren zu können. (Beifall bei der CDU.) Da ein fundiertes Urteil über deutsche Geschichte auch ein Urteil über die verfehlte Ostpolitik der gegenwärtigen Regierung bedeuten kann, liegt der Gedanke nahe, daß es die Absicht der einseitig zusammengesetzten deutschen Verhandlungskommission war, die verfehlte Ostpolitik an den Schulen durch eine verfälschte Geschichtslehre zu rechtfertigen.“[50]

Soviel zur Phase der Provokation. Bleibt die Frage, wieso die deutsch-polnische Schulbucharbeit zum *Modell* werden konnte. Das lag sicherlich weniger an der feststellbaren Verbesserung der Schulbücher oder an den beachtlichen fachwissenschaftlichen Erträgen der Kommissionsarbeit,[51]

---

47 Jeismann, Schulbucharbeit (wie Anm. 42), S. 35. Kursive Hervorhebung durch die Verf.

48 Die deutsch-polnischen Schulbuchempfehlungen in der öffentlichen Diskussion der Bundesrepublik Deutschland. Eine Dokumentation, eingeleitet und ausgewählt von Wolfgang Jacobmeyer (Studien zur internationalen Schulbuchforschung. Bd. 26). Braunschweig 1979. Eine Analyse der Landtagsdebatten findet sich bei Bernd Schönemann: Geschichtsunterricht zwischen Wissenschaft und politischen Legitimationsbedürfnissen. Ein Projektbericht. In: Karl-Ernst Jeismann (Hrsg.): Geschichte als Legitimation? Internationale Schulbuchrevision unter den Ansprüchen von Politik, Geschichtswissenschaft und Geschichtsbedürfnis (Studien zur internationalen Schulbuchforschung, Bd. 39). Braunschweig 1984, S. 9-20, hier S. 14-20.

49 Vgl. Schulbuchkommission, Empfehlungen (wie Anm. 43), S. 37; Jacobmeyer, Bemühungen (wie Anm. 41), S. 28.

50 Schulbuchempfehlungen in der öffentlichen Diskussion (wie Anm. 48), S. 28.

51 Vgl. dazu Włodzimierz Borodziej: Die deutsch-polnische Schulbucharbeit seit 1972: alte und neue Perspektiven. In: Saskia Handro/Wolfgang Jacobmeyer

die sich *nach* 1976 zunächst darauf konzentrierte, das thematische Umfeld einzelner Schulbuchempfehlungen gründlicher zu erschließen und auszuleuchten. Schon eher ist dagegen an die mit der XXI. Konferenz 1988 in Oldenburg einsetzende Verstärkung der didaktischen Komponente der Schulbucharbeit zu denken. Dahinter stand der Wunsch, fortan stärker und direkter, als dies mit den recht knapp gehaltenen Empfehlungen möglich ist, auf die Unterrichtspraxis einzuwirken, aber auch die Einsicht, dass es angesichts innerer und äußerer Unterschiede zwischen den Unterrichtssystemen beider Staaten kaum erfolgversprechend sein würde, ein gemeinsames Lehrbuch für deutsche und polnische Schüler zu entwickeln. Die Lösung dieses Dilemmas bestand in der Idee, sich direkt an diejenigen zu wenden, denen die konkrete Ausgestaltung historisch-politischer Lernprozesse „vor Ort" obliegt – an die Lehrerinnen und Lehrer. Sie mit einem Handbuch zur deutsch-polnischen Beziehungsgeschichte auszustatten, das in beiden Ländern in unterschiedlichen Schulformen und Schulstufen an unterschiedlichen Stellen der jeweiligen Lehrplansystematik die Einbeziehung von Themen der deutsch-polnischen Beziehungsgeschichte ermöglicht und erleichtert – das war eine Weiterentwicklung der bisherigen Arbeit und ein neues Projekt, das zunächst in kleineren Einzelpublikationen,[52] dann aber auch in einem kompakten Handbuch für die besonders problematische deutsch-polnische Beziehungsgeschichte im 20. Jahrhundert realisiert wurde.[53] Der wichtigste Grund für die Modellwirkung der deutsch-polnischen Schulbucharbeit war indes die internationale Beachtung, die sie fand, und das nicht erst seit dem Ende des Ost-West-Konflikts: Als in den 1980er Jahren zwischen Japan, China und Korea Streit um die Darstellung der japanischen Invasion in japanischen Geschichtsbüchern ausbrach, bekam das Georg-Eckert-Institut wiederholt Besuch aus diesen drei Ländern – von Historikern, Journalisten, Vertretern der Lehrergewerkschaften und Kulturattachés, „die mit Hinweis auf die deutsch-polnischen Empfehlungen um Rat baten, wie Schulbuchgespräche in Gang zu bringen seien"[54] – ein klares Indiz für die wahr-

---

(Hrsg.): Geschichtsdidaktik. Identität – Bildungsgeschichte – Politik. Karl-Ernst Jeismann zum 50jährigen Doktorjubiläum (ZfL-Texte, Nr. 18). Münster 2007, S. 31-44, bes. S. 39-41.

52 Vgl. etwa Michael G. Müller/Bernd Schönemann: Die „Polen-Debatte" in der Frankfurter Paulskirche. Darstellung, Lernziele, Materialien (Studien zur internationalen Schulbuchforschung, Bd. 68). Frankfurt/M. 1991.

53 Vgl. Ursula A. J. Becher/Włodzimierz Borodziej/Robert Maier (Hrsg.): Deutschland und Polen im 20. Jahrhundert. Analysen – Quellen – didaktische Hinweise (Studien zur internationalen Schulbuchforschung, Bd. 82/C). Hannover 2001.

54 Jeismann, Schulbucharbeit (wie Anm. 42), S. 28.

genommene Vorbildhaftigkeit der deutsch-polnischen Kooperation. In der Tat gibt es kein anderes Projekt internationaler Schulbucharbeit, das durch so viele politische Zäsuren hindurchgegangen ist, wissenschaftlich so ertragreich war und weltweit zum Maßstab und Vorbild genommen wird, wenn ehemals verfeindete Nationen aufeinander zugehen wollen.

2.3 Didaktische Schulbuchforschung

In der didaktischen Schulbuchforschung geht es nicht um Völkerverständigung, sondern um alle Fragen und Probleme, die das Medium Schulbuch als historisches Lehr- und Lernmittel betreffen. Unter den drei Hauptrichtungen der Schulbuchforschung ist die didaktische Schulbuchforschung diejenige, die am schwächsten ausgeprägt ist und als letzte auf den Plan tritt; ihren eigentlichen Beginn in Deutschland markiert erst das Erscheinen der Studie „Problemorientierter Geschichtsunterricht. Schulbuchkritik und Schulbuchrevision, dargestellt am Beispiel der römischen Republik" von Bodo von Borries aus dem Jahre 1980.[55] Das Untersuchungsthema Römische Republik war dabei lediglich „Mittel zum Zweck", wie der Rezensent Joachim Rohlfes mit Recht feststellte. Trotz des „konstitutiven Mangels", der darin bestehe, dass von Borries dem Schulbuch Leistungen abverlange, die nur „der Unterricht in seiner Totalität" erbringen könne, sei sein Buch ein „bemerkenswerter Wurf" und biete eine „Untersuchungskonzeption" an, von der künftige Arbeiten mit Sicherheit viel lernen könnten.[56]

Wie sah diese Untersuchungskonzeption genau aus? Eigentlich handelte es sich dabei um eine strukturierte Zusammenfassung unterschiedlicher Anforderungen an einen modernen Geschichtsunterricht unter dem „Schlagwort" Problemorientierung. Von Borries unterscheidet dabei zunächst drei Dimensionen: (1) den „Stellenwert des Erkenntnisgegenstandes", dessen Bestimmung eine vor-unterrichtliche *„gesellschaftliche Reflexion und Legitimation"* der ausgewählten Lerninhalte voraussetzt, (2) die „Organisation des Lernprozesses", bei der der „Vorgang *historischen Lernens bei den Schülern*" im Mittelpunkt der Analyse zu stehen hat, und (3) die „Gestaltung des Unterrichtsmaterials", die der Tatsache Rechnung trägt, dass historische Lernprozesse der *„Anregung und*

55 Vgl. Bodo von Borries: Problemorientierter Geschichtsunterricht. Schulbuchkritik und Schulbuchrevision, dargestellt am Beispiel der römischen Republik. Stuttgart 1980. Zur Einschätzung der Forschungslage vgl. auch Jörn Rüsen: Das ideale Schulbuch. Überlegungen zum Leitmedium des Geschichtsunterrichts. In: Internationale Schulbuchforschung 14 (1992), S. 237-250, hier S. 238.

56 Vgl. Joachim Rohlfes' Rezension. In: Internationale Schulbuchforschung 2 (1980), H. 3, S. 77-79, Zitate S. 77 u. 79.

Unterstützung durch Medien und Lehrmethoden" bedürfen.[57] Jede dieser drei Dimensionen wird dann in einem zweiten Schritt mit Hilfe von jeweils vier Kriterien weiter kleingearbeitet. So werden unter „Stellenwert des Erkenntnisgegenstandes" Auswahlkriterien, Fragestellungen und Untersuchungsergebnisse, Kontroversen sowie Gegenwartsbezüge und Erkenntnisinteressen erfasst. In der Dimension „Organisation des Lernprozesses" geht es dagegen um Schülerwünsche und Schülerbedürfnisse, Lernzielorientierung, Arbeitsunterricht, Quellenbefragung und Methodenbewusstsein, während unter dem Rubrum „Gestaltung des Unterrichtsmaterials" Korrektheit, Anschaulichkeit und Elementarisierung, Vielfalt und Anreiz sowie Benutzungsmöglichkeiten untersucht werden.[58] Aber auch mit diesen 12 konkreteren Untersuchungskriterien hat es noch nicht sein Bewenden: von Borries detailliert sie in beinahe arithmetisch anmutender Präsizion weiter, indem er jedes Kriterium durch jeweils vier Fragen operationalisiert.[59] Nimmt man diese zerstreuten Fragenkataloge zusammen, dann verfügt man über ein vorzüglich handhabbares Analyseinstrument von insgesamt 48 Fragen, das immer noch inspiriert, während die „einen Großteil des Buches ausfüllenden Einzel- und Sammelrezensionen"[60] der Schulbücher vor und nach 1974 heute mittlerweile eher für die Abteilung „Historische Schulbuchforschung" von Interesse sein dürften.

Dem durch von Borries eingeführten Modell einer normativ ansetzenden, dann deduktiv verfahrenden und schließlich in konkrete Operationalisierungen mündenden Analyse sind alle wichtigen *theoretischen Arbeiten* der didaktischen Schulbuchforschung – freilich in unterschiedlicher Intensität – gefolgt (vgl. dazu auch Kap. 6 dieses Bandes). Als erstes Beispiel mögen Jörn Rüsens bescheiden betitelte Überlegungen über „Das ideale Schulbuch" aus dem Jahre 1992 dienen, die, überraschend früh und noch nicht durch irgendwelche PISA-Aufgeregtheiten inspiriert, den Kompetenzbegriff in die Schulbuchforschung einführten: „Historisches Lernen", so definierte Rüsen, „ist ein Entwicklungsprozeß des Geschichtsbewußtseins, in dem Kompetenzen der historischen Erinnerung erworben werden. […] Die Fähigkeiten zu einer solchen Erinnerung der eigenen Lebenspraxis durch historische Erinnerungen lassen sich mit dem Begriff ‚*narrative Kompetenz*' zusammenfassen. […] Diese Fundamentalkompetenz des Geschichtsbewußtseins, die es

57 Vgl. von Borries, Geschichtsunterricht (wie Anm. 55), S. 19 f., Zitate ebd. Kursive Hervorhebungen im Original.

58 Vgl. ebd., S. 20-82.

59 Vgl. ebd., S. 25 f., 29, 34, 40, 46, 51, 58 f., 64, 68, 74, 79, 82.

60 Rohlfes (wie Anm. 56), S. 78.

durch historisches Lernen zu erwerben gilt, lässt sich in drei Einzelkompetenzen zerlegen, die die empirische, die theoretische und die praktische Seite des Geschichtsbewußtseins betreffen: In eine Wahrnehmungs- und Erfahrungskompetenz, in eine Deutungskompetenz und schließlich in eine Orientierungskompetenz."[61] Aus diesen normativ gewonnenen Zielen historischen Lernens[62] leitet Rüsen insgesamt zehn Kriterien für die „Brauchbarkeit eines Schulbuchs" ab,[63] denen er noch vier weitere, auf das Medium Schulbuch und seinen unterrichtspraktischen Einsatz bezogene Brauchbarkeitskriterien voranstellt.[64]

Als zweites Beispiel sei das „Kriterienbündel" herangezogen, das Alexandra Binnenkade und Peter Gautschi 2003 vorgestellt haben. Ausgangspunkt ihrer Analyse ist ein „Didaktisches Dreieck", bestehend aus den „Eckpunkten ‚historisches Universum', ‚Schülerinnen und Schüler' sowie ‚Lehrpersonen'. [...] Das Lehrmittel ist der Angelpunkt des unterrichtlichen Geschehens und liegt im Schwerpunkt des Didaktischen Dreiecks. Seine Qualität hängt ab vom Bezug zu den Inhalten (zum Beispiel sachliche Richtigkeit und Angemessenheit), vom Bezug zu den Lernenden (zum Beispiel Lebensweltbezug und Verständlichkeit), vom Bezug zu den Lehrenden (zum Beispiel Gewährleistung der Inszenierungsfreiheit und gleichzeitige Entlastung der Lehrperson), vom Bezug zum Lernprozess (zum Beispiel vollständiger Lernzyklus) sowie von der Darstellung und Gestaltung des Lehrmittels (zum Beispiel klare und einfache Struktur)."[65] Auch dieses eher strukturanalytisch ansetzende Konzept ist normativ aufgeladen, was sich jedoch erst bei einer genaueren Betrachung der insgesamt 45 Einzelkriterien zeigt, die in Form von 4stufigen Likert-Skalen mit äußerst präziser Beschreibung der positiven und negativen Pole vorgestellt werden.[66]

Als drittes und letztes Beispiel sei das von Alexander Schöner und Waltraud Schreiber vorgelegte Konzept zur „Dekonstruktion des Umgangs mit Geschichte in Schulbüchern"[67] angeführt, welches – leider erfolglos – versucht, ein für die wissenschaftliche Grundlagenforschung

61 Rüsen, Schulbuch (wie Anm. 55), S. 240 f.

62 Vgl. ebd., S. 239.

63 Vgl. ebd., S. 244-250.

64 Vgl. ebd., S. 242-244.

65 Vgl. Alexandra Binnenkade/Peter Gautschi: Didaktisches Konzept des Lehrmittels ‚Menschen in Zeit und Raum'. Das Theoriekonzept von „FUER Geschichtsbewusstsein" als Horizont. In: Zeitschrift für Geschichtsdidaktik 2 (2003), S. 197-212, Zitate S. 205 f.

66 Vgl. ebd., S. 208-212.

67 Vgl. Alexander Schöner/Waltraud Schreiber: De-Konstruktion des Umgangs mit Geschichte in Schulbüchern. Vom Nutzen wissenschaftlicher Schulbuchanalysen für den Geschichtsunterricht. In: Waltraud Schreiber/Sylvia Mebus (Hrsg.):

entwickeltes Schulbuchanalyseverfahren für den Geschichtsunterricht fruchtbar zu machen.[68] Da die von *Schülerseite* zu erbringenden Dekonstruktionsleistungen in keiner Weise eingegrenzt oder auch nur operationalisiert werden, muss man davon ausgehen, dass das komplette Programm absolviert werden soll: „Es wird ‚top down' vorgegangen: Zunächst werden die Elemente der Oberflächenstruktur erhoben, dann die Tiefenstrukturen. Es wird also das inhaltliche, pädagogisch-didaktische und theoretische ‚Strickmuster' der Narration kategorial analysiert. Dazu werden auch aus der geschichtsdidaktischen Forschung deduzierte Maßstäbe angelegt."[69] Diese Zielsetzungen lassen ein realistisches Augenmaß für das didaktisch Wünschbare und Machbare vermissen; denn warum sich die Dekonstruktion nicht vor allem auf die darstellenden Texte des Lehrbuchs im engeren Sinne beschränken, sondern sich auch auf die didaktische Tiefenstruktur einschließlich der Arbeitsaufträge und der Operatorenverwendung erstrecken soll,[70] bleibt ebenso unverständlich wie die offenkundige Gewissheit der Autoren, dass die Schülerinnen und Schüler über die für eine derart anspruchsvolle Schulbuchanalyse nötigen epistemischen Grundlagen verfügen.

Was die stärker *empirisch ausgerichteten Arbeiten* innerhalb der didaktischen Schulbuchforschung betrifft, so treffen wir bereits 1977 bei Wolfgang Hug auf erste Ansätze,[71] um dann abermals auf Bodo von Borries und die von ihm geleitete Hamburger Forschungsgruppe zu stoßen. Aus deren Arbeit seien hier zur Konkretisierung zwei Beispiele vorgestellt. Das erste Beispiel stammt aus der 1995 vorgelegten Deutschlandstudie über „Das Geschichtsbewußtsein Jugendlicher [...] in Ost- und Westdeutschland", immerhin eine repräsentative Untersuchung, in der 6479 Sechst-, Neunt- und Zwöftklässler sowie 283 Lehrerinnen und Lehrer befragt wurden, und zwar ausschließlich mit geschlossenen Fragebögen, die ganz überwiegend mit 5stufigen Likert-Skalen – von „stimmt ganz genau (+2,0) bis „stimmt überhaupt nicht" (-2,0) – arbeiten.[72] Im Block 13 des Schülerfragebogens werden unter der Überschrift „Wie ist das

---

Durchblicken. Dekonstruktion von Schulbüchern (Themenhefte Geschichte, H. 1). 2., überarb. u. aktualisierte Aufl. Neuried 2006, S. 21-32.

68 Vgl. ebd., S. 23.

69 Ebd.

70 Vgl. ebd., S. 27.

71 Vgl. Wolfgang Hug: Geschichtsunterricht in der Praxis der Sekundarstufe I. Befragungen, Analysen und Perspektiven (1977). 3. Aufl. Frankfurt/M. 1985, S. 137.

72 Vgl. Bodo von Borries: Das Geschichtsbewußtsein Jugendlicher. Erste repräsentative Untersuchung über Vergangenheitsdeutungen, Gegenwartswahrnehmungen und Zukunftserwartungen von Schülerinnen und Schülern in Ost- und Westdeutschland. Weinheim/München 1995, bes. S. 22 u. 28.

eigentlich bei Euch im Geschichtsunterricht?" drei schulbuchspezifische Items angeboten: „Wir gehen in der Unterrichtsstunde ein paar Seiten des Schulbuchs durch"; „Wir vergleichen verschiedene Texte und Bilder, die aus den verschiedenen Zeiten stammen"; „Wir hinterfragen und kritisieren Schulbuchdarstellungen und andere Geschichtstexte".[73] Diese Aussagen stehen natürlich für unterschiedliche Methodenfiguren der Schulbuchnutzung: für die mechanisch-eintönige und deshalb negative Variante, für die arbeitsunterrichtlich-kommunikative und daher positive Variante und schließlich für die kritische bzw. ideologiekritische und mithin ebenfalls positive Variante. Was die Ergebnisse der Befragung betrifft, so pendeln alle Mittelwerte zu den drei Items zwischen schwacher Zustimmung in den unteren und schwacher bis mäßiger Zurückweisung in den höheren Klassen.[74] Von Borries interpretiert diesen Befund mit einer bemerkenswerten Einschränkung wie folgt: „*Wenn diese Schülerangaben der Wirklichkeit entsprechen*, herrscht im deutschen Geschichtsunterricht ebenso wenig ein mechanisches Entlanghangeln am Schulbuch vor wie ‚ideologiekritisches' oder ‚konstruktiv-quellenbezogenes' Arbeiten; alle drei Formen kommen nach Schülermeinung vor [...], dominieren aber nicht in extremem Maße."[75] Doch es wurden ja nicht nur Schülerinnen und Schüler, sondern auch Lehrerinnen und Lehrer befragt. Im 6. Block des für sie entworfenen Fragebogens finden sich – bei veränderter Anrede – dieselben schulbuchspezifischen Items, die wir schon aus dem Schülerfragebogen kennen.[76] Bei den Ergebnissen sind allerdings erhebliche Abweichungen zu verzeichnen: „Fragt man [...] die *deutschen Lehrenden* mit identischem Wortlaut nach ihrer Unterrichtspraxis, so lauten die Auskünfte ganz anders als bei den Lernenden. ‚Mechanische' Schulbuchbenutzung wird massiv zurückgewiesen (Mittelwert M = -1.01) (statt zaghaft bei den Schülern; M = – 0.06). [...] ‚Kritische' Schulbuchthematisierung wird neutral betrachtet (M = + 0.04), Vergleich verschiedener zeitgenössischer Texte und Bilder (M = + 0.67) [...] lebhaft behauptet. [...] Selbst bei wohlwollender Betrachtung muß man feststellen, daß Lehrende und Lernende den gemeinsam erlebten Unterricht ziemlich verschieden beschreiben

73 Ebd., S. 459.

74 Vgl. Bodo von Borries: Das Geschichts-Schulbuch in Schüler- und Lehrersicht. Einige empirische Befunde in: Internationale Schulbuchforschung 17 (1995), S. 45-60, hier S. 51. Die hier vorliegende Ergebnisinterpretation ist stärker schulbuchbezogen und überdies pointierter als diejenige der Originalstudie. Deshalb wird ihr der Vorzug gegeben.

75 Ebd., kursive Hervorhebungen durch die Verf.

76 Vgl. von Borries, Geschichtsbewußtsein (wie Anm. 72), S. 481 f.

[…].“[77] Wie geht von Borries mit dieser Wahrnehmungs-Schere um? Er weist darauf hin, „daß Lehrende bei Beschreibungen ihres eigenen Unterrichts in erheblichem Maße normative Gesichtspunkte einfließen lassen“, und schlussfolgert daraus: „Es macht daher Sinn, sich – gerade hinsichtlich der Schulbuchbenutzung – eher (aber nicht unkritisch) an die Schülerauskünfte zu halten.“[78]

Was ist von dieser Schlussfolgerung zu halten? Zum einen mutet sie ziemlich arbiträr an, kann es doch keineswegs als ausgemacht gelten, dass Schülerinnen und Schüler ihrerseits nicht auch normativ urteilen. Zum anderen haben wir es mit einem ernsten methodologischen Problem zu tun. Das resultiert aus der Tatsache, dass nur Meinungen *über* Unterricht eruiert werden, der Unterricht *selbst* aber unbeobachtet bleibt. Angesichts dieses Mankos ist es fast als nachrangig einzustufen, dass die Massenbefragung Unterschiede zwischen den eingesetzten Lehrbüchern nicht erfasst und wohl auch nicht erfassen *kann.*

Das zweite Beispiel bezieht sich auf eine weitere große Studie der Hamburger Forschungsgruppe,[79] innerhalb derer Johannes Meyer-Hamme das Teilprojekt „Schulbuchverständnis und Schulbuchvergleich zu Bonifatius II – Erhebung mittels Kurzessays“ bearbeitete.[80] Es handelte sich dabei um eine nichtrepräsentative qualitative Studie, in der 453 Probanden – Schülerinnen und Schüler der Klassenstufen 6/7, 9 und 11/12 sowie Studierende des Lehramtsfaches Geschichte – zu insgesamt acht Fragen des Schulbuchverständnisses und des Schulbuchvergleichs kurze Essays schreiben sollten.[81]

Das weitere Untersuchungsdesign beschreibt Meyer-Hamme wie folgt: „Die Probanden bekamen unter anderem drei Schulbuchauszüge vorgelegt und wurden gebeten, Fragen zur De-Konstruktion der Schulbücher und der Re-Konstruktion des historischen Beispieles zu beantworten. Thematisch behandeln die Schulbuchauszüge die Christi-

77 Von Borries, Geschichts-Schulbuch (wie Anm. 74), S. 52, kursive Hervorhebungen im Original.

78 Ebd., S. 52f.

79 Vgl. Bodo von Borries u. a.: Schulbuchverständnis, Richtlinienbenutzung und Reflexionsprozesse im Geschichtsunterricht. Eine qualitativ-quantitative Schüler- und Lehrerbefragung im Deutschsprachigen Bildungswesen 2002 (Bayerische Studien zur Geschichtsdidaktik, Bd. 9). Neuried 2005.

80 Vgl. ebd., S. 121-157.

81 Vgl. Johannes Meyer-Hamme: „Man muss so viel lesen. […] Nimmt so viel Zeit in Anspruch und ist nicht so wichtig.“ Ergebnisse einer qualitativen und quantitativen Schülerbefragung zum Schulbuchverständnis (2002). In: Handro/ Schönemann, Schulbuchforschung (wie Anm. 6), S. 89-103, hier S. 90. Auch diese Darstellung wird bevorzugt, weil sie das Design und die Ergebnisse des Teilprojekts pointierter zusammenfasst als der Beitrag zur Originalstudie.

anisierung Mitteleuropas am Beispiel des Bonifatius. In ihrer Methode und Machart unterscheiden sich die Bücher deutlich: Die Probanden sollten ein methodenorientiertes Schulbuch der neuesten Generation [...] mit einem quellen- und problemorientierten Buch der späten 70er Jahre [...] sowie einem leitfadenorientierten Geschichtsbuch, von vor 1970 [...], vergleichen. [...] Alle Schulbücher sind für die 6./7. Klasse konzipiert, sollten also auch für die Probanden dieser Klassenstufe verständlich sein. Ein *Dreiecksvergleich, ohne thematische Einführung, wie er in der Untersuchung durchgeführt wurde*, ist aber für Schüler und Studierende durchaus anspruchsvoll und ungewöhnlich – dies ist bei der Auswertung zu berücksichtigen."[82] Was die konkretere Anlage der Untersuchung betrifft, so sollte das Textverständnis der Probanden mit folgender Fragestellung erhoben werden: „*Die drei Berichte über Bonifatius in Buch A, Buch B und Buch C stimmen sicherlich teilweise überein, teilweise vielleicht auch nicht. Bitte beschreibe einerseits Gemeinsamkeiten, andererseits Gegensätze!*"[83] Mit einer weiteren Frage sollte nicht das Textverständnis, sondern die historische Sinnbildungsleistung erfasst werden. Sie lautete: „*Was BEDEUTET der geschichtliche Fall Bonifatius für Dein eigenes Leben heute? Welche Schlussfolgerungen ziehst du selbst für dich und andere?*"[84]

Bei der Vorstellung der – überwiegend negativen – Untersuchungsergebnisse weist Meyer-Hamme ausdrücklich darauf hin, dass die „empirischen Befunde äußerst ernst genommen werden sollten: Die Schülerinnen und Schüler lesen nicht genau genug, um ihre Schulbücher wirklich – in Tiefendimensionen, Nuancen und Problematisierungen – zu verstehen. Erst die Studierenden können feinere Unterschiede zwischen den Büchern herausarbeiten, aus Büchern, die für die 6. oder 7. Klasse geschrieben wurden. Erschwert wird diese Situation [...] noch dadurch, dass die Schülerinnen und Schüler ihre Schulbücher nicht als schwer wahrnehmen. Nur etwas mehr als jeder fünfte Proband gibt an, dass er die Quellen und Autorentexte in seinem Schulbuch schwer oder zu schwer findet." Auch mit den gezeigten Sinnbildungsleistungen ist der Autor der Teilstudie nicht zufrieden: „Deutlich wird in dieser Untersuchung [...] die starke Enttraditionalisierung und Säkularisierung der Jugendlichen, so dass sich auch hier die Frage stellt: Wie kann und

82 Ebd., S. 91, kursive Hervorhebungen durch die Verf.
83 Ebd., S. 93, kursive Hervorhebungen im Original.
84 Ebd., S. 97, kursive Hervorhebungen und Schreibung in Großbuchstaben im Original.

muss die Geschichtsdidaktik und der Geschichtsunterricht auf diese Erkenntnisse reagieren?"[85]

Unseres Erachtens erübrigt sich eigentlich eine Reaktion, weil die Frage falsch gestellt ist. Zunächst: Geschichtsdidaktik und Geschichtsunterricht sind kein Reparaturbetrieb der Moderne, der etwa die Aufgabe hätte, gesellschaftliche Fundamentalvorgänge wie die seit mehr als zwei Jahrhunderten beobachtbare Säkularisation rückgängig zu machen.[86] Deshalb kann es auch nicht darum gehen, Bonifatius ins Zentrum der für Schülerinnen und Schüler lebensbedeutsamen historischen Themenbezüge zu befördern. Dazu könnten Umweltgeschichte, Migrationsgeschichte, Geschlechtergeschichte und anderes mehr gehören, nicht aber die Missionsgeschichte des Frühmittelalters. Sodann sind die schlechten Ergebnisse im Bereich Textverständnis weniger alarmierend, als Meyer-Hamme einschätzt, denn wir interpretieren sie weniger als Hinweise auf eine defizitäre Lesekompetenz denn als Konsequenz einer verfehlten Untersuchungsanlage. Dass die Schüler *ihre* Schulbücher zu knapp 80 Prozent nicht als schwer oder zu schwer wahrnehmen, wird doch durch die Ergebnisse des Schulbuch*vergleichs* überhaupt nicht widerlegt. Anstatt sich auf die eingeführten Lehrbücher zu beziehen, konstruiert die Hamburger Forschungsgruppe eine für den Schulalltag absolut unübliche Aufgabenstellung: einen hochkomplizierten Dreiecksvergleich mit Auszügen aus unbekannten Schulbüchern. Auch der Hinweis darauf, dass alle Schulbücher für die 6. und 7. Klasse geschrieben wurden und also als passfähig auch für die Jüngsten unter den Probanden eingestuft werden könnten, mildert die Fehlentscheidung für die lernmethodisch überhaupt nicht eingeübte Operation Textvergleich und die Festlegung auf ein Thema, mit dem man heute kaum noch jemanden hinter dem Ofen hervorlocken kann, keineswegs ab.

Alles in allem dürften die hier vorgestellten Beispiele verdeutlicht haben, dass die didaktische Schulbuchforschung als empirische *Wirkungsforschung* noch in den Anfängen steckt und sowohl methodologisch wie thematisch andere Wege gehen muss, wenn sie zu gehaltvollen Resultaten kommen will, die die geschichtsdidaktische Diskussion anregen.

Nur in einem Bereich der didaktischen Schulbuchforschung sind die Defizite noch größer als in der Wirkungsforschung – in der *Konstrukti-*

---

85 Ebd., S. 101.

86 Vgl. dazu auch Bernd Schönemann: Die Dimension des Religiösen. Historisch-didaktische Befunde und Reflexionen. In: Waltraud Schreiber (Hrsg.): Die religiöse Dimension im Geschichtsunterricht. Ein interdisziplinäres Forschungsprojekt. Tagungsband (Bayerische Studien zur Geschichtsdidaktik, Bd. 2). Neuried 2000, S. 411-431, bes. S. 430.

onsforschung. Wir wissen zwar ein wenig über die Schulbuchproduktion, etwa über rechtliche Vorgaben in Form von Schulgesetzen, Lehrplänen, Richtlinien und Zulassungsverfahren oder über verlegerische Kalküle im Hinblick auf Marktanalyse, Produktentwicklung, Preisgestaltung, Verkaufspolitik usw.,[87] aber all das ist insgesamt ziemlich wenig und bleibt einigermaßen äußerlich. Wie entstehen Schulbuchkonzepte, wie verändern sie sich im Laufe ihrer Umsetzung, welche Rolle spielen politische, fachwissenschaftliche und fachdidaktische Faktoren neben den bereits genannten rechtlichen und ökonomischen Gesichtspunkten, wie lässt sich der Konstruktionsprozess empirisch erfassen, theoretisch systematisieren und pragmatisch verbessern – auf all diese Fragen gibt es (jenseits einiger Selbstporträts[88]) keine tragfähigen geschichtsdidaktischen Antworten (vgl. dazu auch Kap. 5 dieses Bandes). Das ist vor allem deshalb bedauerlich, weil dadurch die Arbeit auf den zentralen Problemfeldern Textverständlichkeit und Lernprogression nicht vorankommt.

Insgesamt fällt die Bilanz der Schulbuchforschung also gemischt aus: Während die historische und die internationale Schulbuchforschung in Umfang und Qualität bemerkenswerte Leistungen vorlegen konnten, überwiegen bei der didaktischen Schulbuchforschung die Defizite und Desiderate.

---

87 Vgl. dazu Heike Hessenauer: Die Produktion von Schulbüchern – Zwischen rechtlichen Vorgaben und unternehmerischem Kalkül. In: Handro/Schönemann, Schulbuchforschung (wie Anm. 6), S. 265-282.

88 Dafür beispielhaft: Dieter Tiemann (Hrsg.): Neue Schulgeschichtsbücher. Herausgeber und Autoren stellen ihre Werke vor (Dortmunder Arbeiten zur Schulgeschichte und zur historischen Didaktik, Bd. 18). Bochum 1990.

3. Genese und Typologie: Von der Katechese zum kombinierten Lern- und Arbeitsbuch

Eine zusammenhängende Geschichte des Geschichtslehrbuches im deutschsprachigen Raum ist nach wie vor ein Forschungsdesiderat. Das Fehlen einer historischen Synthese lässt sich jedoch – zumindest für eine vornehmlich an der Methodik des Schulbucheinsatzes interessierte Darstellung wie die vorliegende – wenigstens teilweise kompensieren: durch den Entwurf einer *Gattungsgeschichte des Geschichtslehrbuches in Form einer Typenabfolge.* Grundüberlegungen dazu sind bereits von Ursula A.J. Becher entwickelt worden. Becher hat darauf hingewiesen, dass sich in der Entwicklung der Schulbücher unterschiedliche geschichtsdidaktische Konzeptionen widerspiegeln, und sie hat sieben Typen von Geschichtsbüchern herauspräpariert – freilich „nicht aus historischem Interesse“, sondern mit Bezug auf gegenwärtige Verwendungssituationen.[1] Abweichend davon sollen im Folgenden lediglich *vier Haupttypen* von Geschichtslehrbüchern vorgestellt werden, die die Gattungsgeschichte nachhaltig zu prägen vermochten. Dabei handelt es sich um (1) die Katechese, (2) den klassischen Leitfaden, (3) das reine Arbeitsbuch und (4) das kombinierte Lern- und Arbeitsbuch. Diese Haupttypen werden jeweils in vier Schritten vorgestellt. Am Beginn steht eine morphologische Beschreibung, dann werden das geschichtstheoretische Profil und die Lernleistungserwartungen ermittelt, und schließlich geht es um die unterrichtsmethodische Prägewirkung, die der Lehrbuchtyp entfaltet. Zusätzlich zu den genannten Haupttypen sollen ganz am Ende (5) zwei *Spezialfälle oder Sonderformen* erwähnt werden, die für die Geschichte und die Gegenwart historischen Lehrens und Lernens auf unterschiedliche Weise aufschlussreich sind: das Lesebuch und das bilaterale Lehrwerk.

3.1 Die Katechese

Als Beispiel für den ersten Lehrbuchtyp, die Katechese, mag ein Unterrichtswerk dienen, das im Jahre 1723 im Berliner Nicolai Verlag veröffentlicht wurde. Sein Autor, Hilmar Curas (1673-1747), war seit 1707 Professor am Joachimsthalschen Gymnasium in Berlin und seit 1718 Königlich Geheimer Sekretär und Erzieher der Prinzessinnen Anne Sophie Charlotte und Louise Wilhelmine[2], denen er das Buch auch widmete.

1 Vgl. Ursula A.J. Becher: Schulbuch. In: Hans-Jürgen Pandel/Gerhard Schneider (Hrsg.): Handbuch Medien im Geschichtsunterricht. 4. Aufl. Schwalbach/Ts. 2007, S. 45-68, hier S. 46 u. 55.

2 Die biographischen Informationen stammen von Wolfgang Jacobmeyer.

Schon im Titel findet sich ein Hinweis auf das grundlegende Darstellungsprinzip: „Einleitung Zur Universal-Historie, Worinnen die Merkwürdigste Begebenheiten von Anfang der Welt bis auf diese Zeit In Fragen und Antwort kurz vorgetragen werden [...]."[3] In der Katechese wird also, um es mit Hans-Jürgen Pandel zu formulieren, „*historisches Wissen [...] in Form von Fragen- und Antwortsequenzen* dargestellt".[4]

Wie dies konkret geschieht, sei kurz an zwei Beispielen illustriert. Das erste Beispiel bezieht sich auf den römischen Kaiser Caligula. Die Frage-Antwort-Kombination lautet:

> „Wie hat Caligula gelebet?"
> „Sehr lasterhaftig und verschwenderisch.
> 1. Hat er in zwey Jahren mehr als 100. Millionen durchbracht.
> 2. Er beschlief alle seine Schwestern, und ließ sie hernach hinrichten.
> 3. Sein Pferd mußte mit ihm über Tafel aus silbernen und güldenen Schüsseln fressen.
> 4. Dieses Pferd wolte er auch zum Burgermeister in Rom machen.
> 5. Pontium Pilatum hat er nach Franckreich in Vienne relegiret, allwo er sich vom Thurm heruntergestürtzet.
> 6. Als er kein Geld mehr hatte, legte er Tribut auf die Huren-Häuser.
> 7. Die Reichen, wenn sie kranck waren, musten ihn zum Erben machen, und wenn sie wieder gesund wurden, ließ er sie hinrichten, damit das Testament konte exequiret werden."[5]

---

3 Der vollständige Titel lautet: [Hilmar Curas:] Einleitung Zur Universal-Historie, Worinnen die Merkwürdigste Begebenheiten von Anfang der Welt bis auf diese Zeit In Fragen und Antwort kurtz vorgetragen werden, Nebst einem Anhang der Türkischen Historie, Wie auch einer vollständigen Genealogie der Churfürsten zu Brandenburg, Und von denenselben herstammenden Königen in Preussen, Denen Anfängern zum besten in Druck gegeben, und mit einem Register versehen von Hilmar Curas, Secretar. und Coll. des Königl. Joachimsthal. Gymnasii". Berlin 1723.

4 Hans-Jürgen Pandel: Entwicklung der didaktischen Darstellung: Katechese – Erzählung – narrative Rekonstruktion. Eine Diskussionsbemerkung. In: Karl-Ernst Jeismann/Siegfried Quandt (Hrsg.): Geschichtsdarstellung. Determinanten und Prinzipien. Göttingen 1982, S. 39-42, Zitat S. 39. Kursive Hervorhebung durch die Verf.

5 Curas, Einleitung Zur Universal-Historie (wie Anm. 3), S. 68. Exequieren meint hier vollstrecken.

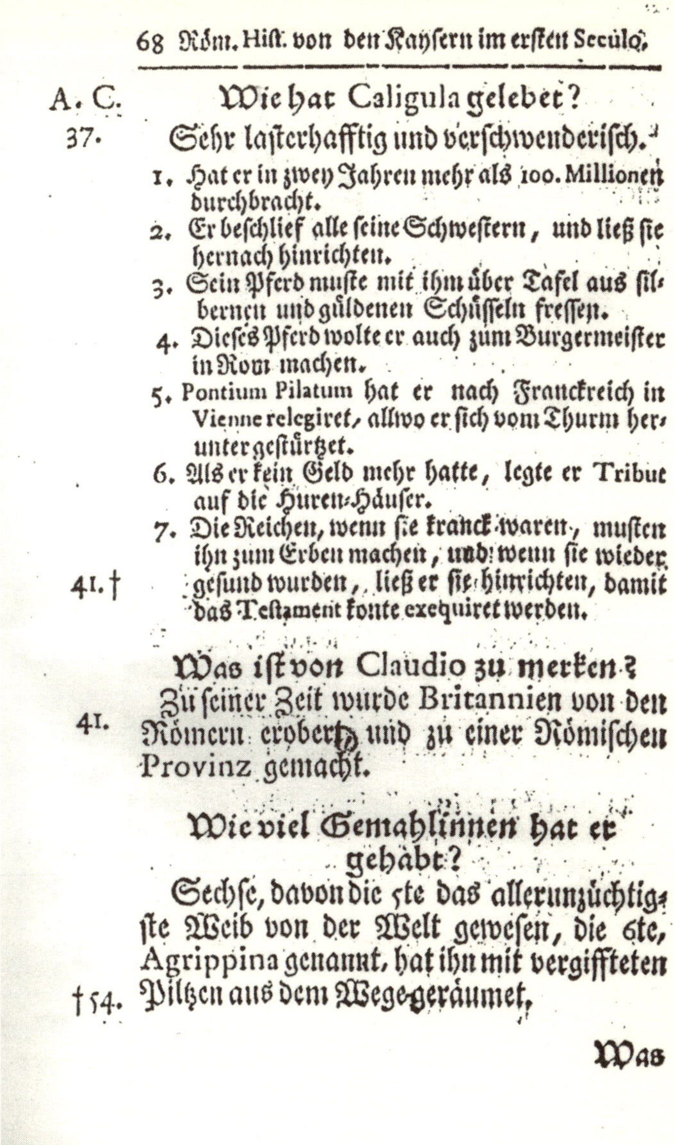

68 Röm. Hist. von den Kaysern im ersten Seculo.

A. C.

Wie hat Caligula gelebet?

37. Sehr lasterhafftig und verschwenderisch.

1. Hat er in zwey Jahren mehr als 100. Millionen durchbracht.
2. Er beschlief alle seine Schwestern, und ließ sie hernach hinrichten.
3. Sein Pferd muste mit ihm über Tafel aus silbernen und güldenen Schüsseln fressen.
4. Dieses Pferd wolte er auch zum Burgermeister in Rom machen.
5. Pontium Pilatum hat er nach Franckreich in Vienne relegiret, allwo er sich vom Thurm herunter gestürtzet.
6. Als er kein Geld mehr hatte, legte er Tribut auf die Huren-Häuser.
7. Die Reichen, wenn sie kranck waren, musten ihn zum Erben machen, und wenn sie wieder
41. † gesund wurden, ließ er sie hinrichten, damit das Testament konte exequiret werden.

Was ist von Claudio zu merken?

Zu seiner Zeit wurde Britannien von den
41. Römern erobert, und zu einer Römischen Provinz gemacht.

Wie viel Gemahlinnen hat er gehabt?

Sechse, davon die 5te das allerunzüchtigste Weib von der Welt gewesen, die 6te, Agrippina genannt, hat ihn mit vergiffteten
† 54. Piltzen aus dem Wege geräumet.

Was

Abb. 1: Curas, Einleitung Zur Universal-Historie (wie Anm. 3), S. 68

Mit dem zweiten Beispiel wechseln wir aus der Antike in die Frühe Neuzeit, genauer: zu den Kaisern aus dem Hause Habsburg, zu denen auch Maximilian I. gehört.

> „Was ist vom Maximiliano I. zu merken?
> Er war ein Sohn des vorigen Kaysers, und folgete seinem Herrn Vater in der Regierung.
> Was ist in seinen jungen Jahren von ihm zu merken?
> 1) Er konte in seinem neunten Jahre noch nicht reden, dahero man befürchtete, daß er würde stumm bleiben; Nachgehends aber ist er beredt genung worden.
> 2) Er war sehr verwegen, und kletterte den Gemsen auf allen Felsen nach, da er dann einsmahls so weit kommen, daß er weder herunter, noch jemand zu ihm kommen konte, biß ihm ein Engel in der Gestalt eines alten Mannes einen Weg gewiesen haben soll.
> Wie hat er regieret?
> Sehr löblich und gut; Er hat das Kayserliche Kammer=Gericht zu Wetzlar in Teutschland angeleget, und dadurch vielem Unheil abgeholffen.
> Wie hat er Teutschland eingetheilet?
> Teutschland hat er eingetheilet in 10. Crayse, welche noch biß heute bestehen."[6]

Beide Beispiele machen hinreichend deutlich, dass die morphologische Gestalt der Katechese in der Tat durch Frage-Antwort-Sequenzen geprägt ist. Diese geben zugleich erste Hinweise auf das geschichtstheoretische Profil dieses Lehrbuchtyps. Danach besteht Geschichte offenkundig aus Personen und Begebenheiten, die im ursprünglichen Sinne des Wortes *merk-würdig* sind, also nicht seltsam oder obskur, wie wir diesen Begriff heute verstehen würden, sondern würdig oder wert, gemerkt zu werden. In seiner Widmung an die beiden preußischen Prinzessinnen schreibt Curas, dass der eigentliche Zweck der Geschichtsbücher darin bestehe, durch „so vieler Beispiele zu einer dem menschlichen Leben so nöthigen Klugheit" zu führen, „indem man aus fremder Unvorsichtigkeit und Schaden die heilsamsten Warnungen, wie aus anderer Wohlverhalten und Glück die nachdrücklichsten Vermahnungen zu gleichmäßiger Aufführung ziehen, und also sich den Weg zu seiner Wohlfahrt bahnen kann."[7] In dieses Wirkungskalkül passen sich auch die beiden Beispiele Caligula und Maximilian ein: Während der Erste mit seinen zahlreichen Lastern die Warnungen verkörpert, die die Geschichte bereithält, steht der Zweite für das Nachahmenswert-Positive,

6 Ebd., S. 134.
7 Ebd., Widmung, ohne Seitenangabe.

das ebenfalls der Historie entnommen werden kann. Geschichte also als Beispielsammlung, als Kollektion negativer und positiver Exempla – diese bis weit in das 18. Jahrhundert hinein gültige Auffassung gab es schon in der Antike, und sie war bereits im Jahre 55 vor Christus von Cicero in seinem Buch „Über den Redner“ (De oratore II, 36) auf die Formel *Historia magistra vitae* gebracht worden: Geschichte als Lehrmeisterin des Lebens. Der Zusammenhang mit der Rhetorik ist dabei alles andere als zufällig, denn Cicero ging es tatsächlich vorrangig um die unterschiedlichen Einsatzmöglichkeiten historischer Beispiele in der rhetorischen Praxis. Geschichte fungierte dabei nur als Hilfsdisziplin, die überzeugende Argumente für die überzeugende Rede in der politischen Auseinandersetzung, vor Gericht oder auf dem Fest zu liefern hatte.[8]

Was die mit der Katechese verbundenen Lernleistungserwartungen anbelangt, so wird *Geschichte* offensichtlich *als Wissens- und Memorierfach mit direktem Nutzen für die persönliche Lebensführung* verstanden. Schüler sollen *exemplarisch* aus der Geschichte lernen. Indem sie sich wichtige Beispiele laster- oder tugendhaften Verhaltens einprägen, sollen sie zugleich Orientierungen für die eigene Lebenspraxis gewinnen, ohne diese mit schmerzlichen Irrtümern oder kräftezehrenden Umwegen erkaufen zu müssen. Was dabei „außen vor“ bleibt, das sind nicht nur die anspruchsvolleren kognitiven Lernleistungen jenseits des eingepaukten Faktenwissens. „Außen vor“ bleibt auch die Erkenntnis der Eigenqualität der Zeit, denn der scheinbar gleichmäßige Zeitfluss, der weder Beschleunigung noch Stagnation aufweist, und die scheinbare Bedeutungslosigkeit der Zeitdifferenz von Vergangenheit und Gegenwart, die eine Wiederholbarkeit von Geschichte suggeriert, sind ja unabdingbare Voraussetzungen für die Annahme, dass man aus ihr lernen könne.

Welche unterrichtsmethodische Prägewirkung hat die Katechese? Wie der mit seinem Lehrbuch korrespondierende Unterricht ablaufen soll, deutet Curas in seiner Vorrede immerhin an: „Meine Intention aber gehet nicht dahin, daß man ein zartes Ingenium mit Erzehlung einer langen Historie beschweren, sondern vielmehr demselben durch kurtze Fragen zu Hülffe kommen solle, deswegen sind die Fragen aufs deutlichste gesetzet, und dergestalt eingerichtet, daß der Lernende gar leichte sich dabey der Antwort erinnern, und auf Befragen dieselbe von sich geben kan. Wann nun der Lehrende diejenige Geschichte, worauf in der Antwort offt mit wenig Worten gezielet wird, auf eine angeneh-

8 Vgl. dazu vor allem Reinhart Koselleck: Historia Magistra Vitae. Über die Auflösung des Topos im Horizont neuzeitlich bewegter Geschichte (1967). Ndr. in: Ders.: Vergangene Zukunft. Zur Semantik geschichtlicher Zeiten. 2. Aufl. Frankfurt/M. 1984, S. 38-66.

me Art mit behöriger Connexion erzehlet, so hat der Lernende diesen Vortheil, daß er unvermerckt die gantze Historie fasset und seinem Gedächtniß einverleibet."[9]

Diese Passage ist gar nicht leicht zu interpretieren. Jedenfalls sind Lehrbuchstruktur und Unterrichtsablauf nicht identisch. Gleichwohl ist die Gliederung in Frage- und Antwortsequenzen dominant, und zwar auch für den Unterricht. Dadurch, dass der Lehrende einzelne Antworten erzählerisch ausgestaltet, werden die Bruchstückhaftigkeit und der fragmentarische Charakter der Geschichte lediglich gemildert, aber nicht aufgehoben. Mit anderen Worten: Aus der erzählerischen Ausmalung einzelner Antworten entsteht mitnichten eine zusammenhängende Geschichte als Erzählung. Für die vorherrschende Kleinschrittigkeit in der Abfolge von Fragen und Antworten, mit der wir heute nur noch wenig anfangen können, lassen sich mindestens zwei Ursachen ausmachen. Die erste hat zunächst gar nichts mit dem Fach Geschichte zu tun, sondern mit einer fächerübergreifenden pädagogischen Bevorzugung des Dialogs, die in der Vormoderne modern war. So findet sich in der 1657 in Amsterdam publizierten „Didactica magna" des Johann Amos Comenius folgende Passage über Lehrbücher: „Solche Bücher sind gemäß unsern Gesetzen über Leichtigkeit, Gründlichkeit und Abkürzung des Unterrichts für alle Schulen zusammenzustellen. Sie sollen alles so vollständig, gründlich und genau enthalten, daß sie ein wahres Bild des [...] ganzen Weltalls geben. Auch wünsche und verlange ich dringend, daß sie alles allgemeinverständlich darstellen und dem Lernenden in jedem Fall Hilfe bieten, so daß er alles von selbst auch ohne Lehrer verstehen kann. [...] Deshalb sähe ich sie am liebsten in Dialogform abgefaßt, und zwar aus folgenden Gründen:

1. es ist so leichter, Inhalt und Form der kindlichen Geistesart [...] anzupassen [...]. Denn es gibt nichts Vertraulicheres und Natürlicheres als ein Gespräch, im Gespräch kann ein Mensch allmählich und unmerklich überallhin geführt werden. [...]
2. Gespräche wecken, beleben und fördern die Aufmerksamkeit, und zwar wegen der mannigfaltigen Fragen und Antworten [...].
3. Gespräche festigen die Bildung. Denn wie wir uns besser eines Vorfalls erinnern, den wir selbst gesehen haben [...], so haftet auch, wie die Erfahrung bestätigt, im Geist eines Schülers besser, was er in Form eines Lustspiels oder eines Gesprächs lernt [...].

---

9 Curas, Einleitung Zur Universal-Historie (wie Anm. 3), Vorrede, ohne Seitenangabe.

4. Da ja doch der größere Teil unseres Lebens im Gespräch besteht, wird die Jugend gleich darauf vorbereitet, Nützliches nicht bloß zu verstehen, sondern auch darüber sich vielfältig, gewählt, nachdrücklich und mühelos zu äußern.
5. Die Dialogform erleichtert zudem die Wiederholung, die die Schüler auch unter sich vornehmen können."[10]

Soweit Comenius, der die Katechese vornehmlich von der Subjektseite der Lernenden her begründet und dabei auch die Selbstunterweisung ohne Lehrer, die Partnerarbeit und die Wiederholungsfunktion berücksichtigt. Freilich geht er von einem geordneten Kosmos des Wissens aus, das als wahr gilt, und darin liegt der zweite Grund für die Bevorzugung der Katechese: Sie ist – auch im Fach Geschichte – das unterrichtsmediale Pendant eines überschaubaren und sich nur sehr langsam verändernden Wissensbestandes, dessen Gültigkeit und Nützlichkeit für die nachwachsende Generation nicht bezweifelt wird und der deshalb in möglichst optimaler Strukturierung für das Selbststudium und für die verschiedenen Unterrichtsphasen dargeboten werden soll.

3.2 Der klassische Leitfaden

Für den zweiten Lehrbuchtyp, den klassischen Leitfaden, sei als Beispiel die von Friedrich Kohlrausch (1780-1867) verfasste und 1816/17 erschienene „Teutsche Geschichte"[11] gewählt. Kohlrausch, von 1818-1830 Leiter des Gymnasialwesens der Preußischen Provinz Westfalen und von 1830-1855 Generalschuldirektor des Königreichs Hannover, steht Karl-Ernst Jeismann zufolge „am Beginn der modernen Didaktik und Organisation des Geschichtsunterrichts an den deutschen höheren Schulen."[12] Wie Kohlrausch in seinem Lehrbuch Geschichte präsentierte, sei an einem Abschnitt über den Westfälischen Frieden demonstriert:

„In der Mitte des Sommers 1643 sollten die Friedensunterhandlungen eröffnet werden; zu Osnabrück mit den Schweden und zu Münster mit den Franzosen. Die kaiserlichen Gesandten fanden sich schon vor der festgesetzten Zeit ein, allein erst am Ende des Jahres kamen die schwe-

---

10 Johann Amos Comenius: Große Didaktik. Die vollständige Kunst, alle Menschen alles zu lehren. Übersetzt und hrsg. von Andreas Flitner. 7. Aufl. Stuttgart 1992, S. 128f.

11 Friedrich Kohlrausch: Teutsche Geschichte. Für Schulen bearbeitet. 2 Abt. Elberfeld: Büschler 1816/17. Dieses Lehrwerk erreichte bis 1875 sechzehn Auflagen. Vgl. Becher, Schulbuch (wie Anm. 1), S. 47.

12 Vgl. Karl-Ernst Jeismann: Friedrich Kohlrausch (1780-1867). In: Siegfried Quandt (Hrsg.): Deutsche Geschichtsdidaktiker des 19. und 20. Jahrhunderts. Paderborn u. a. 1978, S. 41-83, Zitat S. 41.

dischen, und erst im April des Jahres 1644 die französischen; eine üble Vorbedeutung für den Gang des Friedensgeschäftes, auf welches die geängstigten Völker mit schmerzlicher Sehnsucht hinblickten. Und in der Tat fing auch die Unterhandlung gleich mit so kleinlichen Dingen an, daß an einen schnellen Fortgang nicht zu denken war. Viele Monate wurden mit den elendesten Rangstreitigkeiten verloren, indem die französischen Gesandten, stolz und anmaßend, als die Ersten erscheinen wollten, und sich in dem Gepränge einer königlichen Hofhaltung wohlgefielen. Ferner ging viel Zeit damit verloren, daß alle Gesandten der einzelnen Reichsstände aus Teutschland zusammengerufen wurden; denn darauf bestanden die Franzosen, damit sie recht viel Gelegenheit hätten, den Saamen der Zwietracht unter uns auszustreuen. In älterer Zeit hatte, wie billig, der Kaiser, im Namen des Reiches, den Frieden geschlossen.

Der Hauptgegenstand der Verhandlungen hätte nun die Feststellung der innern Ordnung des teutschen Reiches, besonders der beiden Religionspartheyen, seyn müssen, denn darüber war der Krieg angefangen. Allein die beiden fremden Mächte fragten vor allen Dingen nach ihrer Entschädigung an Land und Leuten für die Kriegskosten, und – in schimpflicher Nothwendigkeit, auf Anrathen und Verwenden des Churfürsten von Baiern, – wurden die Fremden zuerst befriedigt. Frankreich, welches so wenig mit eigenen Kräften gethan, welches nur aus Eigennutz und Schadenfreude sich in den Streit gemischt, – ein katholischer Staat für die protestantische Sache, – Frankreich forderte ungeheure Opfer, und seine Gesandten, d'Avaux und Servien, in allen Künsten der Worte, der List, ja des Truges geübt, setzten ihre Forderungen durch. Die Schweden, etwas bescheidener, rissen indeß gleichfalls Stücke des Reiches an sich. Mit blutendem Herzen sahen die Freunde des Vaterlandes der schimpflichen Begegnung des Reiches zu."[13]

Das war jetzt gut eine Seite von insgesamt acht Lehrbuchseiten, die die „Teutsche Geschichte" dem Westfälischen Frieden widmet. Schon äußerlich, im Druckbild, unterscheidet sich diese Leitfadendarstellung von der Katechese: Anstelle einer starken Untergliederung durch den ständigen Wechsel von Frage und Antwort sehen wir einen kompakten, lediglich schwach durch Absätze strukturierten Text, der den Eindruck einer Bleiwüste vermittelt. Wichtiger noch: Historisches Wissen wird uns nicht in Frage- und Antwortsequenzen, sondern als *zusammenhängende Erzählung* präsentiert.

13 Kohlrausch, Teutsche Geschichte (wie Anm. 11), S. 187f.

Westphälischer Friede. 187

den Krieg glücklich fort. In den Rheingegenden fochten die französischen Heere, unter berühmten Feldherrn, Türenne und Condé, gegen die Oestreicher und Baiern; und in Verbindung mit ihnen überzog Wrangel noch in den letzten Jahren des Krieges die baierschen Lande, so daß der Churfürst gezwungen war, vom Kriege abzustehen und einen Waffenstillstand zu schließen. Auch Brandenburg hatte dieses schon vor mehreren Jahren gethan, und Dänemark und Sachsen waren dem Beispiele gefolgt; so stand der Kaiser gegen glückliche Feinde allein. Das Unglück seiner Waffen rührte in diesen letzten Zeiten vorzüglich von dem Mangel tüchtiger Heerführer her. Die Besseren, ein Johann de Werth und Mercy, waren gefallen; der Kaiser sah sich gezwungen, sein letztes Heer dem, von den Hessen zu ihm übergetretenen General Melander von Holzapfel, einem Protestanten, anzuvertrauen. Die Feinde griffen von Neuem die kaiserlichen Erbstaaten an; der schwedische Feldherr Königsmark belagerte Prag, und schon hatte er die sogenannte kleine Seite der Stadt eingenommen, und Wrangel bereitete sich, ihn mit seinem Heere zu verstärken, — da erscholl das Friedenswort aus Westphalen.

---

38. Der westphälische Friede.

(Den 24. October 1648.)

In der Mitte des Sommers 1643 sollten die Friedensunterhandlungen eröffnet werden; zu Osnabrück mit den Schweden und zu Münster mit den Franzosen. Die kaiserlichen Gesandten fanden sich schon vor der festgesetzten Zeit ein, allein erst am Ende des Jahres kamen die schwedischen, und erst im April des Jahres 1644 die französischen; eine üble Vorbedeutung für den Gang

Abb. 2: Kohlrausch, Teutsche Geschichte (wie Anm. 11), S. 187

Das ist weit mehr als ein bloß morphologischer Wandel, dessen Erklärung einen kurzen Exkurs erfordert. „Der Anstoß zum Wechsel der Darstellungsweisen“, so behauptet Hans-Jürgen Pandel, „kommt aus der Geschichtswissenschaft und wird durch Universitätshistoriker vollzogen. Die Pädagogik hält dagegen noch längere Zeit an dieser Darstellungsweise [der Katechese; die Verf.] fest. Die Geschichtswissenschaft übt aber mit geschichtstheoretischen Überlegungen Kritik an der Katechese. Die Darstellung muß jetzt ‚System‘ und nicht ein ‚Aggregat‘ sein, so A. L. von Schlözer. Sie muß ein Zusammenhang sein und darf nicht aus ‚lauter‘ Stücken bestehen. Diese Postulate werden durch einen objektiven Prozeß gefördert: [...] [durch die] Zunahme des historischen Wissens. Das historische Wissen nimmt in einem bisher nicht gekannten Ausmaß zu. Der katechetischen Darstellung gelingt es nicht, dieses zu verarbeiten. Sie muß immer mehr zusätzliche Dialoge einführen. Dadurch schwillt der Umfang der geschichtsdidaktischen Darstellungen, die sich des katechischen Prinzips bedienen, immer mehr an.“[14] Laut Pandel ist es der Wittenberger Historiker Johann Matthias Schröckh, der 1773 als Erster „das Konzept der Katechese bewußt durchbricht. [...]. Er schreibt das ältere katechetische Buch von Hilmar Curas in eine durchgehende *Erzählung* um. In den nächsten 20 Jahren erscheinen eine ganze Reihe erzählender didaktischer Darstellungen aus der Feder von namhaften Universitätshistorikern.“ Und so kommt Pandel zu folgendem Schluss: „Das große Verdienst, das die Aufklärungshistorie sich um die Geschichtsdidaktik erworben hat, besteht darin, daß sie der erzählenden Darstellung zum Durchbruch verholfen hat.“[15]

Dem lässt sich im Prinzip durchaus zustimmen, allerdings mit der Einschränkung, dass es nicht allein die Leistungsgrenzen der katechetischen Darstellungsmethode gewesen sind, die angesichts einer raschen Wissenszunahme dazu führten, dass die Universitätshistoriker den Hebel auf die Erzählung umlegten. Ausschlaggebend waren darüber hinaus *pädagogische Gründe*. So heißt es in der Vorrede zur ersten Ausgabe des von Johann Matthias Schröckh verfassten „Lehrbuch[es] der allgemeinen Weltgeschichte zum Gebrauche bey dem ersten Unterrichte der Jugend“: „In dieser Absicht habe ich mir auch vorgesetzt, nicht bloß für das Gedächtnis, sondern eben so sehr für die Beurtheilung der jungen Lernenden zu schreiben: Man glaubt ordentlich, dass bey denselben nur die erstere dieser Kräfte geübt werden könne; daß alles geschehen sey, was geschehen kann, wenn sie vieles gefaßt haben, und fertig herzusagen wissen: Aber Lehrer, welche nicht gewohnt sind, sie

14 Pandel, Entwicklung (wie Anm. 4), S. 39f.

15 Ebd., S. 40. Kursivdruck im Original.

als bloße Maschinen zu behandeln verstehen es besser, als ich ihnen zu sagen brauche, daß das Nachdenken ihrer Lehrlinge zeitig erweckt und geschärft werden könne und müsse, wenn nicht alles, was sie lernen, bloß eine Last des Gedächtnisses bleiben soll. Es kommt nur darauf an, daß beyde Fähigkeiten zur gemeinschaftlichen Hülfleistung angeleitet werden." Und dann folgt der entscheidende Satz: „Dieses ist auch eine der vornehmsten Ursachen, warum ich den Vortrag durch Fragen und Antworten in eine fortfließende Erzählung verwandelt habe."[16]

Die Erzählung allein – und damit kehren wir zum zweiten Lehrbuchtyp zurück – macht *allerdings noch keinen klassischen Leitfaden aus*, wie er als Lehrbuchtypus für das gesamte 19. Jahrhundert und bis in die 60er Jahre des 20. Jahrhunderts hinein maßgeblich war. Dem Leitfaden liegt nämlich zusätzlich eine neue *Geschichtstheorie* zugrunde, die sich diametral von der der Aufklärung unterscheidet: die Geschichtstheorie des *Historismus*.

Von diesem theoretischen Wandel ist bei Schröckh noch nichts zu spüren. Wenn er von „fremden Beyspielen" spricht, „welche uns die Geschichte zur Warnung oder Nachahmung aufbehalten hat", oder wenn er die Geschichte selbst als „Vorratshaus von Ratschlägen und Entschliessungen" bezeichnet, „die man täglich braucht"[17], dann wird klar, dass derselbe Schröckh, der als Erster die Erzählung einführt, weiterhin an der utilitaristischen Geschichtstheorie der Aufklärung festhält und insofern als Schulbuchautor des Übergangs gelten muss.

Demgegenüber ist Friedrich Kohlrausch eindeutig dem Historismus zuzurechnen. Das ist nicht zuletzt deshalb plausibel, weil Kohlrauschs gesamte Biographie durch die Erfahrung beschleunigten Wandels geprägt war. „In seine Lebenszeit", so Karl-Ernst Jeismann, „fallen tiefgreifende historische Veränderungen: die französische Revolution, die napoleonische Eroberung Europas, der Untergang des alten deutschen Reiches und die Entstehung einer neuen Staatenordnung in Europa; die Auflösung des alten absolutistischen Regierungssystems und der vorrevolutionären, frühmodernen Gesellschaftsordnung, die neue wirtschaftliche, gesellschaftliche, rechtliche Organisation des preußischen Staates in engstem Zusammenhang mit der erstaunlichen Intensivierung des geistigen Lebens im deutschen Idealismus und der aufsteigenden Literatur; der jahrzehntelange Kampf zwischen den sich nach 1815 wieder formierenden Ordnungskräften der Restauration und den liberalen und nationalen Bewegungen [...]."[18]

16 Schröckh, Vorrede zur ersten Ausgabe, ohne Seitenzahl, in 5., verb. u. verm. Aufl. Berlin, Stettin: Nicolai 1795.

17 Ebd., S. 14f. u. 19.

18 Jeismann, Kohlrausch (wie Anm. 12), S. 41.

Vor dem Hintergrund insbesondere der Entwicklungen zwischen 1789 und 1815 verlor das Konzept *Historia magistra vitae* den letzten Rest seiner Plausibilität. Stattdessen setzte sich der Historismus durch, und zwar nicht nur in der Geschichtswissenschaft, sondern auch in anderen akademischen Disziplinen und in weiten Teilen der Öffentlichkeit und ihres Umgangs mit Geschichte.[19] Der Historismus betonte das Gewordensein und die Wandelbarkeit der Welt ebenso wie die Eigenheiten bestimmter Epochen und Völker.[20] Zum Entwicklungs- und Individualitätsgedanken trat schließlich auch der Bildungsgedanke, dem der Basler Historiker Jakob Burckhardt in seinen „Weltgeschichtlichen Betrachtungen“ den wohl berühmtesten Ausdruck verliehen hat: „Der Geist muß die Erinnerung an sein Durchleben der verschiedenen Erdenzeiten in seinen Besitz verwandeln. Was einst Jubel und Jammer war, muß nun Erkenntnis werden [...]. Damit erhält auch der Satz : Historia vitae magistra einen anderen Sinn: Wir wollen durch Erfahrung nicht so wohl klug (für ein andermal), als vielmehr weise (für immer) werden.“[21] Nicht klug für ein andermal, sondern weise für immer – das war eben nicht mehr Geschichtsgebrauch nach Maßgabe des praktischen Nutzens, sondern Erinnerung als geistiger Besitz, als Erkenntnis und Weisheit.

Dieses Lernziel verfolgte auch Kohlrausch. In der Vorrede zur 2. Auflage seiner „Teutschen Geschichte“ schrieb er: „Als ich die vorliegende Arbeit unternahm, war mein nächster Zweck, der allgemein aufgeregten Theilnahme an der Geschichte des Vaterlandes einen einfachen Leitfaden darzubieten, welcher die Kenntnis derselben allgemeiner, wie bisher, verbreiten helfe. [...] Die Liebe zu allem Geschichtlichen ist das Merkmal einer Zeit, die zu lebendiger Theilnahme an den Ideen des Vaterlandes, der Ehre, der kräftigen bürgerlichen Gemeinschaft, erwacht ist. Eine solche Zeit wendet sich immer zur Geschichte zurück; sie will, in den Spiegel der Vergangenheit blickend, das Verständnis über Gegenwart und Zukunft, und zugleich die rechte Zuversicht zu sich selbst gewinnen, welche durch die Erkenntnis begründet wird, daß das Beste in einem jeden Volke nicht von Heute oder von Gestern, sondern immer noch die alte, ursprüngliche, durch eine höhere Hand fest eingepflanzte Wurzel der Volkseigenthümlichkeit sei.“[22]

19 Vgl. Heinz Gollwitzer: Historismus als kultur- und sozialgeschichtliche Bewegung. In: Geschichte, Politik und ihre Didaktik 10 (1982), S. 5-16.

20 Zur „Revolution des Historismus“ vgl. auch Thomas Nipperdey: Deutsche Geschichte 1800-1866. Bürgerwelt und starker Staat. München 1982, S. 498-533.

21 Jacob Burckhardt, Über das Studium der Geschichte. Der Text der ‚Weltgeschichtlichen Betrachtungen‘ auf Grund der Vorarbeiten von Ernst Ziegler nach den Handschriften hrsg. von Peter Ganz. München 1982, S. 230.

22 Kohlrausch, Teutsche Geschichte, 1. Abt., 2., verbesserte Aufl. Elberfeld: Büschler 1818, S. III.

Die Passage ist höchst aufschlussreich für die geschichtstheoretischen Grundannahmen und Lernleistungserwartungen Kohlrauschs. Geschichte hat offenkundig noch mit dem Schöpfergott zu tun, der als Weltenlenker die verschiedenen Völker mit einer Art Gesamtpersönlichkeit ausgestattet hat, die es freizulegen gilt. Das entspricht dem Individualitätsgedanken des Historismus. Zum anderen, und damit sind die Lernziele angesprochen, soll die in dem Leitfaden präsentierte Geschichte Kenntnisse verbreiten und Gegenwarts- und Zukunftsverständnis ermöglichen: Das ist wieder der Bildungsgedanke. Der jedoch hat – trotz des Gottesbezuges und trotz der Erwähnung anderer Völker – eine klar vaterländische Akzentuierung, die keineswegs übersehen werden darf. Kohlrausch will historische Bildung zum Zwecke der Herstellung nationaler Identität. Geschichte ist also kein Wissens- und Memorierfach mit direktem Nutzen für die persönliche Lebensführung, sondern ein *Bildungs- und Gesinnungsfach zur Förderung des historischen Verständnisses und zur Stiftung nationaler Identität.*

Bleibt die Frage nach der unterrichtsmethodischen Prägewirkung des Leitfadens. Der eingangs zitierte Ausschnitt über den Westfälischen Frieden, auf den wir noch einmal zurückkommen müssen, war von keinerlei auktorialen Selbstzweifeln geprägt. Dafür waren die Feindbilder und die nationale Opferrolle der Deutschen um so klarer konturiert. Letztendlich handelt es sich um eine *nationale Meistererzählung*[23] *mit unbezweifelbarem Autoritätsanspruch.* Das lässt für den unterrichtsmethodischen Umgang mit ihr nichts Gutes erwarten. Die Art der Geschichtsdarstellung, die der Leitfaden präsentiert, ist ja ein bereits fertiges Produkt, das nur noch rezipiert werden kann, und zwar in seinen Fakten und Sachzusammenhängen ebenso wie in seinen Werturteilen. Multiperspektivität im Hinblick auf die historischen Akteure, Kontroversität im Hinblick auf die späteren Betrachter oder Pluralität im Hinblick auf die Urteile der lernenden Schüler[24] sind nicht einmal in Ansätzen erkennbar, die deutsch-nationale Perspektive des allwissenden Erzählers dominiert und macht Kritik so gut wie unmöglich. Das bedeutet nicht, dass dieser Gesinnungsunterricht monoton abgelaufen sein muss: Er konnte ja, etwa durch hinreißende Lehrererzählungen, klug geführte Unterrichtsgespräche und wiederholende Schülerreferate,

23 Zur Terminologie vgl. Konrad H. Jarausch/Martin Sabrow: „Meistererzählung" – Zur Karriere eines Begriffs. In: Dies. (Hrsg.): Die historische Meistererzählung. Deutungslinien der deutschen Nationalgeschichte seit 1945. Göttingen 2002, S. 9-32.

24 Zu den drei Ausdrucksformen der Perspektivität vgl. Klaus Bergmann: Multiperspektivität. In: Ulrich Mayer/Hans-Jürgen Pandel/Gerhard Schneider (Hrsg.): Handbuch Methoden im Geschichtsunterricht. 2., überarb. Aufl. Schwalbach/Ts. 2007, S. 65-77, hier S. 66.

abwechslungsreich gestaltet werden, aber zu vermuten steht eben doch, dass eine produktive Auseinandersetzung mit der Lehrbuchdarstellung oder gar eine kritische Relativierung derselben jenseits der Unterrichtsroutinen lagen, die mit dem Einsatz von Leitfäden üblicherweise verbunden waren.

Gewiss war Kohlrausch auch ein Pionier, weil er als erster Geschichtsdidaktiker und Schulbuchautor Rücksicht auf die *Lernprogression* nahm, auch wenn er den Ausdruck dafür noch nicht kannte, sondern von dem „Entwicklungsgang der jugendlichen Fassungskraft"[25] sprach und ein dazu passendes Stufenmodell aus drei Geschichtskursen entwickelte: Im ersten Kurs der Unterstufe stand die Begegnung mit geschichtlichen Persönlichkeiten im Mittelpunkt, im zweiten Kurs der Mittelstufe erfolgte ein Gang durch die Geschichte der Völker unter besonderer Berücksichtigung ihrer äußeren Entwicklung, im dritten Kurs der Oberstufe lag der Schwerpunkt auf der inneren Geschichte der Menschheit, dargestellt anhand der Geschichte der neueren Völker und ihrer Kultur.[26] Wenn Jeismann diesen dritten Kurs der gymnasialen Oberstufe als universalgeschichtlich und im umfassenden Sinne gesellschaftsgeschichtlich geprägt einstuft,[27] so ist dem zuzustimmen. Aber das widerspricht nicht der Einstufung der „Teutschen Geschichte" als einer nationalen Meistererzählung mit unbezweifelbarem Autoritätsanspruch. In der Vorrede zu deren zweiter Abteilung stellt Kohlrausch nämlich seine drei Stufen des Geschichtsunterrichts vor, um wie folgt fortzufahren: „Mit der vorliegenden Bearbeitung der teutschen Geschichte habe ich nun das Werk in der Mitte angegriffen; sie gehört für die mittlere Stufe des Unterrichts, in den höheren Bürgerschulen nemlich und den mittleren Klassen der Gelehrten=Schulen."[28]

Spitz formuliert: Der Luxus einer universalhistorisch ausgerichteten Kulturgeschichte blieb der elitären Kleingruppe der Besucher der gymnasialen Oberstufe vorbehalten, während die Masse der Schüler, die überhaupt Geschichtsunterricht erhielt, sich mit der „nationalen Autobiographie"[29] zu begnügen hatte, wie sie die „Teutsche Geschichte" anbot.

3.3 Das reine Arbeitsbuch

Für den dritten Typus, das reine Arbeitsbuch, gibt es kein besseres Beispiel als das von Heinz Dieter Schmid herausgegebene vierbändige Lehrbuch

25 Jeismann, Kohlrausch (wie Anm. 12), 54.
26 Vgl. ebd., S. 55-61.
27 Vgl. ebd., 61.
28 Kohlrausch, Teutsche Geschichte, 2. Abt., Vorrede, S. III.
29 Der Begriff stammt von Wolfgang Jacobmeyer: Konditionierung von Geschichtsbewußtsein: Schulgeschichtsbücher als nationale Autobiographien. In: Gruppendynamik 23 (1992), S. 375-388.

„Fragen an die Geschichte", dessen erste Auflage zwischen 1974 und 1978 erschien.[30] Schlägt man die erste Doppelseite des 1. Bandes auf, mit der das I. Kapitel „Der Aufstieg des Menschen zur Hochkultur" und das Unterkapitel 1. „Die Altsteinzeit" beginnt, dann findet man fünf Bilder, drei Bilderläuterungen, einen Informationstext und neun Arbeitsaufträge.[31]

Anstelle der kleinteiligen Untergliederung in Frage- und Antwortsequenzen, wie sie für die Katechese typisch war, und der kaum untergliederten, bleiwüstenartigen Erzählung, die die Erscheinungsform des klassischen Leitfadens prägte, nun also ein extrem *fragmentiertes Bild-Text-Materialkonvolut* mit zahlreichen Arbeitsaufträgen, das alles mögliche enthält, nur *keine zusammenhängende Narration.* Das Darstellungsprinzip des reinen Arbeitsbuches ist das eines *Baukastensystems,* das infolge der Bindung an das Medium Buch die Materialfragmente zwar nacheinander abdruckt, aber das Prinzip der Linearität trotzdem didaktisch aufgibt. „Das Arbeitsbuch", so Schmid, „darf noch weniger als das erzählende Lehrbuch gedankenlos von vorne bis hinten durchgenommen werden. Es setzt [...] voraus, daß der Lehrer sich zunächst einen Überblick über die Thematik verschafft und sich mit der Art der Materialien vertraut gemacht hat, bevor er sie in vielfältiger Weise nach dem Baukastensystem einander zuordnen kann [...]. Die Bausteine erlauben eine variable Zuordnung von vorne nach rückwärts oder umgekehrt. Der Lehrer kann den Gang der Demonstration oder Untersuchung in der gegebenen Reihenfolge der Anordnung, in Sprüngen oder in freier thematischer Zuordnung oder Kontrastierung bestimmen. Er kann vom Gegenwartsbezug am Ende der Sequenz ausgehen, von den abschließenden Wertungen, um sie durch eine gründliche Untersuchung der Sachverhalte zu überprüfen; er kann die Erklärungsmodelle zum Ansatz wählen oder mit dem Bildprogramm einsetzen und daraus weitere Fragen gewinnen. Schließlich kann er die Reihenfolge der Lehrgänge ändern oder einzelne Teilsequenzen herausgreifen, neu aufeinander beziehen oder mit den Materialien ganz andere Probleme thematisieren, als die Anordnung zunächst vorsieht. Wer das Prinzip des Baukastens erfaßt hat, dem stehen eine große Vielfalt von Möglichkeiten zur Inhalts- und Problemplanung ebenso zur Verfügung wie die unterschiedlichsten Artikulations-, Unterrichtsformen und Verfahrensweisen."[32]

30 Heinz Dieter Schmid (Hrsg.): Fragen an die Geschichte. Geschichtliches Arbeitsbuch für die Sekundarstufe I im gymnasialen Bereich. 4 Bde. Frankfurt/M.: Hirschgraben 1974-1978.

31 Vgl. Bd. 1. Weltreiche am Mittelmeer. 5. Aufl. Frankfurt/M. 1979, S. 4f.

32 Heinz Dieter Schmid: Entdeckendes Lernen im Geschichtsunterricht. In: Hans Süssmuth (Hrsg.): Geschichtsdidaktische Positionen. Bestandsaufnahme und Neuorientierung. Paderborn u.a. 1980, S. 283-314, Zitat S. 304f.

1

I. Der Aufstieg des Menschen zur Hochkultur

1. Die Altsteinzeit

a) Was geschah in den Höhlen von Veringenstadt?

B 1 Standbild in Veringenstadt. Wer von Sigmaringen auf der Straße B 32 die Schwäbische Alb in Richtung Tübingen überquert, findet auf der Lauchertbrücke in dem kleinen Ort Veringenstadt ein Standbild. Der Felsen dahinter heißt Göpfelstein. Er enthält eine Höhle.
Wofür hältst du dieses Wesen an der Brücke?

B 2 Blick aus der Nikolaushöhle. Zehn Meter unterhalb der Höhle liegt der sog. Schafstall, eine überhängende Felswand, die Schutz vor Regen bietet. Bei Grabungen in beiden Höhlen und im sog. Schafstall (überhängende Felswand) hat man Knochenreste von Mammut, Rentier, Wildpferd, Auerochse, Höhlenbär, Höhlenhyäne, Höhlenlöwe, Wolf, Steinbock, Eisfuchs, Steppeniltis und Wollnashorn gefunden. Die Göpfelsteinhöhle mißt 2 x 8 m bei 2 m Höhe, die Annakapellenhöhle an der rückwärtigen Seite des Göpfelsteins 5 x 7 m bei 1,5 m Höhe, die Nikolaushöhle 14 x 33 m bei 7 m Höhe. Außer den Knochen hat man große Mengen von Steinsplittern (B 5) ausgegraben.
(a) Beschreibe, was man von hier aus sieht. (b) Beschreibe die Lage der Höhlen zueinander. (c) Versuche, die Funde zu deuten. Zum Mammut vgl. T 1, B 3. Begründe deine Meinung.

T 1 Das Mammut
Über das Mammut ist man gut unterrichtet. Man fand die Reste von etwa 47000 Tieren, zum Teil in tiefgefrorenem Zustand, in Sibirien. Sogar ihr Fleisch hat man noch kosten können. Das Mammut ist 4 m hoch, etwa 80 Zentner schwer, hat ein schwärzlich-rotbraunes Haarkleid, darunter eine Speckschicht, die bis zu 10 cm dick ist. Allein einer der Backenzähne wiegt über einen Zentner, einer der beiden Stoßzähne, die über 3 m lang werden, wiegt fast 4 Zentner. B 8 und 17 geben Aufschluß über die Verwendung der Zähne.

Stelle Vermutungen an, wie die Zähne aus dem Mammutkiefer herausgebrochen wurden.

Im Magen eines gut erhaltenen Mammuts in Sibirien hat man 30 Pfund Moose, Zweige junger Nadelhölzer, Triebe von Zwergbirken und Weiden gefunden. Vgl. T 2.

Was sagt dir dieser Befund über die Umwelt des Tieres?

4

Abb. 3: Schmid, Fragen an die Geschichte. Bd. 1. (wie Anm. 30 u. 31), S. 4f.

Die mit dem reinen Arbeitsbuch verbundene geschichtstheoretische Position wird von Schmid nicht explizit formuliert, ist aber leicht abzuleiten: Geschichte entsteht, wenn man Fragen stellt und anhand von Material beantwortet. Diese Position unterscheidet sich vom utilitaristischen Kalkül der Aufklärung ebenso wie von der historistischen Bildungs- und Identifikationsabsicht. Geschichte ist nicht objekthaft verfügbar, sondern ein retrospektives Konstrukt, das erst und nur dann entsteht, wenn man aus der je eigenen Gegenwart heraus Fragen an eine Vergangenheit stellt, die in ihrer Totalität unmöglich wiederhergestellt werden kann. Diese *konstruktivistische Position* hat schon Johann

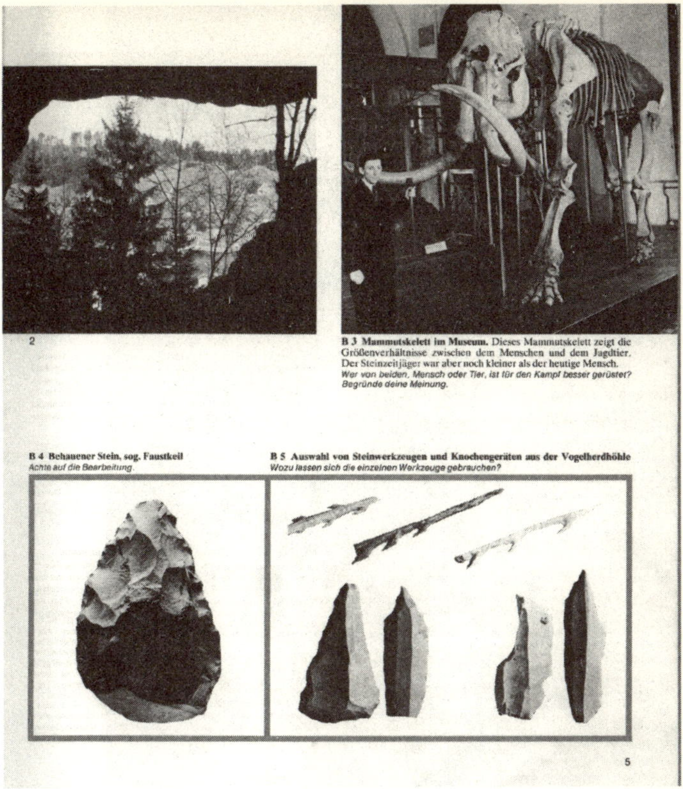

Abb. 3: Schmid, Fragen an die Geschichte. Bd. 1. (wie Anm. 30 u. 31), S. 4f.

Gustav Droysen vertreten, und zwar im Jahre 1857 in seiner berühmten Historik. Dort heißt es: „Die Geschichte ist nicht die Summe der Geschehnisse, nicht aller Verlauf aller Dinge, sondern ein Wissen von dem Geschehenen. Ohne dieses Wissen würde das Geschehene sein, als wäre es nicht geschehen; es würde vergangen sein. Nur er-innert, soweit und wie es der wissende Geist hat, ist es unvergangen."[33] Mit dem Verzicht auf den Abdruck von Narrationen im Lehrbuch ist übri-

33 Johann Gustav Droysen: Historik. Rekonstruktion der ersten vollständigen Fassung der Vorlesungen (1857). Grundriß der Historik in der ersten handschriftlichen (1857/58) und in der letzten gedruckten Fassung (1882). Textausgabe von Peter Leyh. Stuttgart-Bad Cannstatt 1977, S. 397.

gens, wie Hans-Jürgen Pandel mit Recht angemerkt hat, keine *prinzipielle* Absage an die Erzählung verbunden. Die Erzählung, so schreibt er, „wird [...] keineswegs verdrängt, aber ihr Status ist jetzt ein anderer. Die didaktische Darstellungsweise der narrativen Rekonstruktion ermöglicht es, daß der Schüler aufgrund der Quellen der Vergangenheit die Erzählung selber konstruieren kann. Dieses Konzept wird in seiner ganzen Radikalität durch das Schulbuch von H. D. Schmid ‚Fragen an die Geschichte' repräsentiert, das ausschließlich die Rekonstruktionsmaterialien, aber keine Narrationen mehr enthält. Aber auch hier wird die Erzählung nicht aufgegeben, sondern Ziel dieser Darstellungsweise ist es, die Schüler in die Lage zu versetzen, vergangenes menschliches Geschehen in Form von Erzählungen selbst zu rekonstruieren."[34]

Das leitet bereits über zu den Lernleistungserwartungen, die mit dem reinen Arbeitsbuch verbunden sind. „Während darbietend illustrierende Unterrichtswerke", so Schmid, „nur selten die Ebene der Erkenntnis- und Problemziele erreichen [...], verschiebt sich nun der Schwerpunkt der Unterrichtsplanung (einschließlich der Zeitplanung!) in Richtung auf die höhere Ebene der Erkenntnis- und Problemziele. Wissensziele und Inhalte (die reine Informationsphase) gelten als ‚Vorfeld' des Unterrichts. Ziel und Kern des Lernprozesses bilden die Erkenntnis- und Problemziele, die in der Auswertung der Inhalte, in der Reflexion über die Inhalte erreicht werden und bei der Zeitplanung mit 30-50% der Zeiteinheit veranschlagt werden müssen."[35] An anderer Stelle spricht Schmid von einer „prinzipiellen Entscheidung zugunsten eines Übergewichts der höheren Lernzielebenen" und prägt dafür die treffende Formel „*Geschichte als Denkfach*"[36]. Das Lernen mit dem Arbeitsbuch macht Geschichte darüber hinaus zum Arbeitsfach. Entsprechend hoch ist der Stellenwert, den Schmid den quer zu den kognitiven Lernzielen liegenden sog. *Arbeitszielen* einräumt. Im Lehrerbegleitband zum Band 1 von „Fragen an die Geschichte" schreibt er dazu: „Wenn der Geschichtsunterricht überwiegend als Arbeitsunterricht geplant wird, setzt er beim Lehrer die Kenntnis und Beachtung aller Fähigkeiten und Fertigkeiten voraus, die vom Schüler verlangt werden. Umgekehrt muß der Schüler viele allgemeine Fähigkeiten und fachbezogene Fertigkeiten lernen, die es ihm ermöglichen, von Stufe zu Stufe komplexere Aufgaben zu lösen und immer selbständiger zu arbeiten."[37] Im Anschluss

34 Pandel, Entwicklung (wie Anm. 4), S. 41.
35 Schmid, Entdeckendes Lernen (wie Anm. 32), S. 289 f.
36 Ebd., S. 285. Kursive Hervorhebung durch die Verf.
37 Heinz Dieter Schmid (Hrsg.): Fragen an die Geschichte. Geschichtliches Arbeitsbuch für Sekundarstufe I im gymnasialen Bereich. Bd. 1. Weltreiche am Mittelmeer. Lehrerbegleitband. 2. Aufl. Frankfurt/M. 1976, S. 8.

an dieses allgemeine Postulat entfaltet der Lehrerband detailliert und präzise das ganze Spektrum der anzustrebenden Arbeitsziele, das hier nur stichwortartig aufgezählt werden kann. Es handelt sich dabei um folgende „facheigene Verfahrensweisen“: Kartenanalyse, Quellenanalyse, Lektüre einer Ganzschrift, Analyse von Bauwerken, Bauplänen und Stadtplänen, Analyse historischer Prozesse und Strukturen, historische Konfliktanalyse und historische Fallanalyse, Analyse von Sozial- oder Kollektivbiographien und Arbeiten an lokalhistorischen Modellen, Unterscheidung und Anwendung geschichtlicher Erklärungsmodelle und Einübung von Perspektivenwechsel und Multiperspektivität.[38]

Kommen wir zu den unterrichtsmethodischen Aspekten, die mit dem Typus des reinen Arbeitsbuches verbunden sind. „Der Versuch, ein Alternativkonzept zum Geschichtsunterricht in der Sekundarstufe I zu entwickeln“, so Schmid, „empfing seinen Anstoß durch ein Unbehagen an der bisherigen Geschichtsdidaktik, die den Geschichtsunterricht dieser Schulstufe überwiegend auf den frontalen narrativ darbietenden Unterricht [...] festlegte, auf eine Monoperspektivität der Darstellung und Wertung und auf eine Stoffülle, die der zureichenden gedanklichen Durchdringung unüberwindliche Barrieren entgegensetzte. Im Hintergrund dieser allgemein gültigen didaktischen Position steht noch die Bindung an die von allen übrigen Fächern längst aufgegebene [...] Lernschule.“[39] Dieser Passus ist insofern interessant, als Schmid sich hier als Methodiker zu erkennen gibt: Sein methodisches Unbehagen an der alten Lernschule motiviert ihn zur Entwicklung eines neuen Mediums, eben des reinen Arbeitsbuches, und insofern ist es natürlich besonders interessant zu fragen, ob und – wenn ja – wie das reine Arbeitsbuch seinerseits das Methodenprofil des Geschichtsunterrichts verändert. Die Veränderungen sind in der Tat beträchtlich, und sie lassen sich in der Formel oder besser: im Konzept des *entdeckenden Lernens* zusammenfassen. „Der problemorientierte, entdeckende Arbeitsunterricht“, so Schmid, „bedarf anderer Verlaufsmodelle für die Unterrichtsplanung und für die Durchführung. In den Methodiken des Geschichtsunterrichts gilt als Regelfall immer noch die Abfolge des darbietenden Unterrichts: Hinführung – Darbietung – Vertiefung – Anwendung (Abfragen). Der entdeckende, problemorientierte Unterricht verlangt das Verlaufsmodell der Arbeitsschule, das man auf die Abfolge Motivation – Fragestellung – Untersuchung – Ergebnis- und Problemdiskussion – Ergebnissicherung – Transfer reduzieren kann [...]. Für den Schüler tritt nach dem Verlaufsmodell der Arbeitsschule an die Stelle

38 Vgl. ebd., S. 10-12.
39 Schmid, Entdeckendes Lernen (wie Anm. 32), S. 283 f.

der Rezeption und Verinnerlichung einer fertig gedeuteten, kritisch unreflektierten Geschichtsdarstellung Denken und Untersuchen unter dem Gesichtspunkt einer klaren Fragestellung aus kritischer Distanz zum Medium."[40] Der Methodiker Schmid, so zeigt diese Passage deutlich, arbeitet mit den Schlüsselbegriffen Arbeitsunterricht und entdeckendes Lernen, die aus der Reformpädagogik der 1920er Jahre stammen und aus unterschiedlicher Perspektive ein- und dasselbe didaktische Ziel beschreiben – das Ziel, dass fortan nicht mehr beim Lehrer, sondern beim Schüler das Zentrum der unterrichtlichen Aktivität zu liegen habe, dass die Ergebnisse des Lernprozesses nicht mehr vorab vom Lehrer als Lernstoff dargeboten, sondern im Verlaufe des Unterrichts vom Schüler selbst erarbeitet werden sollen – auch wenn sie der Wissenschaft bereits bekannt sind und von daher nur noch nach- oder wiederentdeckt werden können. Zugespitzt lässt sich sagen, dass in diesem didaktischen Modell nur das zählt, was vom Schüler selbst in produktiver Auseinandersetzung mit dem Material erkannt worden ist. Der Lehrer hat dagegen ins zweite Glied zurückzutreten: Er fungiert eher als Moderator oder Organisator von Lernprozessen, der Material beschafft und Fragen stellt oder anregt, die er selber keinesfalls beantworten darf, wenn der Unterricht als gelungen gelten soll.

Soviel zum methodischen Anspruch, den Schmid mit seinem Arbeitsbuch verband. Dass dieser Anspruch sehr hoch war, dürfte hinreichend deutlich geworden sein, aber dass er für viele *zu* hoch war, dürfte auch für die nachfolgende Gattungsgeschichte des Geschichtslehrbuches nicht ganz folgenlos geblieben sein. Jedenfalls hatte das Lehrwerk „Fragen an die Geschichte" mit erheblichen *Akzeptanzproblemen* zu kämpfen. Damit ist weniger die strukturelle Zurücknahme der Lehrfunktion zugunsten einer Erhöhung und Aufwertung der Schüleraktivität gemeint, die noch in den 1970er Jahren insbesondere bei traditionalistisch eingestellten und ausgebildeten Geschichtslehrern auf erhebliche Reserven stieß, mittlerweile aber kein Thema mehr sein dürfte. Als echte Schwachstelle muss dagegen der *Zeitfaktor* eingestuft werden, von dem kein Lehrer in einem staatlich reglementierten Unterrichtssystem einfach abstrahieren kann: Entdeckendes Lernen im Medium des reinen Arbeitsbuches ist sehr zeitaufwendig in Planung und Durchführung, und es gibt so gut wie keine Möglichkeit, ein Thema auch einmal anders als fragend-untersuchend anzugehen. Zwar räumt Schmid ein, dass es nötig werden könne, in derselben Stunde zwischen entdeckendem Lernen durch die Schüler und Lehrerdarbietung zu wechseln, wenn

40 Ebd., S. 294 f.

der Zeitplan für eine Unterrichtseinheit verkürzt werden müsse oder ein Rückstand im Jahresplan aufzuholen sei,[41] aber eine Materialbasis für solche „Notoperationen“ schafft er nicht. In der Schulpraxis ist dies natürlich sofort aufgefallen – mit dem Resultat, dass es zu von Schmid sicherlich nicht beabsichtigten Fehlformen des Einsatzes seines Buches kam: Eine ganze Reihe von Kollegen arbeiteten nämlich lieber mit herkömmlichen Lehrbüchern und konsultierten das Arbeitsbuch nur von Fall zu Fall, beispielsweise dann, wenn sie nach einer interessanten Quelle suchten. Auf diese Weise bekam das ursprünglich für den Schüler bestimmte Buch unter der Hand eine neue Funktion, nämlich die einer zusätzlichen Quellensammlung für den Lehrer, während die Schüler weiterhin und in der Hauptsache mit einem vermeintlich bewährten Lehrwerk arbeiteten.

Die zweite Schwachstelle ist der gesamte Bereich der *Ergebnisintegration*, die der Lehrer, der mit dem Schmid'schen Buch arbeitet, fast vollständig allein leisten muss. Das verursacht sehr viel Arbeitsaufwand: Kaum eine Stunde ohne vorgeplantes und dennoch dynamisch wachsendes Tafelbild, intensive Arbeit mit mehreren Geschichtsheften – heute Lernportfolios genannt –, in denen die Schüler ihre kognitiven und instrumentalen Lernzuwächse festhalten müssen, schließlich keine Möglichkeit, Schüler zu Hause komplexe historische Zusammenhänge vor- oder nachbereiten zu lassen.

Die dritte ist zugleich die größte Schwachstelle: Das reine Arbeitsbuch verlangt von den Schülern *ausschließlich Rekonstruktionsleistungen*. Vergangenheit in Form von erzählter Geschichte lernen sie gar nicht kennen, und deshalb werden sie nicht befähigt, sich analytisch-kritisch mit bereits gedeuteter Geschichte auseinanderzusetzen oder sie, wie es in der FUER-Projektgruppe um Waltraud Schreiber heißt, zu dekonstruieren[42] – und all dies, obwohl sie in ihrem späteren Leben gewiss weniger Erzählungen aus Quellen verfertigen müssen, sondern in der außerschulischen Geschichtskultur eher mit historischen Fertigprodukten unterschiedlichster Herkunft, Form und Funktion konfrontiert werden, die es zu begreifen gilt.

3.4 Das kombinierte Lern- und Arbeitsbuch

Es ist nicht ganz unumstritten, ab wann genau vom Auftreten des vierten Lehrbuchtyps, des kombinierten Lern- und Arbeitsbuches, gesprochen werden kann. Ursula A.J. Becher bezeichnet das auf sechs Bände ange-

41 Vgl. ebd., S. 292.
42 Vgl. Waltraud Schreiber/Sylvia Mebus (Hrsg.): Durchblicken. Dekonstruktion von Schulbüchern. 2., überarb. u. aktual. Aufl. Neuried 2006.

legte, von Friedrich Lucas konzipierte Unterrichtswerk „Menschen in ihrer Zeit", das ab 1966 bei Ernst Klett in Stuttgart erschien, als „Prototyp des neuen Arbeits- und Lesebuches"[43], Hans Jürgen Pandel hält es sogar für die „Mutter aller modernen Schulbücher in Deutschland"[44]. Becher begründet ihre Einschätzung, und zwar vor allem mit der Modernität der geschichtsdidaktischen Konzeption, die den Schülerinnen und Schülern eine „denkende Auseinandersetzung mit vergangenen menschlichen Erfahrungen" ermöglichen sollte.[45] Gleichwohl fügt sie einschränkend hinzu: „Eine Kritik aus heutiger Sicht betrifft nicht die Konzeption, die im Gegenteil in ihrer Stringenz unbestritten ist, sondern weist auf *Mängel in ihrer Realisierung* hin. So sind die Quellen zwar in der Regel gut ausgewählt, sie bringen kontrastreiche Stellungnahmen, sind aber oft kleine, knappe Auszüge, die daher gelegentlich, nicht immer auf eine bestimmte Schlußfolgerung zusteuern und in dieser Form eine vielseitige Beschäftigung und fundierte Auseinandersetzung nicht ermöglichen. Auch der Autorentext nimmt neben den Materialien einen großen Raum ein. Er ist – im Grunde auch heute noch – ein Problem. Läßt die Darstellung überhaupt Fragen offen, die eine Auswertung der Materialien zwingend erfordern?"[46]

Diese Kritik ist bemerkenswert, weil sie zwischen Konzept und Realisierung unterscheidet und den Finger in eine Wunde legt, die im Prinzip auch heute noch nicht ganz geschlossen ist: in die Wunde einer bloß *illustrativen Funktion* hinzugefügter Arbeitsmaterialien (vgl. dazu auch Kap. 4 in diesem Band). Die geschichtsdidaktische Gretchenfrage, die für den Lehrbuchtyp des kombinierten Lern- und Arbeitsbuches von geradezu konstitutiver Bedeutung ist, bezieht sich also auf den Materialeinsatz und lautet: Ist mit Hilfe des Materials eigenständige Erkenntnis in einem heuristischen Sinne möglich, oder dient das Material vorwiegend dem Zweck, die erzählende Darstellung zu bestätigen oder auszumalen und also lediglich zu illustrieren?

Schaut man sich den 1. Band von „Menschen in ihrer Zeit"[47] im Hinblick auf seine Oberflächengestalt etwas genauer an, dann erkennt man sehr rasch, dass sein morphologisches Spezifikum das *Materialinserat* ist: Sämtliches Arbeitsmaterial, seien es nun Text- oder Bildquellen, Karten und Schaubilder oder Fragen, sind in den darstellenden Text eingefügt,

43 Becher, Schulbuch (wie Anm. 1), S. 51.

44 Hans-Jürgen Pandel: Bildinterpretation. Die Bildquelle im Geschichtsunterricht. Bildinterpretation I. Schwalbach/Ts. 2008, S. 105.

45 Vgl. Becher, Schulbuch (wie Anm. 1), S. 51.

46 Ebd., S. 54, kursive Hervorhebung durch die Verf.

47 Richard Frey u. a.: Menschen in ihrer Zeit. 1 Im Altertum und frühen Mittelalter. 2. Aufl. Stuttgart 1979.

und allein dadurch vergrößert sich die von Becher klar benannte Gefahr, dass sie eine überwiegend illustrative Funktion erfüllen. Ähnliches gilt übrigens auch für die von Wolfgang Hug herausgegebene „Geschichtliche Weltkunde“, die seit den 1970er Jahren bei Diesterweg erschien.[48]

Wie ist nun mit einem solchen Befund umzugehen? Hier wird vorgeschlagen, Lehrbücher wie „Menschen in ihrer Zeit“ und „Geschichtliche Weltkunde“ nicht als Prototypen des kombinierten Lern- und Arbeitsbuches, sondern als *Zwischenformen und Übergangserscheinungen* zu klassifizieren. Trotz der Dignität ihrer theoretischen Konzepte und ihrer didaktischen Modernisierungsabsichten[49] präsentieren sie sich in der praktischen Umsetzung als Kompromiss, hervorgegangen aus dem Bestreben, die Einseitigkeit der erzählenden Leitfadendarstellung zu relativieren, ohne ihre Orientierungsleistung zu beeinträchtigen. Daher das Materialinserat, daher die Affinität zum bloß Illustrativen.

Wenn das Lehrbuch mit Materialinserat nur als Übergangserscheinung zu klassifizieren ist, woran erkennt man dann ein kombiniertes Lern- und Arbeitsbuch, das diesen Namen verdient? In morphologischer Hinsicht ist die Antwort recht einfach: an der klaren Trennung bzw. an der *Doppelstruktur von Darstellungs- und Materialteil.* Diese Doppelstruktur tritt in unterschiedlichen Größenordnungen auf. Die kleinste Variante ist das sog. *Doppelseitenprinzip*, wie es beispielsweise in der von Siegfried Graßmann herausgegebenen „Zeitaufnahme“, einem Ende der 1970er Jahre bei Westermann in Braunschweig erschienenen Lehrbuch,[50] auftaucht: Auf der linken Seite findet sich jeweils ein darstellender Text mit Abbildungen, auf der rechten Seite sind Textquellen, Statistiken, Schaubilder, Bilder, Tabellen und Arbeitsaufgaben abgedruckt. Begründet wird das Doppelseitenprinzip u. a. mit der Passfähigkeit zur thematischen Untergliederung von Unterrichtseinheiten und mit der Übersichtlichkeit der Anordnung von darstellendem Text und Quellen.[51] Aber nicht nur pragmatische Gründe sind für die spezifische Strukturierung des Lehrbuchs verantwortlich. Im Lehrerhandbuch findet sich unter der Überschrift „Arbeitsbuch mit Lesebuchcharakter“ und neben

48 Vgl. z. B. Wolfgang Hug (Hrsg.): Geschichtliche Weltkunde. Bd. 1. Von der frühen Zeit der Menschen bis zum Beginn der Neuzeit. 4. Aufl. Frankfurt/M. u. a. 1979.

49 Vgl. dazu auch Wolfgang Hug: Geschichtliche Weltkunde. Ein Schulgeschichtsbuch im Schnittpunkt von Theorie und Praxis. In: Hans Süssmuth (Hrsg.): Geschichtsdidaktische Positionen. Bestandsaufnahme und Neuorientierung. Paderborn u. a. 1980, S. 223-254.

50 Siegfried Graßmann (Hrsg.): Zeitaufnahme. Geschichte für die Sekundarstufe I. 4 Bde. Braunschweig 1978-1982.

51 Vgl. Siegfried Graßmann: Zeitaufnahme. Geschichte für die Sekundarstufe I. Lehrerband zu Bd. 1. Braunschweig 1980, S. 8 f.

der Marginalie „Gleichgewicht von Quelle und Darstellung“ folgende Passage: „Die einseitige Übersteigerung eines zwar gerechtfertigten, aber im Absolutheitsanspruch Schüler überfordernden Lernziels, Geschichte ausschließlich an Quellen zu erarbeiten, hat die Autoren herausgefordert, geschichtliche Erkenntnisse über die unterschiedlichsten Verfahren zu ermöglichen. ‚Zeitaufnahme‘ ist ein Arbeitsbuch, das sich auch wesentlich auf Quellen stützt, aber den Schüler zur selbständigen Lektüre motiviert. In diesem Punkt sind moderne Jugend- und Sachbücher vielfach dem Schulbuch noch überlegen. Kann nicht auch noch ein Schulbuch gerne gelesen werden?“[52] Das kombinierte Lern- und Arbeitsbuch, so macht diese Passage unmissverständlich klar, versteht sich nicht als Reformprodukt, das die Einseitigkeit des traditionellen Leitfadens überwinden will, sondern als *Reaktion auf das reine Arbeitsbuch und die Verabsolutierung der Quellenarbeit.*

Diese Position war einem Friedrich Lucas Mitte der 1960er Jahre noch nicht denkmöglich, denn das reine Arbeitsbuch ist ein Kind der 1970er Jahre. Der Einzelbefund aus der Betrachtung der „Zeitaufnahme“ lässt sich generalisieren: Das kombinierte Lern- und Arbeitsbuch in seiner Doppelstruktur aus Darstellungs- und Materialteil setzt das reine Arbeitsbuch voraus und überwindet es zugleich, indem es eine Mittelposition einnimmt zwischen der reinen Erzählung des klassischen Leitfadens und der durchgängigen Nötigung zur historischen (Re-)Konstruktion, wie sie aus dem reinen Arbeitsbuch resultierte. Damit ist übrigens auch die hier gewählte Reihenfolge der Typen hinreichend begründet.

Kommen wir nach dem Doppelseitenprinzip als der kleinsten oder minimalen Variante der Doppelstruktur von Darstellungs- und Materialteil zur größten oder maximalen Variante: Sie findet sich beispielsweise in dem maßgeblich von Hilke Günther-Arndt konzipierten „Geschichtsbuch“, das ab 1986 bei Cornelsen erschien.[53] Hier ist die Doppelstruktur durch eine *Abfolge jeweils mehrseitiger Darstellungs- und Arbeitsteile* geprägt, die lediglich durch sog. Auftaktseiten zu Beginn der einzelnen Kapitel unterbrochen wird. Bemerkenswert am Geschichtsbuch ist die Vielfalt der Arbeitsteile, die im Lehrerband zu Bd. 1 sogar typologisch differenziert werden. Günther-Arndt unterscheidet insgesamt fünf Typen : (1) thematisch vertiefende, (2) kontrastierende, (3) erfahrungsbezogene, (4) biographische oder sozialbiographische und

52 Ebd., S. 7.

53 Hilke Günther-Arndt u. a. (Hrsg.): Geschichtsbuch. Die Menschen und ihre Geschichte in Darstellung und Dokumenten. 4 Bde. Berlin 1986-1988.

(5) theoriebezogene Arbeitsteile.[54] Diese Typologie wurde in ihrer Differenziertheit bis heute nicht übertroffen.

Aus der Doppelstruktur des kombinierten Lern- und Arbeitsbuches resultiert allerdings auch eine Problematik, die bereits berührt wurde, als von der illustrativen Anfälligkeit der Materialinserate bei Lucas und Hug die Rede war. Völlig gebannt ist diese Gefahr auch im kombinierten Lern- und Arbeitsbuch nicht. Man kann sie in Anlehnung an Hans-Eberhard Hilpert als *Interferenzproblem* bezeichnen.[55] Interferenz heißt Überlagerung, und dieses Überlagerungsproblem von Darstellungs- und Materialteilen bleibt auch dann bestehen, wenn man diese trennt. Es gibt laut Hilpert lediglich eine erfolgversprechende, allerdings radikale Alternative: die „Entzerrung der Teile und ihrer Funktionen": „Die additive Überlagerung läßt sich beseitigen, wenn Darstellungs- und Arbeitsteile als jeweils selbständige Einheiten angelegt werden; Bedingung dafür ist, von der Vorstellung eines für alle Bereiche des Geschichtsunterrichts gleichförmigen Informationsträgers abzurücken. In der Tat gibt es keinen überzeugenden Grund, daß a l l e im Unterricht behandelten Gegenstände durch eine parallele Schulbuchdarstellung abgedeckt werden müssen; und ebenso wenig ist es einleuchtend, daß daneben jeweils in gleichmäßiger Dichte das zugeordnete Materialienangebot stehen muß."[56] Mit anderen Worten: Wer Interferenzen zwischen Darstellungs- und Arbeitsteilen vermeiden will, der muss sie thematisch komplett *entmischen* und beispielsweise bereit sein, die Amerikanische Revolution nur als Darstellung und die Französische Revolution nur in Form eines Arbeitsteils zu bringen. Allerdings ist diesem radikalen Vorschlag bis heute kein Lehrwerk gefolgt, und das hat seine Gründe unter anderem im Bereich der Lernleistungserwartungen.

Bevor wir uns diesem Bereich zuwenden, gilt es noch das geschichtstheoretische Profil des kombinierten Lern- und Arbeitsbuches zu erschließen. Der Begriff „erschließen" ist dabei mit Bedacht gewählt, denn dieses geschichtstheoretische Profil ist, wenn wir richtig sehen, in keinem Lehrbuch dieses Typs eigens ausgefaltet worden. Wir müssen es also aus der Doppelstruktur ableiten und kommen damit relativ problemlos auf das, was Pandel als *„fundamentale erkenntnistheoretische Differenz von ‚Quelle' und ‚Darstellung'"* bezeichnet und wie folgt erläu-

54 Vgl. Hilke Günther-Arndt: Zur Konzeption des „Geschichtsbuchs". In: Geschichtsbuch. Die Menschen und ihre Geschichte in Darstellungen und Dokumenten. Lehrerband 1. Berlin 1989, S. 5-12, hier S. 11.

55 Vgl. Hans-Eberhard Hilpert: Geschichtsdidaktische Innovation in der Bundesrepublik Deutschland. Lehrpläne und Schulbücher am Beispiel ihrer Darstellung von Kirchenreform und Investiturstreit. Stuttgart 1989, S. 195.

56 Ebd., S. 196. Sperrung im Original.

tert hat: „Quellen sind die Basis unseres Wissens von der Vergangenheit und nicht schon dieses Wissen selbst. Im Gegensatz zu den Quellen ist historisches Wissen immer gegenwärtiges Wissen (Aussagen über historische Abläufe, historische Argumente im Alltag und in Politik, Schulbuchdarstellungen, Dokumentarfilmen usw.). Es kann durch Rückgriff auf die Quellen auf seine Stichhaltigkeit untersucht werden."[57]

Die grundlegende Differenz von Quelle und Darstellung ist auch im Bereich der Lernleistungen, die wir von den Schülern erwarten, als didaktischer Imperativ von eminenter Bedeutung. Bei Pandel heißt es dazu: „Die Existenz von Quellen und der Unterricht auf Quellenbasis ermöglichen es, nach Belegen für Darstellung und Bewertung zu fragen und damit Tradition kritisch-reflexiv anzueignen. Gegenwärtige Geschichts-Darstellungen können so vom Schüler kritisiert werden, da er prinzipiell in der Lage ist (bzw. durch Unterricht in die Lage versetzt werden soll), zu fragen, woher der Verfasser (Autor/Redner) weiß, daß die Ereignisse so und nicht anders abgelaufen und zu beurteilen sind. Er kann weiter durch den Rückgang auf Quellen erkennen, welche soziale, theoretische Perspektive diese Darstellung motivierte, die Ereignisse so und nicht anders darzustellen. Dieser Aspekt, durch Rückgriff auf Quellen die Perspektive gegenwärtiger Darstellungen zu erkennen, schließt eine ausschließlich illustrative Verwendung von Quellen aus […]."[58]

Soweit Pandel, der hier die *Darstellungsanalyse und -kritik durch Rückgriff auf Quellen* als Lernziel sehr stark macht. Mithilfe eines kombinierten Lern- und Arbeitsbuches lässt sich dieses Ziel allerdings nur erreichen, wenn man *keine* thematische Entmischung der Darstellungs- und Materialteile – wie von Hilpert vorgeschlagen – vornimmt, sondern ihre Interferenz oder Überlagerung heuristisch nutzt, wie Pandel dies vorschlägt. In dieselbe Richtung argumentiert auch Günther-Arndt: „Gegen die Konzeption von Darstellungsteilen könnte eingewandt werden, daß darstellende Texte die Schüler auf die Sichtweise des jeweiligen Schulbuchautors festlegen, oder – didaktisch formuliert –, daß die Multiperspektivität auf der Ebene der historischen Betrachter nicht gewahrt wird. Diese Kritik ist nicht unberechtigt, das Problem ist allerdings sehr viel verwickelter, als es die grundsätzlich richtige Forderung nach Multiperspektivität auf der Ebene der historischen Betrachter erscheinen läßt. Wie könnte die Einlösung einer solchen Forderung für die Klassen 6 bzw. 7 bis 10 aussehen. Sollte ein Kapitel jeweils in zwei oder mehreren Fassungen, von verschiedenen Autoren

57 Hans-Jürgen Pandel: Quelleninterpretation. Die schriftliche Quelle im Geschichtsunterricht. 3. Aufl. Schwalbach/Ts. 2006, S. 9.
58 Ebd.

geschrieben, im Geschichtsbuch erscheinen?" Diese Frage zu stellen, heißt natürlich gleichzeitig, sie zu verneinen. „Trotzdem", so Günther-Arndt weiter, „haben die Autoren des Geschichtsbuches vieles getan, um den Schülern selbständige, auch abweichende oder alternative historische Urteile zu ermöglichen. Die erste und wichtigste Möglichkeit liegt in der Verbindung von Darstellungs- und Arbeitsteilen. Das wird durch die Form der Arbeitsteile, die jeweils einen Sachverhalt bzw. ein Thema behandeln, erleichtert. Die Schüler können aus den Quellen in die Darstellung zurückfragen, Erklärungen überprüfen, Urteile anzweifeln oder revidieren."[59] Auch hier ist die *Interferenz* kein durch Entmischung zu lösendes Problem, sondern geradezu die *Bedingung der Möglichkeit der Darstellungsanalyse und -kritik.* Neben diesem auf die Doppelstruktur in ihrer Gesamtheit bezogenen Lernziel gibt es noch weitere Lernziele, die die beiden Einzelteile betreffen. Bei den Zielen, die mit Hilfe des Materialteils verfolgt werden, gibt es keine grundlegenden Unterschiede zum reinen Arbeitsbuch. Heinz Dieter Schmid hätte sicherlich ohne Zögern unterschrieben, was Günther-Arndt mit Bezug auf die Arbeitsteile des Geschichtsbuches fordert: „Die Schüler sollen [...] Regeln der historischen Methoden kennen und anwenden. Sie sollen lernen, einen geschichtlichen Sachverhalt möglichst selbständig aus Quellen zu rekonstruieren, d. h. eine Fragestellung entwickeln, Quellen unter dieser Fragestellung systematisch auswerten, sie unter bestimmten Gesichtspunkten interpretieren und kritisieren sowie schließlich die Ergebnisse der Quellenarbeit sachangemessen und verständlich darstellen können."[60] Auch hier steht also die Rekonstruktionsleistung klar im Vordergrund.

Neu ist dagegen eher eine andere Lernleistungserwartung, die Günther-Arndt mit dem Begriff „Historisches Orientierungswissen" bezeichnet. Sie versteht darunter „ein bestimmtes ‚Überblickswissen', das es dem Schüler ermöglicht, historische Informationen im weitesten Sinne zeitlich und sachlich richtig einzuordnen, bestimmte Phänomene und ihren Zusammenhang zu erklären oder Fragen zu entwickeln und Situationen zu interpretieren. Historisches Orientierungswissen meint damit auch jenen ‚roten Faden' oder das Kontextwissen, das Schülern erst eine ‚sinn-volle' Arbeit an Quellen erlaubt. [...] Dieses Orientierungswissen erwerben die Schüler unter *lernökonomischen* Gesichtspunkten am besten durch die Arbeit an historischen Darstellungen im Schulbuch [...]."[61]

Bleibt die Frage nach der unterrichtsmethodischen Prägewirkung des kombinierten Lern- und Arbeitsbuches. Sie liegt alles in allem darin,

59 Günther-Arndt, Konzeption (wie Anm. 54), S. 9 f.
60 Ebd., S. 6.
61 Ebd. Kursive Hervorhebungen im Original.

dass sie den *steten Wechsel von Instruktion und Konstruktion* ermöglicht und fördert. Was bedeutet das im Einzelnen? Bei der Instruktion richtet sich der Fokus auf die Sachstruktur, und der Unterricht weist eine klare Lehrerzentrierung auf. Wenn es gilt, unter Beachtung der Arbeits- und Zeitökonomie Orientierungs- und Überblickswissen zu vermitteln, dann ist Instruktion der passende methodische Zugang und sein mediales Widerlager der Darstellungsteil des kombinierten Lern- und Arbeitsbuchs. Der Nachteil der Instruktion besteht allerdings darin, dass die Lernenden in die Rolle von Rezipienten zurückgedrängt werden. Ferner kann die Dominanz der Sachstruktur dazu führen, dass die Schülerinnen und Schüler die dargebotenen Informationen nicht oder nur unzureichend mit ihren Vorkenntnissen und ihren Alltagserfahrungen verknüpfen. Auf diese Weise entsteht sog. träges Wissen mit vergleichsweise geringer Anschlussfähigkeit. Dennoch stellt die Konzentration auf die Sachstruktur den „Regelfall" des Geschichtsunterrichts dar,[62] und überdies ist zu bedenken, dass nicht die Instruktion als solche schlecht ist, sondern dass es, wie in anderen Fällen auch, gute und schlechte Instruktion gibt.

Bei der methodischen Alternative der Konstruktion richtet sich der Fokus auf die Lernerstruktur und die subjektintern ablaufenden Lernprozesse. Folglich weist der Unterricht eine klare Schülerzentrierung auf. Der Vorteil dieser Methode, deren mediales Widerlager natürlich der Material- oder Arbeitsteil des Lehrbuches ist, liegt in der Höherwertigkeit des mit ihrer Hilfe produzierten Wissens. Selbstentdeckte Kenntnisse und Einsichten sind nicht nur anspruchsvoller, sondern weisen darüber hinaus auch eine höhere Anschlussfähigkeit auf. Die Wahrscheinlichkeit, dass das selbstkonstruierte Wissen nicht träge, sondern flüssig ist, darf als relativ hoch veranschlagt werden. Der Nachteil der Konstruktion liegt natürlich in dem hohen Zeitaufwand, der für sie eingeplant werden muss: Überblicks- und Orientierungswissen wird man unter den Bedingungen des realexistierenden Schulsystems mit dieser Methode kaum produzieren können. Bleibt die Einsicht, dass man mit einer *Kombination* beider Methoden, mit einem Wechsel von Instruktion und Konstruktion, am weitesten kommt. Wenn es gelingt, ihre jeweiligen Vorteile zu nutzen und ihre Nachteile zu vermeiden, dann wird Unterricht optimiert. Und weil die beste mediale Voraussetzung dafür eben das kombinierte Lern- und Arbeitsbuch ist, hat es sich als

62 Vgl. Markus Bernhardt: Erarbeitung. In: Ulrich Mayer/Hans-Jürgen Pandel/Gerhard Schneider (Hrsg.): Handbuch Methoden im Geschichtsunterricht. 2., überarb. Aufl. Schwalbach/Ts. 2007, S. 619-633, hier S. 623.

Lehrbuchtyp auch durchgesetzt und nimmt momentan, wenn wir es richtig sehen, eine unbestrittene Monopolposition ein.

3.5 Spezialfälle und Sonderformen: Lesebuch und bilaterales Lehrwerk

Am Ende dieses Kapitels sollen zwei Spezialfälle oder Sonderformen von Lehrbüchern vorgestellt werden, die für das historische Lehren und Lernen in Geschichte und Gegenwart aufschlussreich sind.

Die Betrachtung des ersten Spezialfalles, des *Lesebuches*, führt uns zurück in die 50er und 60er Jahre des 19. Jahrhunderts, als es an den Volksschulen noch kein eigenständiges Fach Geschichte, wohl aber schon eine historische Unterweisung der Schülerinnen und Schüler gab. Diese stützte sich auf das Kompaktmedium Lesebuch.[63] Nehmen wir als Beispiel das von dem am Lehrerseminar zu Hannover tätigen Hauptlehrer Heinrich Friedrich Flügge verfasste und 1862 in 8. Auflage bei Karl Meyer in Hannover erschienene „Lesebuch für hannoversche Volksschulen", das in Aufbau und Anlage auf die Bedürfnisse eines fächerübergreifenden Mittel- und Oberstufenunterrichts zugeschnitten war, wie er damals insbesondere in den einklassigen Volksschulen abgehalten wurde.[64] In seiner Gesamtheit diente das in drei Teile untergliederte Lesebuch natürlich zunächst als Medium des Leseunterrichts, mit dem der fibelgestützte Anfängerunterricht der Unterstufe fortgesetzt wurde. Daneben hatten die einzelnen Teile jedoch unterschiedliche Funktionen: Während die Prosastücke und Lieder des ersten Teiles die religiösen und moralischen Anschauungen der Lernenden formen sollten, waren die überwiegend *realienkundlichen* Texte des zweiten und dritten Teils dazu bestimmt, ihnen geschichtliche, geographische und naturkundliche Kenntnisse zu vermitteln. Die Stoffanordnung folgte allerdings nicht in erster Linie dem uns heute geläufigen Fachprinzip, sondern dem auf die Pädagogik Pestalozzis und Herbarts zurückgehenden Grundsatz des Fortschreitens vom Nahen zum Entfernten, vom Einfachen zum Zusammengesetzten, vom Bekannten zum Unbekannten. Für die Darstellung von Geschichte resultierte daraus zweierlei. Zum einen wurde sie *fragmentiert* und mit

63 Vgl. Gerd Friederich: Das niedere Schulwesen. In: Karl-Ernst Jeismann/ Peter Lundgreen (Hrsg.): Handbuch der deutschen Bildungsgeschichte. Bd. 3, 1800-1870. Von der Neuordnung Deutschlands bis zur Gründung des Deutschen Reiches. München 1987, S. 123-152, hier S. 137-140.

64 Vgl. dazu auch Bernd Schönemann: „Eine gewaltige Aufregung und Beunruhigung der Gemüther". Zum Streit um die obligatorische Einführung des Flügge'schen Lesebuchs in die einklassigen Elementarschulen der preußischen Provinz Hannover 1868-1871. In: Paul Leidinger/Dieter Metzler (Hrsg.): Geschichte und Geschichtsbewußtsein. Festschrift Karl-Ernst Jeismann zum 65. Geburtstag. Münster 1990, S. 648-679.

„passenden" geographischen und naturkundlichen Inhalten vermischt, sodass beispielsweise folgende Lesestücke unmittelbar aufeinander folgten: „Der älteste Zustand unseres Vaterlandes", „Übersicht über unser Vaterland", „Die Landdrostei Hannover", „Das Getreide", „Die Weser".[65] Zum anderen erfuhr die Geschichtsdarstellung eine starke *raumperspektivische Schichtung*, sodass es vorkam, dass ein historisches Ereignis wie der Dreißigjährige Krieg erst mehrfach aus lokaler, dann aus hannoverscher und schließlich aus deutscher Sicht geschildert wurde und sich auf diese Weise gewissermaßen spiralförmig wiederholte.[66]

Der „Siegeszug des Lesebuches"[67] war auch in anderen deutschen Staaten beobachtbar, beispielsweise in Preußen. Dort gab das dritte der sog. Stiehl'schen Regulative über „Grundzüge, betreffend Einrichtung und Unterricht der evangelischen einklassigen Elementarschule" vom 3. Oktober 1854 den entscheidenden Impuls. „Neben der Bibel, dem Katechismus und dem Gesangbuch", so heißt es dort, „soll das in die Schule eingeführte Lesebuch werth sein, auch über die Schule hinaus Unterlage und Anhalt für eine gesunde Volksbildung zu werden." Seien für Vaterlands- und Naturkunde keine besonderen Stunden vorgesehen, so finde „die Mittheilung der auf diesen Gebieten unentbehrlichen Kenntnisse *durch Erläuterung der betreffenden Abschnitte des Lesebuches*" statt. Dem Lehrer werde dadurch die Gelegenheit geboten, *„durch lebendiges Wort die Jugend einzuführen in die Kenntniß der Geschichte unserer Herrscher und unseres Volkes, wie der göttlichen Leitung, die sich in derselben offenbart, und Herz und Sinn der Schüler mit Liebe zum König und mit Achtung vor den Gesetzen und Einrichtungen des Vaterlandes zu erfüllen.*"[68]

Alles in allem ist das Lesebuch für die Geschichte des historischen Lehrens und Lernens in doppelter Hinsicht aufschlussreich. Zum Ersten verdeutlicht es die Abhängigkeit der Schulbuchentwicklung von den schulorganisatorischen Rahmenbedingungen und der vorgegebenen Fächerstruktur. Zum Zweiten zeigt sich, dass die historische Erziehung der Untertanen und die Ausrichtung ihres Geschichtsbewusstseins auf

65 Vgl. Heinrich Friedrich Flügge: Lesebuch für hannoversche Volksschulen. 8. Aufl. Hannover 1862, S. 99-107.

66 Vgl. ebd., S. 108 (Stadt Hannover), S. 110 (Hameln), S. 118 (Hildesheim), S. 123 (Göttingen), S. 123f. (Münden), S. 170 (Osnabrück), S. 185-187 (Königreich Hannover), S. 293-296 (Deutschland).

67 Friederich, Niederes Schulwesen (wie Anm. 63), S. 137.

68 F[erdinand] Stiehl: Die drei Preußischen Regulative vom 1., 2. und 3. October 1854 über Einrichtung des evangelischen Seminar-, Präparanden- und Elementarschul-Unterrichts. Berlin 1854, S. 70, 73. Kursive Hervorhebungen im Original.

Thron, Altar und Vaterland bereits stattfand, bevor es einen eigenständigen Geschichtsunterricht an den Elementarschulen gab.

Die Betrachtung des zweiten Spezialfalles, des beziehungsgeschichtlich akzentuierten Lehrbuches, das man der Einfachheit halber auch *bilaterales Lehrwerk* nennen kann, führt uns in eine postnationalistisch inspirierte Gegenwart, die auf gute nachbarschaftliche Beziehungen, Völkerverständigung und europäische Integration setzt und daraus *direkte* Konsequenzen auf dem Gebiete der *Schulbuchkonstruktion* zieht. Das ist insofern ein Novum, als die seit Jahrzehnten auf diesem Gebiet tätige Internationale Schulbuchforschung ihre Ergebnisse bislang im Medium von Empfehlungen, Lehrerhandbüchern, Unterrichtsmaterialien und wissenschaftlichen Publikationen, nicht jedoch in Gestalt von Geschichtslehrbüchern vorlegte.[69] Durch zwei Neuerscheinungen jüngeren Datums hat sich diese Situation gründlich geändert. Die erste, 2007 in Zusammenarbeit zwischen dem Deutschen Polen-Institut Darmstadt und dem Cornelsen Verlag publizierte Neuerscheinung trägt den Titel „Polnische Geschichte und deutsch-polnische Beziehungen. Darstellungen und Materialien für den Geschichtsunterricht". Der offenbar nicht für eine bestimmte Schulform oder Schulstufe konzipierte Band enthält keineswegs nur Unterrichtsmaterialien, sondern komplett ausgearbeitete „Unterrichtseinheiten", die „so anwenderfreundlich wie möglich" gestaltet wurden: „Alle grundlegenden Informationen werden in einem kurzen Einleitungstext zusammengefasst, dem Quellentexte und weitere Materialien folgen. Bilder und Karikaturen sollen das Thema veranschaulichen und zum Methodenwechsel anregen. Arbeitsanregungen, Vorschläge für Referate und Facharbeiten sowie Literaturhinweise schließen jedes Modul ab."[70] Weniger offen in der Anlage, weil mit einem klaren Schulform- und Schulstufenbezug versehen, aber wesentlich umfangreicher ist ein auf drei Bände angelegtes und bereits in zwei Bänden vorliegendes „Deutsch-französisches Geschichtsbuch Gymnasiale Oberstufe" mit dem Titel „Histoire/Geschichte", dessen deutsche Ausgabe seit 2006 bei Ernst Klett in Leipzig erscheint.[71] Beide

69 Zur Internationalen Schulbuchforschung vgl. Kap. 2 dieses Bandes.

70 Matthias Kneip/Manfred Mack: Polnische Geschichte und deutsch-polnische Beziehungen. Darstellungen und Materialien für den Geschichtsunterricht. Berlin 2007, S. 5. Beide Autoren veröffentlichten einen Vorläuferband für das Fach Deutsch. Vgl. dies.: Polnische Literatur und deutsch-polnische Literaturbeziehungen. Materialien und Kopiervorlagen für den Deutschunterricht. 10.-13. Schuljahr. Berlin 2003.

71 Guillaume Le Quintrec/Peter Geiss (Hrsg.): Histoire/Geschichte. Europa und die Welt seit 1945. Leipzig 2006; Daniel Henri/Guillaume Le Quintrec/Peter Geiss (Hrsg.): Histoire/Geschichte. Europa und die Welt vom Wiener Kongress bis 1945. Leipzig 2008.

Lehrwerke setzen dezidiert und systematisch auf Horizonterweiterung und Perspektivenwechsel, aber zumindest die deutsch-französische Beziehungsgeschichte scheint nicht ganz der Gefahr zu entgehen, die Leistungen des bisherigen Geschichtsunterrichts zu unterschätzen und die eigenen Potentiale zu überhöhen, wenn sie für sich reklamiert, eine „völlig neue Art der Darstellung, der Dokumentation und der Interpretation" zu bieten, die eine „Geschichtsbetrachtung aus der Sicht des anderen erst möglich" mache.[72]

Bleibt die Frage nach der Integrationsfähigkeit und der Reichweitenbegrenzung bilateraler Lehrwerke. Wolfgang Jacobmeyer hat vor kurzem mit Recht darauf hingewiesen, dass beziehungsgeschichtlich akzentuierte Lehrbücher ihre bilaterale Struktur kaum je in Reinform ausprägen können, sondern die Grenzen strikter nationalgeschichtlicher Verzahnung immer wieder zu überschreiten gezwungen sind, um durch Einbezug verständnisnotwendiger übergreifender Kontexte historische Anämie zu vermeiden.[73] Dadurch nehmen Lehrbücher dieser Art in ihrer Komplexität notwendigerweise zu. Andererseits ist es nur schwer vorstellbar, dass ihre Anzahl beliebig vermehrt wird. Es ist gewiss alles andere als ein Zufall, dass mit der deutsch-französischen und der deutsch-polnischen Beziehungsgeschichte die mit Abstand wichtigsten historischen Problemkomplexe zum Gegenstand bilateraler Lehrwerke geworden sind. Mit einer Aufarbeitung aller Beziehungsgeschichten in diesem Modus ist kaum zu rechnen.

72 Le Qintrec/Geiss, Histoire/Geschichte (wie Anm. 71), S. 6.
73 Vgl. Berliner Thesen vom 16. Mai 2008, unveröff. Ms.

4. Bausteine: Das Schulbuch als Kompaktmedium

Obwohl die Grenzen zu anderen Medien nicht trennscharf sind, lässt sich das Schulgeschichtsbuch allgemein als „*Unterrichtsmittel*" definieren, „das für schulische Lehr- und Lernprozesse im historischen [...] Unterricht konzipiert und in Buchform gestaltet ist."[1] Empirische Untersuchungen belegen, dass Schülerinnen und Schüler ihre Schulbücher vielfach zwar eher langweilig finden,[2] in ihrer medialen Komplexität werden sie aber wohl auch stark unterschätzt. Bei modernen Schulgeschichtsbüchern handelt es sich nämlich um einen Medienmix oder, wie Joachim Rohlfes formuliert hat, um „Multi-Media-Pakete", die sich aus zahlreichen verschiedenen visuellen und schriftlichen Quellen und Darstellungen, Lernimpulsen und anderen Gestaltungselementen zusammensetzen.[3] Dass diese Medienbausteine sich im Prozess historischer Sinnbildung gegenseitig stark beeinflussen, ist theoretisch seit langem klar,[4] wird in der Praxis aber nicht immer genug reflektiert. In den vergangenen Jahrzehnten haben sich die meisten Schulbuchmacher zunehmend dafür entschieden, Texte verschiedener Art mit zahlreichen Bildern, Karten, Tabellen und Grafiken zu kombinieren und diese in eigenen Materialteilen zusammenzufassen. Die neueste Schulbuchgeneration zeichnet sich darüber hinaus durch ein immer umfangreicheres Angebot an Methodenseiten aus. Teilweise hat das allerdings dazu beigetragen, einen spezifisch historischen Methodenbegriff, dessen Profilierung ohnehin keineswegs leicht ist,[5] unnötig aufzuweichen.

---

1 Vgl. Wolfgang Hug: Schulbuch. In: Klaus Bergmann u.a. (Hrsg.): Handbuch der Geschichtsdidaktik. 3., völlig überarb. u. bedeutend erw. Aufl. Düsseldorf 1985, S. 469-475, Zitat S. 469. Hervorhebung im Original.

2 Vgl. Bodo von Borries u.a.: Schulbuchverständnis, Richtlinienbenutzung und Reflexionsprozesse im Geschichtsunterricht. Eine qualitativ-quantitative Schüler- und Lehrerbefragung im Deutschsprachigen Bildungswesen 2002 (Bayerische Studien zur Geschichtsdidaktik, Bd. 9). Neuried 2005, S. 67.

3 Vgl. Joachim Rohlfes: Schulgeschichtsbücher. In: Geschichte in Wissenschaft und Unterricht 45 (1994), S. 460-465, Zitat S. 460.

4 Vgl. Hans-Eberhard Hilpert: Geschichtsdidaktische Innovation in der Bundesrepublik Deutschland. Lehrpläne und Schulbücher am Beispiel ihrer Darstellung von Kirchenreform und Investiturstreit. Stuttgart 1989, S. 195.

5 Vgl. Ulrich Mayer/Hans-Jürgen Pandel/Gerhard Schneider: Einführung. In: Dies. (Hrsg.): Handbuch Methoden im Geschichtsunterricht. 2., überarb. Aufl. Schwalbach/Ts. 2007, S. 9-11, hier S. 10f.; Hilke Günther-Arndt: Umrisse einer Geschichtsmethodik. In: Dies. (Hrsg.): Geschichts-Methodik. Handbuch für die Sekundarstufe I und II. Berlin 2007, S. 9-24.

In Anlehnung an Hans-Jürgen Pandel[6] kann man vier konstitutive Elemente eines modernen Schulgeschichtsbuches unterscheiden, und zwar Verfasser- bzw. Autorentexte, Fremdtexte, visuelles Material und Arbeitsfragen bzw. Arbeitsaufträge. „Nicht zu den wesentlichen Momenten" zählt Pandel das, was er mit dem Begriff der „Paratexte" bezeichnet, also vor allem Glossar, Register und Methodenseiten, weil diese seiner Meinung nach „nicht zum eigentlichen Text, der Geschichte darstellt", gehören.[7]

Im Folgenden sollen diese Bestandteile moderner Schulgeschichtsbücher kurz vorgestellt, in ihrer Systematik diskutiert und um weitere Elemente ergänzt werden. Dabei gehen wir von der prinzipiellen Unterscheidung zwischen Darstellungs- und Arbeitsteil aus; ältere Schulbuchtypen bleiben in diesem Kapitel also unberücksichtigt (vgl. dazu Kapitel 3 dieses Bandes). Paratexte und die von Pandel vernachlässigten Auftaktdoppelseiten liegen allerdings quer zu dieser Systematik.

4.1 Auftaktdoppelseiten

Auftaktdoppelseiten finden sich inzwischen in fast allen modernen Schulgeschichtsbüchern – jedenfalls für die Sekundarstufe I – zu Beginn eines neuen Kapitels und erfüllen im Idealfall mindestens vier wichtige Funktionen:

- *erstens* die der historischen Groborientierung;
- *zweitens* die der Motivation;
- *drittens* kommt es darauf an, mögliche Gegenwartsbezüge anzudeuten;
- und *viertens* können Auftaktdoppelseiten durch ein gezieltes Medienarrangement dazu beitragen, historische Fragen aufzuwerfen.

Für den Prozess historischen Lernens sollte gerade die Bedeutung dieser Funktion nicht unterschätzt werden.[8]

6 Vgl. Hans-Jürgen Pandel: Was macht ein Schulbuch zu einem Geschichtsbuch? Ein Versuch über Kohärenz und Intertextualität. In: Saskia Handro/Bernd Schönemann (Hrsg.): Geschichtsdidaktische Schulbuchforschung (Zeitgeschichte – Zeitverständnis, Bd. 16). Berlin 2006, S. 15-37, hier S. 18 ff. Pandels Ausführungen vgl. auch zum Folgenden.

7 Vgl. ebd., Zitat S. 18.

8 Vgl. dazu Holger Thünemann: Fragen im Geschichtsunterricht. Forschungsstand und Forschungsperspektiven. In: Zeitschrift für Geschichtsdidaktik 8 (2009), S. 115-124, und ders.: Geschichtsunterricht ohne Geschichte? Überlegungen und empirische Befunde zu historischen Fragen im Geschichtsunterricht und im Schulgeschichtsbuch. In: Saskia Handro/Bernd Schönemann (Hrsg.): Geschichte und Sprache (Zeitgeschichte – Zeitverständnis, Bd. 21). Berlin 2010, S. 49-59.

Ihre Orientierungsfunktion erfüllen Auftaktdoppelseiten zumeist dadurch, dass sie kurze Darstellungstexte oder, wie es neuerdings häufiger anzutreffen ist, Zeitleisten enthalten.[9] Motivation kann z. B. dadurch erzeugt werden, dass die Vielfalt der im Folgenden zu untersuchenden historischen Phänomene visuell bereits angedeutet und gelegentlich mit der Aura des Rätselhaften umgeben wird. So wird die Neugier der Schülerinnen und Schüler geweckt. Das ist allerdings nur dann möglich, wenn wirklich ein „bunter Bilderbogen" entfaltet und nicht nur ein einziges, wenig aussagekräftiges, situationsarmes und vielleicht sogar menschenleeres Bild gezeigt wird.[10] Gegenwartsbezüge können beispielsweise dadurch nahegelegt werden, dass die Präsenz historischer Persönlichkeiten oder Ereignisse in der heutigen Geschichtskultur thematisiert wird. So zeigt ein Schulgeschichtsbuch für die Sekundarstufe I eine Jubiläumsbriefmarke „Dom zu Aachen 1200 Jahre", auf der das berühmte Kopfreliquiar Karls des Großen abgebildet ist, das man in der Aachener Domschatzkammer besichtigen kann.[11] Ein anderes enthält die Fotografie eines Veteranen des Vietnamkrieges, der zusammen mit seinem Sohn das Vietnam Veterans Memorial in Washington besucht.[12] Historische Fragen schließlich lassen sich u. a. dadurch evozieren, dass zu einem bestimmten historischen Sachverhalt Bilder gezeigt werden, die eine kognitive Dissonanz hervorrufen. In vorbildlicher Weise ist dies im „Geschichtsbuch 3" für die Sekundarstufe I geleistet worden. Im Kapitel zum „Ersten Weltkrieg" sind als Auftakt zwei Bilder einander gegenübergestellt, von denen das eine jubelnde Kriegsfreiwillige im Jahr 1914, das andere eine Demonstration von Kriegsinvaliden nach 1918 zeigt (Abb. 1).[13] Dieses Medienarrangement bietet eine gute Voraussetzung dafür, dass Schülerinnen und Schüler selbst Fragen entwickeln. Eine andere Möglichkeit besteht darin, dass Schulbuchautoren leitende Fragestellungen bereits vorgeben.[14]

---

9 Vgl. z. B. Michael Sauer (Hrsg.): Geschichte und Geschehen. Sekundarstufe 1. Bd. 1. Stuttgart 2008, S. 72 f.

10 So verfährt leider die Neubearbeitung von Hans Ebeling/Wolfgang Birkenfeld: Die Reise in die Vergangenheit. Ein geschichtliches Arbeitsbuch. Bd. 1. Braunschweig 2007, z. B. S. 72 f.

11 Vgl. Ulrich Baumgärtner/Klaus Fieberg (Hrsg.): Horizonte. Bd. 1. Braunschweig 2007, S. 139.

12 Vgl. Ernst Klett Schulbuchverlag (Hrsg.): Geschichte und Geschehen. Sekundarstufe I. Bd. 4. Leipzig 2005, S. 175.

13 Hilke Günther-Arndt/Jürgen Kocka (Hrsg.): Geschichtsbuch 3. Die Menschen und ihre Geschichte in Darstellungen und Dokumenten. Ausgabe A: Das 19. Jahrhundert. Berlin 1986, S. 204.

14 Vgl. erneut Sauer, Geschichte und Geschehen (wie Anm. 9), S. 72 f.

Abb. 1: Auftaktdoppelseite (Ausschnitt) zum Kapitel „Der Erste Weltkrieg – Europas Krieg gegen sich selbst". In: Günther-Arndt/Kocka, Geschichtsbuch 3 (wie Anm. 13), S. 204.

4.2 Der Verfassertext als Kernbaustein des Darstellungsteils

Der Darstellungsteil eines Schulgeschichtsbuches, der je nach Lehrwerk vom Arbeitsteil mehr oder weniger klar getrennt ist,[15] stellt für Schulbuchmacher nach wie vor die größte Herausforderung dar. Er dient in erster Linie dazu, historische Orientierung zu bieten. Diese Funktion übernehmen vor allem die so genannten *Verfasser-* bzw. *Autorentexte*, die teilweise durch kurze Zeitleisten ergänzt und durch Bilder illustriert sind.

Im Idealfall weisen diese Autorentexte einen engen Bezug zum aktuellen Stand wissenschaftlicher Forschung auf, sind aber zugleich so formuliert, dass sie für Schülerinnen und Schüler verständlich bleiben und trotz ihres Wissenschaftsbezuges eine nachhaltige Begeisterung für die Auseinandersetzung mit der Vergangenheit wecken. Abgesehen davon, dass Schulbuchautoren für die sachliche Richtigkeit ihrer Texte und eine narrative Struktur sorgen müssen, besteht ihre Aufgabe also besonders darin, die oft abstrakten Ergebnisse historischer Forschung so anschaulich und damit adressatengerecht wie möglich darzustellen. Dieses Ziel erreichen sie beispielsweise dadurch, dass sie Kollektive (z. B. „der Dritte Stand") in individuelle historische Akteure zurückverwandeln und, gerade wenn sie für ein sehr junges Leserpublikum schreiben, generalisierende Begrifflichkeiten möglichst vermeiden. Darüber hinaus

15 Vgl. z. B. das etwas desorientierende Konzept des Lehrwerks „Forum Geschichte", in dem Darstellungen, Quellen und Arbeitsaufträge zu wenig voneinander abgehoben werden.

verzichten gute Autorentexte auf Metaphern, passivische Sprachverwendung, umständliche Nebensätze und historische Vorgriffe. Historische Orientierung, die gerade im Anfangsunterricht erst behutsam aufgebaut werden muss, ginge sonst sofort wieder verloren. Und schließlich weisen gelungene Autorentexte zwei weitere Qualitätsmerkmale auf. Erstens sind sie so konzipiert, dass sie sich durch multiperspektivisches und rezensierendes Erzählen selbst kritisierbar machen. Und zweitens enthalten sie Lernwiderstände; sie lassen also z. B. mögliche Widersprüche ungeklärt oder werfen weitergehende Fragen auf, die Schülerinnen und Schüler mit Hilfe des Arbeitsteils selbst beantworten können.

Jeder, der sich schon einmal mit der Analyse von Schulgeschichtsbüchern beschäftigt hat, weiß, dass die gerade skizzierten Kriterien[16] für einen guten Verfassertext nicht immer erfüllt sind. Vielmehr gibt es genug Beispiele dafür, dass gegen diese Prinzipien manchmal eindeutig verstoßen wird. Teilweise hängt das mit einer mangelnden Berücksichtigung des Unterschieds zwischen Qualitätsmaßstäben in der historischen Forschung einerseits und in der Geschichtsdidaktik andererseits zusammen. Allerdings muss eine redliche Kritik[17] an unzulänglichen Schulbuchtexten immer in Rechnung stellen, dass ihre Qualität nicht zuletzt unter dem Diktat eines falsch verstandenen Reduktionszwangs leidet. Wer abstrakte und begrifflich stark verdichtete Forschungsergebnisse in sachlich richtige, zugleich anschauliche und damit didaktisch sinnvolle Schulbuchtexte verwandeln und auf diese Weise die für den Geschichtsunterricht vergleichsweise große „Gefahr der Gewöhnung an Stereotype“[18] minimieren will, der braucht Platz. Diesen Platz räumen die Verlage aber viel zu selten ein, und sie können es in vielen Fällen wohl auch nicht (vgl. dazu Kapitel 5 dieses Buches). Um nur ein Beispiel zu nennen: Die Entwicklung der athenischen Polisgemeinschaft von ihren Anfängen bis in die Zeit des Kleisthenes auf nicht einmal

16 Vgl. auch die kurze Zusammenstellung bei Wolfgang Jacobmeyer: Die Darstellung der „Vertreibung“ in deutschen und polnischen Lehrbüchern des Faches Geschichte. In: Robert Maier (Hrsg.): Zwischen Zählebigkeit und Zerrinnen. Nationalgeschichte im Schulunterricht in Ostmitteleuropa. (Studien zur internationalen Schulbuchforschung, Bd. 112). Hannover 2004, S. 83-100, hier S. 96.

17 Vgl. dagegen Konrad Rahe: Wie man Schulbücher nicht machen darf! Eine Polemik zum Klett-Lehrwerk ‚Geschichte und Geschehen‘. In: Andreas Körber (Hrsg.): Geschichte – Leben – Lernen. Bodo von Borries zum 60. Geburtstag. Schwalbach/Ts. 2003, S. 215-224.

18 Friedrich J. Lucas: Zur Geschichts-Darstellung im Unterricht. In: Geschichte in Wissenschaft und Unterricht 16 (1965), S. 285-298, Zitat S. 290.

zwei Schulbuchseiten angemessen darzustellen, ist nahezu unmöglich.[19] Das gilt in gewisser Hinsicht auch für die Forderung, den Duktus des allwissenden Autors zu vermeiden, der aus der modernen Geschichtsschreibung inzwischen fast ganz verschwunden ist.[20] Obwohl gelungene Schulbuchtexte ebenso wie gute Forschungsliteratur verschiedene Perspektiven auf die Vergangenheit ermöglichen und Schulbuchautoren ihren eigenen Standpunkt im Idealfall offen reflektieren sollten, kann auch dieses wissenschaftskritische Verfahren durchgängig nur dann erfolgreich sein, wenn genügend Platz zur Verfügung steht.

Andererseits wenden einige Schulpraktiker gegen einen allzu diskursiven Charakter von Verfassertexten immer wieder ein, dass dadurch gerade der Wunsch vieler jüngerer Schülerinnen und Schüler nach sicherem historischen Wissen untergraben wird. Wenn man sich, um im genannten Beispiel zu bleiben, vergegenwärtigt, wie gering z. B. unsere wirklich verlässlichen Erkenntnisse über die Genese der athenischen Demokratie sind, wird deutlich, dass es nicht leicht ist, Zehn- oder Elfjährige mit diesem Aspekt der griechischen Geschichte, den damit verbundenen Unwägbarkeiten und offenen Fragen in historisch und didaktisch angemessener Weise vertraut zu machen.

4.3 Bausteine des Arbeitsteils

Ein Teil des Problems lässt sich allerdings durch ein überlegtes Arrangement von Darstellungs- und Arbeitsteil lösen. Während der Darstellungsteil der ersten historischen Orientierung dient, bietet sich im Arbeitsteil die Möglichkeit zur Vertiefung und Akzentuierung, vor allem aber auch zur erweiternden Perspektivierung historischen Wissens. Obwohl sich eine Interferenz, d. h. eine Überlagerung der von den Schülerinnen und Schülern zu leistenden eigenständigen historischen Quellenarbeit durch die zumeist vorgeschalteten Autorentexte wohl nie ganz verhindern lässt,[21] können Darstellungs- und Arbeitsteile prinzipiell doch so aufeinander bezogen sein, dass alternative Möglichkeiten der Vergangenheitsdeutung angeregt werden oder fehlende historische Puzzleteile hinzukommen.[22] Das heißt mit anderen Worten, dass es für

19 Vgl. Ernst Klett Schulbuchverlag (Hrsg.): Geschichte und Geschehen. Sekundarstufe I. Bd. 1. Leipzig 2003, S. 94f. Die Frage der Demokratieentwicklung wird hier bestenfalls impliziert thematisiert.

20 Vgl. Pandel, Schulbuch (wie Anm. 6), S. 22.

21 Vgl. Hilpert, Geschichtsdidaktische Innovation (wie Anm. 4), S. 195.

22 Vgl. Michael Sauer: Geschichte unterrichten. Eine Einführung in die Didaktik und Methodik. 4. Aufl. Seelze-Velber 2005, S. 218f.; Jörn Rüsen: Das ideale Schulbuch. Überlegungen zum Leitmedium des Geschichtsunterrichts. In: Internationale Schulbuchforschung 14 (1992), S. 237-250, hier S. 243f.

Schulbuchmacher besonders wichtig ist, unreflektierte perspektivische Dopplungen durch eine geschickte Materialauswahl zu vermeiden. Anderenfalls kann das Schulbuch sehr schnell doktrinäre Züge annehmen.

Die Arbeitsteile moderner Schulgeschichtsbücher bestehen in der Regel aus folgenden drei Bausteinen, bei denen es sich, abgesehen vom letzten, jeweils um historische Quellen oder Darstellungen handelt:

- *erstens Fremdtexte*; das sind diejenigen Texte, die nicht eigens von Schulbuchautoren verfasst wurden;
- *zweitens visuelle Materialien*, d. h. Bilder unterschiedlicher Art, die aber oft auch sprachliche Elemente enthalten, sodass eine vollkommene Trennschärfe nicht gegeben ist,
- und *drittens Arbeits-* oder *Portfolioaufträge*.

In einigen Schulgeschichtsbüchern wird mittlerweile auch wieder eine Tradition der 1970er Jahre aufgegriffen.[23] Dann tritt zu diesen Bausteinen noch ein *vierter* hinzu:

- die Angabe von *Lernzielen*.[24]

Fremdtexte im Schulgeschichtsbuch sind normalerweise entweder schriftliche Quellen oder historische Darstellungen, d. h. Auszüge aus der wissenschaftlichen Literatur. Natürlich könnten Schulbuchautoren den Inhalt dieser Fremdtexte, auf die sie ja ohnehin zurückgreifen, mit eigenen Worten wiedergeben und in ihre Verfassertexte integrieren. Besonders mit Blick auf historische Quellen ist aber leicht nachzuvollziehen, warum dies nicht geschieht. Denn zum einen sollen die Schülerinnen und Schüler anhand dieser Quellen in die Methoden historischen Arbeitens und Denkens eingeführt werden, zum anderen sind nur Quellen in der Lage, den Kontakt mit der Vergangenheit authentisch zu machen. Sie haben daher eine wichtige Funktion für die Motivation im Geschichtsunterricht. Vielfach wird diese Motivationschance allerdings leichtfertig verspielt. Das hängt nicht nur mit z. T. banalen Arbeitsaufträgen und Quellenarrangements zusammen, sondern ist auch eine Frage der Präsentation.[25]

Obwohl empirische Untersuchungen zeigen, dass die (Original-) Sprache einiger Quellen die Verstehensgrenze vor allem junger Schülerinnen und Schüler oft bei weitem übersteigt, ist es problematisch,

---

23 Vgl. z. B. Wolfgang Hug (Hrsg.): Geschichtliche Weltkunde. Bd. 1-3. 2. bzw. 3., ergänzte Aufl. Frankfurt/M. 1974/1977/1985.

24 Vgl. z. B. Barbara Bonhage u. a. (Hrsg.): Hinschauen und Nachfragen. Die Schweiz und die Zeit des Nationalsozialismus im Licht aktueller Fragen. 2. Aufl. Zürich 2006.

25 Vgl. Sauer, Geschichte unterrichten (wie Anm. 22), S. 85-95.

wenn historische Quellen sprachlich allzu stark geglättet sind. Denn sie werden dadurch ihrer Authentizität und Alterität beraubt. Außerdem gibt es trotz mancher Verbesserungen in vielen Schulbüchern immer noch Quellen, die so stark gekürzt sind, dass man sie bestenfalls als Textschnipsel bezeichnen kann. Nachdem alles Sperrige ausgeblendet worden ist, lassen diese Quasi-Quellen dann meist nur eine einzige historische Deutung zu. Das macht Quellenarbeit unergiebig und langweilig. Wenn darüber hinaus kaum Faksimiles abgedruckt werden, geht schließlich auch noch jede Anschaulichkeit verloren.[26]

Während Quellen das Fenster zur Vergangenheit öffnen, bahnen Darstellungen den Kontakt zu geschichtswissenschaftlichen und geschichtskulturellen Diskursen der Gegenwart bzw. der Zeitgeschichte an.[27] Um die Gattungskompetenz der Schülerinnen und Schüler zu verbessern, wird dieser qualitative Unterschied in vielen Schulbüchern häufig zum Glück auch optisch hervorgehoben.

Auszüge aus wissenschaftlichen Darstellungen sind besonders dann sinnvoll, wenn sie zentrale Forschungskontroversen aufgreifen. Auf diese Weise können Schulbuchautoren den Blick der Schülerinnen und Schüler für die Perspektivität historischer Urteile schärfen und die teilweise zu Recht beklagte Einseitigkeit mancher Verfassertexte bis zu einem gewissen Grad relativieren. Ein Blick in heutige Geschichtsschulbücher zeigt allerdings, dass die Auswahl angemessener Historikerzitate alles andere als einfach ist. Denn einerseits sind Forschungskontroversen eine so spezialisierte Textsorte, dass eine differenzierte Entschlüsselung relativ schwer fällt, andererseits argumentieren viele Historiker derart abwägend und selbstreflexiv, dass sie mögliche Gegenargumente gleich mitliefern. Wirklich konträre Thesen und Argumentationsmuster herauszuarbeiten, ist dann entweder kaum noch möglich oder stellt für manchen Schüler zumindest eine Überforderung dar.

Eine dritte Sorte von Fremdtexten, die allmählich an Bedeutung gewinnt und die in Ergänzung zu Pandel daher erwähnt werden muss, sind Auszüge aus historischen Jugendbüchern. Gerade dann, wenn die Quellenlage dünn oder komplex ist und wenn es sich um Schulbücher für jüngere Schülerinnen und Schüler handelt, bieten diese Texte, sofern

26 Zu den einzelnen Schritten vom Original bis zur Schulbuchquelle und zu Kriterien einer didaktisch verantwortbaren Darbietung von Quellen im Schulbuch und im Geschichtsunterricht im Allgemeinen vgl. die gelungenen Ausführungen von Hans-Jürgen Pandel: Quelleninterpretation. Die schriftliche Quelle im Geschichtsunterricht. 3. Aufl. Schwalbach/Ts. 2006, S. 18-23.

27 Anders als Pandel, Schulbuch (wie Anm. 6), S. 23 halten wir es nicht für zwingend, dass Historikerzitate immer topaktuell sein müssen. Entscheidend ist jedoch, dass es sich um profilierte Meinungen handelt.

sie bestimmten Qualitätsmerkmalen entsprechen, eine manchmal sehr willkommene Abwechslung.[28]

Anders als früher nehmen *visuelle Materialien* in heutigen Schulgeschichtsbüchern immer mehr Raum ein. Dabei werden sie nicht mehr nur illustrativ eingesetzt, sondern in heuristischer Hinsicht zunehmend ernst genommen. Zur Gruppe der visuellen Materialien gehören – abgesehen von Film- und Fernsehproduktionen, auf die in herkömmlichen Unterrichtswerken bestenfalls exemplarisch verwiesen werden kann – zum einen historische Bildquellen, genauer: deren Abbildungen, z. B. Gemälde, Plastiken, Mosaike und Druckgrafiken, aber auch Fotos, Karikaturen, Bilderbögen und Comics, zum anderen Illusionsbilder und Rekonstruktionszeichnungen, die immer schon Ergebnisse historischer (Re-)Konstruktion und Synthese sind.[29] Zur zweiten Gruppe gehören in aller Regel auch die präsentierten Karten, Diagramme, Tabellen und Statistiken.[30] Sieht man einmal von Bildreihen und besonders elaborierten Statistiken oder Karten ab, so zeichnen sich visuelle Materialien zumeist dadurch aus, dass sie keine zeitlichen Veränderungen darstellen können und daher immer erst in narrative Strukturen überführt werden müssen. Besonders wichtig ist, Schülerinnen und Schüler genau für den Quellen- oder Darstellungscharakter der jeweiligen Materialien zu sensibilisieren. So sollten Geschichtskarten immer bezüglich ihrer thematischen und räumlichen Reduktion, aber auch hinsichtlich deutender Sprachelemente analysiert werden.[31] Ebenso müssen Statistiken, die oft pauschal als historische Quellen missverstanden werden, auf ihre Zuverlässigkeit und Darstellungsinteressen hin überprüft werden. Geschieht dies nicht, erliegt man schnell – eher noch als bei der Konfrontation mit Historikerzitaten und Textquellen – der Illusion unanfechtbarer Objektivität, ohne mögliche Lücken, Verzerrungen oder Perspektivierungen freizulegen.

Dass bildliche Materialien keineswegs nur der Illustration dienen sollen, ist mittlerweile eine Binsenweisheit. Diese Forderung stellt Schulbuchautoren, Lehrer und Schüler jedoch gleichermaßen vor Probleme.

---

28 Vgl. dazu Monika Rox-Helmer: Jugendbücher im Geschichtsunterricht. Schwalbach/Ts. 2006.

29 Vgl. Michael Sauer: Bilder im Geschichtsunterricht. Typen, Interpretationsmethoden, Unterrichtsverfahren. 3. Aufl. Seelze-Velber 2007, und für eine Teilgruppe von Bildern Hans-Jürgen Pandel: Bildinterpretation. Die Bildquelle im Geschichtsunterricht. Bildinterpretation I. Schwalbach/Ts. 2008, S. 9 ff. (zum Bildbegriff).

30 Wenn es sich nicht um historische Quellen handelt, was aber recht selten der Fall ist.

31 Vgl. den Unterrichtsvorschlag von Rainer Bendick: Nationale Geschichtsbilder. Der Versailler Vertrag in deutschen und französischen Schulgeschichtskarten. In: Praxis Geschichte H. 4/1999, S. 46-50.

Denn eine angemessene Bildinterpretation ist ein anspruchsvolles kulturelles Decodierungsverfahren, das nicht nur die Beschreibung der Bildkomposition und die Untersuchung des historischen Entstehungskontexts umfasst, sondern auch ausgeprägte ikonographische Kompetenz voraussetzt. Wer z. B. bei der in vielen Schulbüchern[32] abgedruckten Bilderreihe „Michel und seine Kappe im Jahre 48" (Abb. 2) nicht imstande ist, die im ersten Bildteil an Michels Mütze angebrachte Kokarde zu erkennen und v. a. als solche zu benennen, wird dieses Element – trotz möglicherweise vorhandener lexikalischer Hilfsmittel – auch nicht als Revolutionssymbol interpretieren können und die Karikatur daher historisch nur unzureichend erschließen. Einige Schulbuchautoren haben sich daher für umfangreiche Legenden entschieden, um Schülerinnen und Schülern in jedem Fall ein angemessenes Bildverständnis zu ermöglichen. Für die unterrichtliche Verwendung kann das allerdings problematisch sein. Denn manche Materialien sind so detailliert beschriftet, dass sie kaum noch Fragen aufwerfen. Als Lehrer kann man sie deshalb weder in der Einstiegs- noch in der Erarbeitungsphase des Unterrichts sinnvoll einsetzen. In gewisser Hinsicht verlieren sie dadurch ihre Funktion als „Auslöser historischen Denkens".[33]

Abb. 2: „Michel und seine Kappe im Jahr 48". Original in: Eulenspiegel Nr. 13, 24. 3.1849, S. 51.

32 U.a. in Hans-Jürgen Lendzian/Wolfgang Mattes (Hrsg.): Zeiten und Menschen. Bd. 3. Paderborn 2001, S. 200.

33 Vgl. Klaus Bergmann: „... so ist das Bild immer notwendig ein beschränktes" – historisches Denken durch Bilder. In: Gerhard Schneider (Hrsg.): Die visuelle Dimension des Historischen. Hans-Jürgen Pandel zum 60. Geburtstag. Schwalbach/Ts. 2002, S. 9-20, Zitat S. 14.

Die beschriebene Problematik hängt nicht zuletzt mit der bereits erwähnten Tatsache zusammen, dass die meisten Schulgeschichtsbücher heute Lehr- und Arbeitswerke zugleich sind. Insofern ist die Forderung, diese Einheit aufzugeben und durch zwei eigenständige Elemente zu ersetzen, zwar durchaus diskutabel; aber sie wird sich auf dem Schulbuchmarkt aus unterschiedlichen Gründen kaum durchsetzen.

Konzeptionell anspruchsvoller wäre eine für jedes Einzelkapitel genau durchdachte intertextuelle Feinabstimmung von Darstellungsteil und Bildmaterialien. Letztere müssten dann ganz gezielt danach ausgesucht werden, dass sie z. B. entweder Untersuchungsfragen aufwerfen oder den Verfassertext aspektgeleitet vorstrukturieren. Für das Kapitel „Die Ideologie des Nationalsozialismus" ist das in einem Schulbuch vergleichsweise gut gelungen.[34] Eine andere Möglichkeit bestünde darin, dass Schulbuchmacher im Darstellungsteil Informationen so geschickt arrangieren, dass deren kombinierende Auswertung die Entschlüsselung bestimmter Bildmaterialien zu einem motivierenden Rätsel macht.

Den dritten Baustein des Arbeitsteils bilden die *Arbeits-* bzw. *Portfolioaufträge*. Während Arbeitsaufträge inzwischen zum gängigen Inventar aller Unterrichtswerke gehören, werden Portfolioaufträge bislang nur von wenigen Schulbuchautoren formuliert.[35] Charakteristisch für letztere ist, dass sie nicht nur auf deklaratives Wissen, d. h. historisches Gegenstandswissen, abzielen. Ein Portfolio, so Alexandra Binnenkade und Peter Gautschi, „erzählt die Geschichte des Lernens, veranschaulicht den Lernprozess und den Leistungsstand der Schülerinnen und Schüler." Vor allem regt es „zur metakognitiven Verarbeitung des Lernprozesses, also zum Nachdenken über das Erarbeitete, an."[36] Peter Adamski zufolge dokumentiert ein Portfolio „relativ schonungslos alle Schwächen des Lehr-/Lernarrangements, gibt aber zugleich […] Vertrauen erweckende Rückmeldungen über Lehr- und Lernfortschritte."[37] Es ist also nicht nur für Lerner, sondern vor allem auch für Lehrer von großer Bedeutung. Portfolio- und klassische Arbeitsaufträge verbindet,

34 Vgl. Hans-Jürgen Lendzian (Hrsg.): Zeiten und Menschen. Geschichte Oberstufe. Bd. 2. Paderborn 2006, S. 101-104.

35 Vgl. z. B. Barbara Bonhage u. a. (Hrsg.): Hinschauen und Nachfragen. Die Schweiz und die Zeit des Nationalsozialismus im Licht aktueller Fragen. 2. Aufl. Zürich 2006.

36 Alexandra Binnenkade/Peter Gautschi: Didaktisches Konzept des Lehrmittels ‚Menschen in Zeit und Raum'. Das Theoriekonzept von „FUER Geschichtsbewusstsein" als Horizont. In: Zeitschrift für Geschichtsdidaktik 2 (2003), S. 197-212, Zitat S. 203 f.

37 Peter Adamski: Portfolio im Geschichtsunterricht. Leistungen dokumentieren – Lernen reflektieren. In: Geschichte in Wissenschaft und Unterricht 54 (2003), S. 32-50, Zitat S. 50.

dass beide zur Auswertung und Interpretation von Darstellungs- und Quellenmaterialien veranlassen und diese in unterschiedlichem Maße auch bereits vorstrukturieren.

Einige Geschichtsdidaktiker stellen die manchmal provokativ formulierte Frage, ob man in Schulbüchern auf den Abdruck von Fragen bzw. Arbeitsaufträgen nicht ganz verzichten sollte. Das würde nicht nur eine Menge Platz sparen, der sich womöglich besser nutzen ließe, sondern könnte auch lerntheoretisch sinnvoll sein. Denn zum einen ist die Annahme, moderne Schulbücher seien als Selbstlernbücher konzeptionalisierbar, eher unrealistisch.[38] Wenn aber Schülerinnen und Schüler Arbeitsaufträge nicht selbständig nutzen, dann könnten es Schulbuchautoren auch den Lehrern überlassen, sie im Bedarfsfall selbst zu formulieren. Zum anderen besteht ein zentrales Anliegen des Geschichtsunterrichts in der Förderung historischer Fragekompetenz. Brigitte Dehne hat Schülerfragen in normativer Hinsicht zu Recht als „konstitutives Element des Geschichtsunterrichts" bezeichnet.[39] Insofern wäre es ein erstrebenswertes, wenn auch sehr hochgestecktes Ziel, dass Schülerinnen und Schüler allmählich selbst lernen, sinnvolle Fragen und Arbeitsaufträge zu entwickeln. Nicht erst im Studium zeigt sich, dass diese Fähigkeit zwar enorm wichtig, häufig aber gering ausgeprägt ist.

Dennoch haben sich Arbeitsaufträge in Schulgeschichtsbüchern seit den 1960er Jahren immer mehr durchgesetzt, weil sie in der Praxis wohl als Erleichterung für die Unterrichtsplanung und -durchführung empfunden werden. Damit diese Arbeitserleichterung aber nicht vollkommen zu Lasten des Unterrichtsniveaus geht, müsste der Formulierung von Arbeitsaufträgen z. T. deutlich mehr Aufmerksamkeit gewidmet werden als bisher.[40]

38 Zu Recht kritisch ist Pandel, Schulbuch (wie Anm. 6), S. 26, normativ argumentiert dagegen Sauer, Geschichte unterrichten (wie Anm. 22), S. 220, wenn er schreibt, dass „das moderne Schulbuch im Grunde als Selbstlernbuch konzipiert ist: Es ist gegenüber der Lehrkraft gleichsam autark, deren Beteiligung ist nicht vorgesehen, das Schulbuch [...] macht gleichsam Unterricht überflüssig bzw. gibt ihm seine Struktur vor."

39 Vgl. Brigitte Dehne: Schülerfragen als konstitutives Element des Geschichtsunterrichts. In: Geschichte in Wissenschaft und Unterricht 51 (2000), S. 661-680.

40 Vgl. Rüsen, Schulbuch (wie Anm. 22), S. 244. Zu Arbeitsaufträgen bzw. Lernaufgaben als „Schlüsselfaktor für guten Geschichtsunterricht" vgl. u. a. Peter Gautschi: Guter Geschichtsunterricht. Grundlagen, Erkenntnisse, Hinweise. Schwalbach/Ts. 2009, S. 246 ff. Zur folgenden Typologie vgl. die Zusammenstellung von Birgit Wenzel: Aufgaben im Geschichtsunterricht. In: Hilke Günther-Arndt (Hrsg.): Geschichts-Methodik. Handbuch für die Sekundarstufe I und II. Berlin 2007, S. 77-86, S. 78. Die dort vorgenommene Fehlertypisierung ist gut, aber nicht vollständig.

Ärgerlich ist, dass manche Aufträge überhaupt keine sind. Diesen *Typus* könnte man schlicht als *Mogelpackung* bezeichnen. Es handelt sich bestenfalls um mehr oder weniger sinnvolle Anregungen bzw. Fragen, denen aber jeder Operationalisierungsansatz fehlt. Schüler, die solche Aufträge lesen, bleiben erfahrungsgemäß untätig vor ihnen sitzen, weil sie nicht wissen, was eigentlich genau von ihnen erwartet wird. Ein Beispiel dafür ist folgender Auftrag aus einem Schulbuch für die Sekundarstufe I, der dem Kapitel über „Herrschaft und Religion" im alten Ägypten entnommen ist: „Überlege, wie sich der Totenkult der Ägypter auf das tägliche Leben ausgewirkt haben könnte."[41] Und in einem anderen Schulbuch lautet ein „Arbeitsauftrag" zur Schrift der Ägypter: „Die Ägypter betrachteten die Hieroglyphen als ein kostbares Geschenk des Gottes der Weisheit. Kannst du dies erklären (VT, M1)?"[42] Hier könnte, um es scharf zu formulieren, die Antwort „Ja" oder „Nein" lauten.

Ein weitaus größeres Problem jedoch besteht im Anforderungsprofil einiger Arbeitsaufträge. Ein Teil von ihnen, der sich als *Unterforderungstyp* charakterisieren lässt, ist derart banal, reproduktiv oder sogar ahistorisch angelegt, dass die erwartbaren Schülerantworten dem didaktischen Anspruch, Geschichte zu konstruieren, nicht einmal annähernd gerecht werden können. So werden Schülerinnen und Schüler am Ende eines Darstellungstextes zur „Bedeutung des Korea-Krieges" beispielsweise aufgefordert zu erklären, was man unter einem Stellvertreterkrieg versteht, nachdem sie zunächst folgenden Passus dazu lesen konnten: „[…] Der Korea-Krieg war der erste in einer Reihe von Stellvertreterkriegen, welche der Ost-West-Konflikt hervorbringen sollte: Die Konfliktgegner kämpften nicht direkt gegeneinander; sie trugen ihren Streit stellvertretend in einem anderen Land aus, in dem sie um die Festlegung ihrer Einflusssphären Krieg führ[t]en […]".[43] In diesem Fall könnte man die bereits vorliegende Definition auch einfach abschreiben.

Andere Arbeitsaufträge dagegen – häufig solche, die zur historischen Urteilsbildung anregen sollen – sind geradezu dysfunktional, weil eine adäquate Bearbeitung auf der Grundlage des im Schulbuch zur Verfügung gestellten Quellen- und Darstellungsmaterials kaum möglich ist. Das ist der *Typus des Verwirrspiels*. Ein besonders prägnantes Beispiel

41 Hans-Otto Regenhardt (Hrsg.): Forum Geschichte. Bd. 1: Von der Urgeschichte bis zum Ende des Römischen Reiches. Berlin 2000, Zitat S. 61.

42 Ernst Klett Schulbuchverlag (Hrsg.): Geschichte und Geschehen A1. 2. Aufl. Leipzig 2005, Zitat S. 51.

43 Hans-Jürgen Lendzian/Wolfgang Mattes (Hrsg.): Zeiten und Menschen. Bd. 4. Paderborn 2002, Zitat S. 179.

dafür ist folgender Arbeitsauftrag, der ausschließlich auf der Grundlage einer Modellabbildung eines Entwurfes von Peter Eisenman für das Berliner Holocaust-Denkmal erledigt werden soll: „Bewerte M3 (die Entwurfsabbildung, die Verf.) als Beispiel für eine ‚Kultur der Erinnerung'."[44] Abgesehen davon, dass es diesem Arbeitsauftrag an Ergebnisoffenheit mangelt, wird den Schülerinnen und Schülern hier weder erklärt, was mit dem Begriff „Kultur der Erinnerung" gemeint ist, noch stellt man ihnen mögliche Bewertungskriterien zur Verfügung. Und auch vergleichendes Bildmaterial fehlt komplett. Die Entwicklung eigener Beurteilungsmaßstäbe ist also kaum möglich, die Erfüllung des Auftrags ausgeschlossen.

Ein letzter *Typus* schließlich, der sich häufiger in Schulbüchern für die Unter- und Mittelstufe finden lässt, zielt auf *Aktionismus*, d. h. auf eine platte und fachdidaktisch kaum fundierte Handlungsorientierung, die mit Geschichte jedenfalls nichts zu tun hat. Ein Beispiel dafür ist folgender Auftrag zu einem bekannten Quellenausschnitt aus Herodots Historien: „Stellt die Auswanderung (M1) in einem Rollenspiel dar. Wählt dazu folgende Szenen aus: Befragung der Pythia, Reisevorbereitung, Abschied, Rückkehr nach Thera und Landung in Libyien."[45] Noch fragwürdiger ist ein Projektauftrag unter dem Titel „Versteinerung im Zeitraffer – Wir stellen selbst Fossilien her".[46]

Insgesamt machen die dargestellten Beispiele folgendes deutlich: Für Lehrerinnen und Lehrer kann es durchaus sinnvoll sein, die in Schulbüchern abgedruckten Arbeitsaufträge zunächst einmal selbst zu bearbeiten, bevor ihre Schüler daran verzweifeln. Vielfach ist es ausreichend, passende Operatoren zu verwenden und Präsentationsanforderungen zu ergänzen (z. B. vergleicht schriftlich …; stellt in Form eines Schaubildes visuell dar …; beurteilt, indem ihr …) oder die Akzentsetzung des Arbeitsauftrages zu verändern. In anderen Fällen kommt es darauf an, weiteres Material zur Verfügung zu stellen, oder – was oft besser ist – man gibt Schülerinnen und Schülern die Gelegenheit zur eigenständigen vertiefenden Recherche. Ein solches Verfahren wird im Schulalltag ohnehin vielfach praktiziert, zumal es insgesamt kaum ratsam ist, den gesamten Geschichtsunterricht ausschließlich mit dem Medium Schul-

44 Hans-Otto Regenhardt/Claudia Tatsch (Hrsg.): Forum Geschichte. Bd. 4: Vom Ende des Ersten Weltkriegs bis zur Gegenwart. Berlin 2003, Zitat S. 131.

45 Dieter Brückner/Harald Focke (Hrsg.): Das waren Zeiten. Bd. 1: Von den Frühmenschen zur Ständegesellschaft. Bamberg 2008, Zitat S. 61. Falsche Schreibweise im Original.

46 Hans-Jürgen Lendzian/Wolfgang Mattes (Hrsg.): Zeiten und Menschen. Bd. 1. Paderborn 1999, Zitat S. 31.

buch abzudecken.[47] Denn das wäre trotz aller Veränderungen und z. T. auch Verbesserungen, die Schulgeschichtsbücher in den vergangenen Jahrzehnten erfahren haben, einigermaßen phantasielos und monoton.

Abschließend noch ein paar kurze Anmerkungen zu den bereits erwähnten *Lernzielangaben*, die offenbar teilweise wieder in Mode kommen. Wenn sie in enger Verzahnung zu curricularen Vorgaben stehen, bedeuten sie für Lehrerinnen und Lehrer im Unterrichtsalltag sicher eine Arbeitserleichterung. Auch für Schüler kann es hilfreich sein, am Ende eines Kapitels eine Rubrik mit der Überschrift „Was war wichtig?“[48], „Geschichte im Überblick“[49] oder „Zusammenfassen, Üben und Darstellen/Klausurtraining“[50] zu finden. Bei diesen Angeboten handelt es sich im Grunde um nachgereichte Lernzielangaben, die man einerseits durchaus befürworten kann, weil sie u. a. mit Blick auf Tests, Klausuren und Zentralabitur ein Mindestmaß an Orientierungssicherheit bieten. Andererseits sollte man aber auch nicht unterschätzen, dass eine explizite Ausweisung von Lernzielen ein hohes Maß an Fremdsteuerung bedeutet, wodurch die Autonomie von Lernern und Lehrern beträchtlich eingeschränkt wird. Das ist möglicherweise ein Trend, der durch (falsch verstandene?) Kompetenz- und Standardorientierung an Ausprägung zunimmt; aber er wird zweifelsohne auch dazu führen, dass eigene Relevanzüberlegungen, die im Sinne der Wissenschaftsorientierung zumindest in der Sekundarstufe II unverändert wichtig bleiben, bei Schülerinnen und Schülern noch mehr an Bedeutung verlieren. Diese Tendenz ist dadurch, dass Schulbücher durch die Auswahl- und Reduktionsleistung ihrer Verfasser generell schon erheblich vorstrukturiert sind, ohnehin ausgesprochen stark.

4.4 Paratextuelle Elemente

Von allen paratextuellen Schulbuchelementen hat das *Layout* in den vergangenen Jahrzehnten die wohl stärksten Veränderungen erfahren. Anders als bei früher publizierten Unterrichtswerken kann man an den meisten Schulgeschichtsbüchern, die seit den 1990er Jahren auf den Markt gekommen sind, immer mehr ablesen, dass ihre Verleger, Herausgeber und Autoren (fast) alles unternehmen, um dem Eindruck der Monotonie entgegenzuwirken. Das hängt zweifelsohne damit zu-

---

47 Vgl. Rohlfes, Schulgeschichtsbücher (wie Anm. 3), S. 463.

48 Dieter Brückner/Harald Focke (Hrsg.): Das waren Zeiten. Bd. 1: Von den Frühmenschen zur Ständegesellschaft. Bamberg 2008, z. B. S. 52 f.

49 Florian Osburg u. a. (Hrsg.): Expedition Geschichte. Bd. 1. Frankfurt/M. 2001, z. B. S. 32 f.

50 Hans-Jürgen Lendzian (Hrsg.): Zeiten und Menschen. Geschichte Oberstufe. Bd. 1. Paderborn 2007, z. B. S. 44 f.

sammen, dass Schulbücher im Allgemeinen in einer größer werdenden Konkurrenz zu den so genannten neuen Medien stehen und dass Schülerinnen und Schüler bezüglich des Layouts sicherlich ausgesprochen professionelle und d. h. reizverwöhnte Mediennutzer sind.

Allerdings wird immer wieder zu Recht darauf hingewiesen, dass andere Medien dem Schulbuch im Wettlauf um die attraktivste optische Gestaltung ohnehin überlegen sind. Schulbuchmacher sollten sich daher die Frage stellen, ob sie das Kerngeschäft nicht manchmal stärker in den Mittelpunkt rücken müssten. Die Ziele dieses Kerngeschäfts skizziert Rohlfes folgendermaßen: „eine konsistente und übersichtliche Ordnung der Lerninhalte; ein auf die altersspezifischen Fähigkeiten und Interessen zugeschnittenes Stoffangebot; eine sinnvolle Dosierung der Lernanforderungen; methodisch einfallsreiche Lernanleitungen."[51] Wenn es gelingt, diese Punkte qualitätsvoll zu füllen, sind die Lehrbücher dort ohne Konkurrenzdruck.

Während paratextuelle Elemente wie *Glossar* und *Register* in den vergangenen Jahren kaum Veränderungen erfahren haben, ist der Umfang der *Methodenteile* – z. T. auf Kosten anderer Schulbuchbausteine – ganz erheblich ausgeweitet worden. Diese Methodenteile sollen dazu beitragen, den Schülerinnen und Schülern bestimmte (historische) Arbeitsweisen zu vermitteln. Das ist zwar prinzipiell ein wichtiges Lernziel; ob aber der vielfach beschrittene Weg dorthin der richtige ist, sollte durchaus diskutiert werden. Zum einen stellt sich nämlich die Frage, ob es notwendig ist, z. B. für Bildgattungen wie Karikaturen, Plakate und Fotografien jeweils eine eigene „Methodenbox" einzurichten,[52] oder ob sich nicht manches, um Platz zu sparen, in einer auf eine ganz bestimmte Lernmethode abzielenden gemeinsamen Einheit zusammenfassen ließe. Wiederholungen und quellenspezifische methodische Vertiefungen könnte man dann in die Verantwortung des Lehrers stellen. Zum anderen verwenden einige Schulbücher auch Raum für die Vermittlung von Methoden, die nicht zum eigentlichen Handwerkszeug eines Historikers dazugehören, so z. B. für die Durchführung eines Gruppenpuzzles.[53] Solche Methodenseiten sind in Schulgeschichtsbüchern nicht zwingend. Und zum Dritten besteht in der Ausbreitung expliziter Methodenseiten die Gefahr, dass der Anteil induktiven Methodenlernens im Unterricht zurückgeht. Mit anderen

---

51 Joachim Rohlfes: Geschichte und ihre Didaktik. 3., erw. Aufl. Göttingen 2005, Zitat S. 311.

52 Vgl. die Übersicht bei Hans-Jürgen Lendzian/Wolfgang Mattes (Hrsg.): Zeiten und Menschen. Bd. 4. Paderborn 2002, S. 7.

53 Ein Beispiel dafür ist Ernst Klett Schulbuchverlag (Hrsg.): Geschichte und Geschehen. Neuzeit. Sekundarstufe II. Leipzig 2006, S. 12.

Worten: Je mehr historische Methodenseiten ein Schulgeschichtsbuch aufweist, umso weniger müssen Schülerinnen und Schüler selbst darüber nachdenken, worauf es z. B. bei der Interpretation einer Karikatur in besonderer Weise ankommt. Eigenständigkeit und Kreativität gehen so bis zu einem gewissen Grad möglicherweise verloren.

Insgesamt kann man daher einerseits die Frage stellen, ob der Anteil der Paratexte in heutigen Schulgeschichtsbüchern zugunsten zentraler, d. h. geschichtskonstitutiver Bausteine nicht doch wieder reduziert werden sollte. Andererseits sei abschließend und mit Blick auf die im siebten Kapitel vorzustellenden Methodenfiguren allerdings auch eine konträre Fragerichtung angedeutet, die Pandels Terminologie grundsätzlich in Zweifel zieht. So naheliegend es ist, vor allem beim Layout von einem paratextuellen Schulbuchelement zu sprechen, so problematisch kann diese Begrifflichkeit bei den anderen erwähnten Elementen sein. Wenn man Register und vor allem Glossar methodisch nämlich wirklich ernst nimmt, heuristisch nutzt und z. B. Definitionen im Glossar kritisch analysiert und in einen problemlösenden Unterricht integriert, dann sind sie keine Paratexte mehr, sondern „Metatexte“, die zum Kern jedes Schulgeschichtsbuchs wesentlich dazugehören.[54] In dem Maße, in dem die Bedeutung prozeduralen und strategischen Wissens zunimmt, gilt das mindestens ebenso sehr für Methodenseiten, über deren quantitative Gewichtung man auch weiterhin grundsätzlich diskutieren kann.

Nimmt man alle vorgestellten und erörterten Bausteine des Geschichtslehrbuches zusammen, dann ergibt sich folgende Struktur (Abb. 3):

54 Bodo von Borries: Schulbuch-Gestaltung und Schulbuch-Benutzung im Fach Geschichte. Zwischen empirischen Befunden und normativen Überlegungen. In: Saskia Handro/Bernd Schönemann (Hrsg.): Geschichtsdidaktische Schulbuchforschung (Zeitgeschichte – Zeitverständnis, Bd. 16). Berlin 2006, S. 39-51, hier S. 43 f., Zitat S. 44.

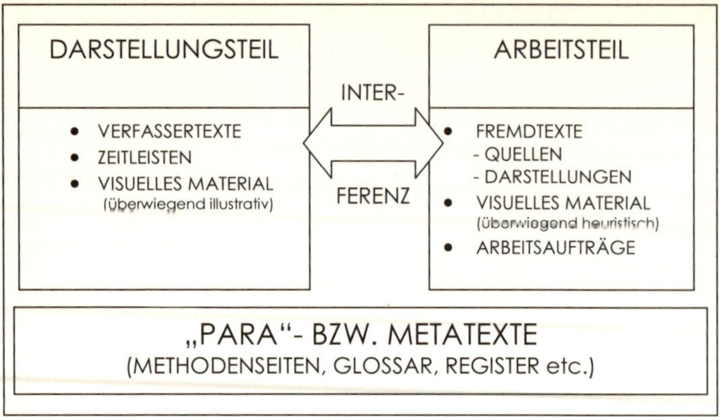

Abb. 3: Bausteine heutiger Schulgeschichtsbücher

5. Produktion und Distribution: Der Weg des Schulbuchs vom Verlag auf den Schultisch

Schulbuchautoren sind nicht zu beneiden.[1] Diesen Eindruck gewinnt jedenfalls, wer einigen profilierten Selbstaussagen glaubt, die an Schärfe nichts zu wünschen übrig lassen.[2] Aber auch wenn man mit den Einlassungen „armer"[3] Schulbuchautoren zurückhaltend umgeht, kann kein Zweifel daran bestehen, dass sie vor einer sehr komplexen Aufgabe stehen. Denn zum einen sind sie mit den oft unvereinbaren Wünschen ganz verschiedener Interessengruppen konfrontiert, zum anderen müssen sie eine Aufgabe mit vielen Unbekannten lösen.

5.1 Unbekannte Adressaten und unterschiedliche Interessengruppen

Zunächst zu den Unbekannten: Das sind trotz einiger empirischer Untersuchungen in erster Linie Lehrer und Schüler, also gerade die Hauptadressaten von Schulgeschichtsbüchern. Wie sie mit bestimmten Lehrwerken im Unterricht umgehen, wie sie mit ihrer Hilfe lehren und lernen, müsste wesentlich genauer erforscht werden.[4] Auch welche Anforderungen Lehrer und Schüler an ein gutes Schulbuch stellen,

---

1 Die folgenden Ausführungen beziehen sich im Wesentlichen auf den deutschen Schulbuchmarkt. Zur (Forschungs-)Situation in anderen Ländern vgl. K. Peter Fritzsche (Hrsg.): Schulbücher auf dem Prüfstand. Perspektiven der Schulbuchforschung und Schulbuchbeurteilung in Europa (Studien zur internationalen Schulbuchforschung, Bd. 75). Frankfurt/M. 1992; Charlotte Bühl-Gramer: Rahmenbedingungen der Schulbuchproduktion in Italien. In: Saskia Handro/Bernd Schönemann (Hrsg.): Geschichtsdidaktische Schulbuchforschung (Zeitgeschichte – Zeitverständnis, Bd. 16). Berlin 2006, S. 283-295; Hans-Ulrich Grunder/Patrick Wuelser: Zwischen staatlicher Kontrolle und freiem Markt – zur Lehrmittelproduktion in der Schweiz. In: Internationale Schulbuchforschung 18 (1996), S. 229-240; zur Schweiz vgl. im Übrigen die Arbeiten von Peter Gautschi.

2 Vgl. v. a. Joachim Rohlfes: Die staatliche Prüfung und Zulassung von Schulbüchern: ein notwendiges Ärgernis? In: Geschichte in Wissenschaft und Unterricht 33 (1982), S. 599-608, und Lola Klemenz: „Ware Geschichtsschulbuch". Wie „Geschichte" in die Schulbücher kommt. In: Praxis Geschichte H. 2/1997, S. 60-62.

3 So die Selbstbezeichnung bei Joachim Rohlfes: Politische und didaktische Tugendwächter. Warum unsere Schulbuch-Gutachter mehr Zurückhaltung üben sollten. In: Geschichte in Wissenschaft und Unterricht 49 (1998), S. 157-164, Zitat S. 160.

4 Vgl. die eher vagen Aussagen bei Peter Gautschi/Daniel V. Moser/Kurt Reusser/Pit Wiher: Geschichtsunterricht heute – Einleitung und Überblick über die Hauptergebnisse der Studie. In: Dies. (Hrsg.): Geschichtsunterricht heute. Eine empirische Analyse ausgewählter Aspekte. Bern 2007, S. 9-20, hier S. 17; vgl. Jan Hodel/Monika Waldis: Sichtstrukturen im Geschichtsunterricht – die Ergebnisse der Videoanalyse. In: Ebd., hier S. 138.

wurde bislang nicht differenziert genug untersucht.[5] Ob Schulbuchautoren den Wünschen ihrer Adressaten gerecht werden, ist trotz vereinzelter Probeläufe deshalb in der Breite zunächst unklar und erst dann relativ verlässlich zu sagen, wenn Erfolg oder Misserfolg eines Schulgeschichtsbuches durch Verkaufszahlen messbar werden.[6] Dass Schulbuchverfasser nicht nur als Autoren, sondern zugleich auch als Lehrer *und* Hochschullehrer tätig sind und somit die Qualität ihres Produkts bereits in der Entwicklungsphase durch die Verbindung unterschiedlicher Perspektiven vergleichsweise realistisch beurteilen können, ist indes eher die Ausnahme.[7]

Relativ belastbares Erfahrungswissen gibt es dagegen über vier verschiedene Interessengruppen, die z. T. sehr nachdrücklich auf den Prozess der Entwicklung, Zulassung und Vermarktung von Schulgeschichtsbüchern einwirken. *Erstens* ist hier die historische Forschung zu nennen, deren Einfluss man zwar nicht überschätzen sollte,[8] die jedoch an einem soliden Wissenstransfer in die Praxis interessiert ist und diesen auch anmahnt. Geschichtswissenschaftlicher Bewertungsmaßstab ist der historische Forschungsstand, dessen epochaler, sektoraler, disziplinärer und methodischer Komplexität jedoch kein Schulbuch gerecht werden kann. *Die zweite Interessengruppe* sind die angeblich „praxisfernen“ Geschichtsdidaktiker, denen immer wieder vorgeworfen wird, sie gingen von einem „erträumten Idealzustand“ aus.[9] Folgt man dieser realitätsfernen Pauschalschelte, die schon deshalb fragwürdig ist, weil manche Schulbuchautoren im Hauptberuf Universitätsdidaktiker sind, dann muss unter ihren kritischen Augen jede Schulbuchbegutachtung

5 Vgl. jedoch Bodo von Borries/Andreas Körber/Johannes Meyer-Hamme: Reflexiver Umgang mit Geschichts-Schulbüchern? Befunde einer Befragung von Lehrern, Schülern und Studierenden 2002. In: Zeitschrift für Geschichtsdidaktik 2 (2003), S. 114-136, hier S. 114ff. Deutlich wird, dass zwischen geschichtsdidaktischen Normen und dem Schulbuchideal von Schülern und Lehrern große Unterschiede bestehen können.

6 Allerdings sind direkte Rückschlüsse vom Verkaufserfolg auf die Zufriedenheit der Schulbuchnutzer problematisch.

7 Vgl. Peter Gautschi: Geschichtslehrmittel: Wie sie entwickelt werden und was von ihnen erwartet wird. In: Zeitschrift für Geschichtsdidaktik 5 (2006), S. 178-197, hier S. 191.

8 In einer Vorbemerkung der Herausgeber zu einem Brief von Karl-Ernst Jeismann: Begutachtung und Zulassung von Schulbüchern. Ein kritischer Brief. In: Geschichte in Wissenschaft und Unterricht 38 (1987), S. 105-107, hier S. 105, ist gar von einer „Präzeptorrolle“ die Rede, in der sich „viele“ fachwissenschaftliche, aber auch fachdidaktische Gutachter gefielen.

9 Vgl. z. B. in einem anderen Kontext Rainer Bölling: Richtlinieninflation im 20. Jahrhundert. In: Geschichte in Wissenschaft und Unterricht 57 (2006), S. 534-539, Zitate S. 538.

zur absoluten Defizitanalyse werden. *An dritter Stelle* sind die von den jeweiligen Ministerien eingesetzten Gutachter zu nennen. Ihr Einfluss ist kaum zu überschätzen, denn sie sind für die Prüfung der Lehrplan- und Richtlinienkonformität neuer Unterrichtswerke zuständig. Besteht ein Schulbuch diese Prüfungen, denen oft ein eklatanter Mangel an Transparenz vorgeworfen wurde,[10] nicht, dann dürfen die Verlage es so nicht auf den Markt bringen. Weil Schulpolitik Ländersache ist, sind für bestimmte Bundesländer auch eigene Schulbuchausgaben notwendig. Insgesamt ist daher von einer starken regionalen Fragmentierung des Schulbuchmarktes und einem großen verlegerischen Mehraufwand auszugehen, der durch die curricularen Konsequenzen der laufenden Kompetenzdebatte noch zunimmt.[11] *Die vierte Interessengruppe* schließlich bilden die Verlage. Aufgrund eines hart umkämpften Schulbuchmarktes sowie einer uneinheitlichen und wechselnden Schulpolitik stehen sie vor einer großen Herausforderung, angesichts derer vor allem die Kriterien der rechtzeitigen Produktion und der erzielten Verkaufszahlen über den „Wert“ eines Schulbuches entscheiden. Jeder Schulbuchautor befindet sich also in einem Konflikt zwischen den mutmaßlichen Wünschen seiner schulischen Adressaten, den vermeintlichen oder tatsächlichen Forderungen des geschichtswissenschaftlichen oder geschichtsdidaktischen Elfenbeinturms, den normativen Vorgaben der Kultusbürokratie und dem marktorientierten Profitdenken des eigenen Verlages.

Wie wird dieser Konflikt in der Praxis gelöst? Wie kann man sich die Entwicklung, Zulassung und Vermarktung neuer Unterrichtswerke im Einzelnen vorstellen? Und welche geschichtsdidaktischen Konsequenzen lassen sich aus einer genaueren Kenntnis dieser Vorgänge ziehen? Zunächst muss man feststellen, dass die Beantwortung dieser Fragen nach wie vor nur zurückhaltend erfolgen kann. Denn trotz einiger relevanter Publikationen[12] sind empirisch gesättigte Studien Mangelware. Die geschichtsdidaktische Schulbuchforschung ist sich dieser Defizite

---

10 Vgl. Jeismann, Begutachtung und Zulassung (wie Anm. 8), S. 106; Rohlfes, Politische und didaktische Tugendwächter (wie Anm. 3), S. 157, der von Entscheidungen „hinter verschlossenen Türen“ spricht.

11 Vgl. den Erfahrungsbericht von Björn Opfer: Zwischen Markt, Politik und Wissenschaft. Wie entsteht ein Schulbuch für die gymnasiale Oberstufe? In: Martin Clauss/Manfred Seidenfuß (Hrsg.): Das Bild des Mittelalters in europäischen Schulbüchern (Geschichtsdidaktik in Vergangenheit und Gegenwart, Bd. 5). Berlin 2007, S. 117-124.

12 Vgl. u. a. Fritzsche, Schulbücher auf dem Prüfstand (wie Anm. 1); Gerd Stein: Immer Ärger mit den Schulbüchern – Ein Beitrag zum Verhältnis zwischen Pädagogik und Politik (Brennpunkte der Bildungspolitik, Bd. 1). Stuttgart 1979; Bernard Tewes (Hrsg.): Schulbuch und Politik – Unterrichtsmedien im Spannungsfeld politischer Interessen. Paderborn u. a. 1979; Horst Schallenberger

zwar bewusst, hat aber einige Forschungsfelder bislang nicht ausreichend bestellen können. Heike Hessenauer skizziert in Anlehnung an Peter Weinbrenner[13] sechs Dimensionen prozessorientierter Schulbuchforschung, von denen vor allem die dritte, vierte und sechste bisher so gut wie gar nicht beachtet worden sind: „1. Entwicklung des Schulbuchs durch Autoren und Verlag, 2. Zulassungs- und Genehmigungsverfahren, 3. Vermarktung des Schulbuchs, 4. Einführung des Schulbuchs in die Schule, 5. Verwendung inner- und außerhalb des Unterrichts durch Schüler, Lehrer, Eltern, 6. Aussonderung und Vernichtung des Schulbuchs."[14] Für unseren Kontext sind die ersten vier Schritte relevant. Sie sollen daher mit den notwendigen methodischen Vorbehalten im Folgenden kurz charakterisiert werden.

5.2 Schulbuchentwicklung

Initiatoren der Schulbuchentwicklung sind in Deutschland im Regelfall die Verlage.[15] Ausschlaggebend für eine solche Initiative sind dabei vor allem geplante Veränderungen im Bereich der Lehrpläne, fachdidaktische und fachwissenschaftliche Innovationen sowie Analysen des Schulbuchmarktes, die sich auf die vorliegenden Konkurrenzprodukte beziehen. Gerade dann, wenn die Entscheidung zur Entwicklung eines neuen Lehrwerks – wie vor kurzem in Nordrhein-Westfalen – in erster Linie auf die Einführung neuer Kernlehrpläne und die Verkürzung der Gymnasialzeit zurückzuführen ist, ist große Eile geboten, um eine erwartbare Nachfrage nach adäquaten Schulgeschichtsbüchern zügig beantworten und damit die eigenen Verkaufschancen optimieren zu können. Das hat zur Folge, dass viele Verlage soweit wie möglich nicht nur auf Konzeption und Materialien früherer Unterrichtswerke, son-

---

(Hrsg.): Das Schulbuch – Produkt und Faktor gesellschaftlicher Prozesse (Zur Sache Schulbuch, Bd. 1). Ratingen/Kastellaun 1973.

13 Peter Weinbrenner: Grundlagen und Methodenprobleme sozialwissenschaftlicher Schulbuchforschung. In: K. Peter Fritzsche (Hrsg.): Schulbücher auf dem Prüfstand. Perspektiven der Schulbuchforschung und Schulbuchbeurteilung in Europa (Studien zur internationalen Schulbuchforschung, Bd. 75). Frankfurt/M. 1992, S. 33-54, hier S. 34.

14 Heike Hessenauer: Die Produktion von Schulbüchern – Zwischen rechtlichen Vorgaben und unternehmerischem Kalkül. In: Saskia Handro/Bernd Schönemann (Hrsg.): Geschichtsdidaktische Schulbuchforschung (Zeitgeschichte – Zeitverständnis, Bd. 16). Berlin 2006, S. 265-282, Zitat S. 267. Hessenauer liefert einen gelungenen Forschungsüberblick und skizziert lohnende Forschungsperspektiven.

15 Hierzu und zum Folgenden Hessenauer, Produktion von Schulbüchern (wie Anm. 14), S. 276 ff. Eine Ausnahme bildet beispielsweise das Projekt des deutsch-französischen Schulbuches. Vgl. dazu das dritte Kapitel dieses Buches.

dern auch auf bewährte Autorenteams zurückgreifen.[16] Nach welchen Kriterien und auf welchen Wegen die Rekrutierung von Autoren, Herausgebern und Beratern, deren Berufsbiographie und Zusammensetzung sich im Laufe der Zeit offenbar stark verändert hat,[17] abläuft, ist bislang nicht hinreichend erforscht.[18] Abgesehen davon, dass die überwiegende Zahl der Schulbuchautoren lange Zeit männlich war,[19] legt ein kursorischer Blick in neuere Unterrichtswerke allerdings die Vermutung nahe, dass bei der Bildung von Autorenteams darauf geachtet wird, neben Schulpraktikern auch ausgewiesene universitäre Fachdidaktiker und Fachwissenschaftler zu berücksichtigen. Damit verbindet sich bei den Verlagen wohl die Erwartung, dass ein bestimmter Qualitätsgrad verbürgt ist und dass sich die Gefahr negativer Schulbuchkritik minimieren lässt. Während ausgewiesene Fachvertreter als Schulbuchautoren also einerseits begehrt sind, werden detailverliebte Spezialisten andererseits „gefürchtet".[20] Denn wer auf kein Detail verzichten kann, gefährdet Produktion und Verkauf eines Schulbuches, das bestimmte Seitenzahlen und Preise im Regelfall nicht übersteigen darf.[21] „Ebenso gefürchtet ist der in allen Verbänden und auf Kongressen tätige Verfechter von Gesamtkonzeptionen und großen Entwürfen, besonders wenn es ihm gelingt, Rahmenrichtlinien zu beeinflussen. An ihm führt im Verlag kein Weg vorbei, wenn man nicht der Konkurrenz den Zugriff

16 Das ergibt jedenfalls eine stichprobenartige Überprüfung unterschiedlicher Auflagen von Schulgeschichtsbüchern aus dem Cornelsen-, Klett- und Schöningh-Verlag.

17 Für das 19. Jahrhundert vgl. Wolfgang Jacobmeyer: Das deutsche Schulgeschichtsbuch 1700–1989. Vorbericht zu einem laufenden Projekt. In: Heinz-Werner Wollersheim/Hans-Martin Moderow/Cathrin Friedrich (Hrsg.): Die Rolle von Schulbüchern für Identifikationsprozesse in historischer Perspektive (Leipziger Studien zur Erforschung von regionenbezogenen Identifikationsprozessen, Bd. 5). Leipzig 2002, S. 123-132, der auf S. 131 die Frage aufwirft, warum Schulbuchautoren im 19. Jahrhundert „so gleichmäßig in Kohorten geordnet [sind]: nach 1800 schreibt kein Professor mehr, nach 1820 kein Oberstudiendirektor mehr, nach 1840 hören die Oberlehrer auf und die Schulverwaltungsleute treten an, nach 1880 die Hauptschullehrer – also gleichmäßig von C4 über A15 zu A12."

18 Vgl. Hessenauer, Produktion von Schulbüchern (wie Anm. 14), S. 278.

19 Heike Schröter: Geschichte ohne Frauen? Das Frauenbild in den Schulgeschichtsbüchern der BRD und der DDR von 1949 bis 1989. Frankfurt/M. 2002, S. 73 f., legt dar, dass im untersuchten Zeitraum unter 249 Autoren nur 5,6% Frauen waren. Trotz Veränderungen im Einzelnen ist ein solches Missverhältnis auch heute noch zu konstatieren.

20 Klemenz, „Ware Geschichtsschulbuch" (wie Anm. 2), Zitat S. 61.

21 Vgl. Hessenauer, Produktion von Schulbüchern (wie Anm. 14), S. 280.

überlassen will."[22] Bei dieser Einschätzung handelt es sich zwar nur um eine Einzelmeinung. Ihre Plausibilität steht aber wohl außer Zweifel.

5.3 Schulbuchzulassung

Nachdem Konzepte erarbeitet, von einzelnen Autorinnen und Autoren verfasste Schulbuchkapitel fertiggestellt, aufeinander abgestimmt und, so das scharfe Verdikt einer Schulbuchautorin, einer verlagseigenen „innere[n] Zensur" unterzogen worden sind,[23] folgt als zweiter Schritt ein je nach Bundesland verschieden geregeltes ministerielles Zulassungs- bzw. Genehmigungsverfahren.[24] Dieses Verfahren kommt in der Regel nur bei gedruckten Medien zur Anwendung, die über einen längeren Zeitraum, d. h. meist für ein ganzes Schuljahr, im Unterricht verwendet werden und die ausdrücklich darauf ausgerichtet sind, die in den verschiedenen Lehrplänen festgelegten Unterrichtsziele bzw. Kompetenzanforderungen *in ihrer Gesamtheit* zu erfüllen. Dagegen sind z. B. Themenhefte, mit denen nur eine einzelne Sequenz abgedeckt werden soll, oder digitale Medien – zumindest dann, wenn sie nicht zur „Lernumgebung" eines gedruckten Unterrichtswerks dazugehören – meist zulassungsfrei.[25]

Die staatliche Schulbuchzulassung hat eine lange und wechselvolle Geschichte. Sie hat ihren Ursprung im 18. Jahrhundert, in einer Zeit also, in der es „noch keine detailliert ausformulierten Richtlinien oder Lehrpläne" gab und in der Schulbücher daher „häufig als Leitfäden" fungierten, „an denen sich die Inhalte und der Gang des Unterrichts orientierten".[26] In dieser Zeit waren Schulbücher in der Tat die „heim-

22 Klemenz, „Ware Geschichtsschulbuch" (wie Anm. 2), Zitat S. 61.

23 Ebd., Zitat S. 61 f.

24 Vgl. die Studie von Sabine Leppek: Die Zulassung und Einführung von Schulbüchern und anderen Lernmitteln an staatlichen deutschen Schulen. Verfassungs- und verwaltungsrechtliche Grundfragen. Marburg 2002; vgl. auch die knappen Ausführungen von Uwe Lagatz: Das Schulbuch zwischen Ministerium und Schule. Praxiserfahrungen zum Problem von Zulassung, Auswahl und Einsatz der Schulbücher im Geschichtsunterricht der Gegenwart im Land Sachsen-Anhalt. In: Heinz-Werner Wollersheim/Hans-Martin Moderow/Cathrin Friedrich (Hrsg.): Die Rolle von Schulbüchern für Identifikationsprozesse in historischer Perspektive (Leipziger Studien zur Erforschung von regionenbezogenen Identifikationsprozessen, Bd. 5). Leipzig 2002, S. 19-23, hier S. 19 ff.

25 Hierzu und zum aktuellen Stand unterschiedlicher Zulassungsverfahren im Allgemeinen vgl. http://www.bildungsserver.de/zeigen.html?seite=522 (zuletzt aufgerufen am 30.11.2009). Dort findet sich eine Linksammlung für die unterschiedlichen Bundesländer.

26 Michael Sauer: Zwischen Negativkontrolle und staatlichem Monopol. Zur Geschichte von Schulbuchzulassung und -einführung. In: Geschichte in Wissenschaft und Unterricht 49 (1998), S. 144-156, Zitate S. 144; vgl. außerdem die Ausführungen von Hans-Martin Moderow: Schulbuchzulassung und Schulbuch-

lichen Lehrpläne", die sie auch heute noch manchmal sind. Dieser Umstand erklärt das Interesse staatlicher Einflussnahme. Wollte der Staat auf den Geschichtsunterricht einwirken, dann konnten ihm die verwendeten Schulbücher nicht gleichgültig sein. Obwohl sich aufgrund verstärkter Kompetenz- bzw. Standardorientierung und angesichts eines vor einigen Jahren noch kaum vorstellbaren bundesweiten Siegeszuges des Zentralabiturs zunehmend andere Wege der staatlichen Einflussnahme auftun, ist dieser Grundsatz im Kern weiterhin gültig. Allerdings zeichnen sich in den vergangenen Jahren Veränderungen ab. Das Land Berlin beispielsweise hat das Zulassungsverfahren im Jahr 2004 abgeschafft, und im Saarland wird auf eigene Prüfungen verzichtet. Dort gelten Bücher als genehmigt, die in Baden-Württemberg und Rheinland-Pfalz zugelassen sind.[27]

Insgesamt haben die zwischen Schulbuchautoren und ministeriellen Instanzen noch Ende der 1990er Jahre mit teilweise bemerkenswerter Schärfe ausgetragenen Zulassungs-Kontroversen[28] offenbar an Intensität verloren. Von einer „obrigkeitsstaatlich[en]" Zulassungspraxis[29] ist mittlerweile nicht mehr die Rede. Das kann man entweder als Indiz für ein pragmatisches Arrangement oder als Liberalisierungstendenz deuten. Die zweite Deutungsmöglichkeit favorisiert Heike Hessenauer.[30] Für die erste dagegen stehen die folgenden Ausführungen einer Schulbuchautorin: „Mögliche Rechtsmittel gegen die Entscheidungen der Kultusbürokratien durch Verwaltungsgerichtsverfahren scheuen alle Geschichtsschulbuchverlage wie der Teufel das Weihwasser. Solche Klagen würden bei einem Weg durch alle Instanzen etwa sechs Jahre dauern, in denen sich nicht ein einziges Exemplar des umstrittenen Bu-

---

verbreitung in Sachsen bis 1897 und die Rolle der Lehrervereine. In: Heinz-Werner Wollersheim/Hans-Martin Moderow/Cathrin Friedrich (Hrsg.): Die Rolle von Schulbüchern für Identifikationsprozesse in historischer Perspektive (Leipziger Studien zur Erforschung von regionenbezogenen Identifikationsprozessen, Bd. 5). Leipzig 2002, S. 25-47.

27 Vgl. Hessenauer, Produktion von Schulbüchern (wie Anm. 14), S. 272.

28 Vgl. aus der Perspektive des Schulbuchautors die Polemik von Rohlfes, Politische und didaktische Tugendwächter (wie Anm. 3), und aus ministerieller Sicht die nicht minder polemischen Einlassungen von Christoph Stillemunkes: Die Schulbuchzulassung – Qualitätssicherung und Serviceleistung. In: Geschichte in Wissenschaft und Unterricht 49 (1998), S. 165-174. Um Versachlichung bemüht sind dagegen Herbert Knepper: Scheingegensätze im Dienste interessengeleiteter Rhetorik. Zwei Richtigstellungen zu Joachim Rohlfes. In: Geschichte in Wissenschaft und Unterricht 49 (1998), S. 175-179, und Peer Frieß: Das bayerische Zulassungsverfahren für Schulbücher im Fach Geschichte. In: Geschichte in Wissenschaft und Unterricht 49 (1998), S. 180-186.

29 Rohlfes, Politische und didaktische Tugendwächter (wie Anm. 3), Zitat S. 158.

30 Vgl. Hessenauer, Produktion von Schulbüchern (wie Anm. 14), S. 272.

ches verkaufen lässt. Ein Sieg vor Gericht würde zudem das bestehende enge Geflecht zwischen Verlagen und Kultusbürokratien zerstören, das ein hinlänglich gutes Gedeihen beider Seiten unter gelegentlichem gegenseitigem Anknurren und ‚Opfern' hervorgebracht hat."[31] Inwieweit diese Einlassungen der Realität entsprechen, sei dahingestellt. Die sachlich berechtigen Empfehlungen dagegen, die Karl-Ernst Jeismann schon vor über zwanzig Jahren aussprach, haben sich die meisten Bundesländer jedenfalls inzwischen zu eigen gemacht. Denn die Begutachtung von Schulbüchern wird heute im Allgemeinen nicht mehr den so häufig kritisierten Schulbuchkommissionen „mit ihren gruppendynamischen Prozessen" übertragen, sondern zumeist – wie von Jeismann gefordert – zwei „unabhängig voneinander arbeitende[n]" Einzelgutachtern, die „auf ihren Auftrag und dessen Grenzen genau" verpflichtet sind.[32] Außerdem ist mittlerweile kaum noch strittig, dass ein gesetzlich geregeltes Zulassungsverfahren von Schulbüchern angesichts des staatlichen Bildungsauftrages und mit Blick auf die öffentliche (Teil-)Finanzierung von Lernmitteln[33] auch als legitime „Serviceleistung" interpretierbar ist, die den Interessen einzelner Schulen keineswegs zwangsläufig zuwiderlaufen muss.[34] Dass dieses Verfahren im Sinne marktwirtschaftlicher Prinzipien und in der Hoffnung auf notwendige didaktische Innovationen im Wesentlichen als Negativkontrolle durchgeführt werden sollte, bei der es nur auf die „Verhinderung des ganz und gar Unhaltbaren" ankommt,[35] ist im Grundsatz allerdings ebenso klar – selbst wenn es im Einzelfall nicht leicht ist, eine eindeutige Grenze zu ziehen.

Ist diese Grenze aus Sicht des Ministeriums überschritten, sind – abgesehen von der bereits erwähnten, aber offenbar kaum genutzten Option, Rechtsmittel gegen negative Prüfbescheide einzulegen – Überarbeitungen durch die jeweiligen Autorinnen und Autoren alternativlos. Wie umfangreich und welcher Art diese Korrekturen in der Regel sind, ist bislang für Schulgeschichtsbücher nicht untersucht worden.[36]

31 Klemenz, „Ware Geschichtsschulbuch" (wie Anm. 2), Zitat S. 60.

32 Jeismann, Begutachtung und Zulassung von Schulbüchern (wie Anm. 8), Zitat S. 107; vgl. auf Jeismann Bezug nehmend Frieß, Zulassungsverfahren (wie Anm. 28), S. 182 mit Anm. 9.

33 Dazu im Einzelnen Hessenauer, Produktion von Schulbüchern (wie Anm. 14), S. 272-275.

34 Stillemunkes, Schulbuchzulassung (wie Anm. 28), Zitat S. 168; vgl. Knepper, Scheingegensätze (wie Anm. 28), S. 177 f.

35 Rohlfes, Politische und didaktische Tugendwächter (wie Anm. 3), Zitat S. 158; vgl. Jeismann, Begutachtung und Zulassung von Schulbüchern (wie Anm. 8), S. 107.

36 Vgl. Hessenauer, Produktion von Schulbüchern (wie Anm. 14), S. 272.

Häufig noch bevor das staatliche Genehmigungsverfahren, das je nach Verfahrensmodus unterschiedlich lange dauert,[37] abgeschlossen ist, beginnt die dritte Phase: die Vermarktung des Schulbuches. „Die oft behauptete Erprobung von Geschichtsschulbüchern oder von Teilkapiteln finden selten statt“,[38] weil dafür in der Regel die Zeit fehlt. In Anbetracht einer ausgeprägten Konkurrenzsituation haben die meisten Schulbuchverlage inzwischen ein differenziertes Set von Distributionsstrategien entwickelt, mit deren Hilfe sie ihre Marktchancen zu verbessern versuchen. Ist der Zeitdruck besonders hoch, werden an Lehrerinnen und Lehrer nicht nur Prüfauflagen, sondern manchmal auch Probekapitel vorab verschickt, die im Regelfall um Erläuterungen zum Gesamtkonzept und um ein (vorläufiges) Inhaltsverzeichnis ergänzt sind. Wenn auch die rechtzeitige Erstellung solcher Vorabdrucke bis zum Inkrafttreten neuer Lehrpläne nicht möglich ist, versenden einige Verlage Unterrichtshilfen, die den vorübergehenden Einsatz alter Unterrichtswerke trotz veränderter Rahmenbedingungen ermöglichen sollen.

Während es sich bei solchen Angeboten nur um punktuell eingesetzte Überbrückungsstrategien handelt, ist es gängig, dass Autoren und Verlagsmitarbeiter neue Unterrichtswerke im Rahmen von Vorträgen und Fortbildungsveranstaltungen konzeptionell vorstellen und bewerben. Teil dieser Werbestrategie sind in der Regel auch kostenlose Schulbuchexemplare für Lehrer. Darüber hinaus zeichnet sich immer deutlicher ab, dass die Qualität von Internetauftritten eine besondere Rolle spielt. Hier geht es nicht nur um die Präsentation der Unterrichtswerke als solcher, sondern auch um Zusatzangebote – z. B. Übungsblätter oder Vorlagen für Tests –, die einige Verlage in sogenannten „Teachwebs“ zur Verfügung stellen.[39]

Als mögliche Alleinstellungsmerkmale sind solche Online-Angebote mindestens ebenso wichtige Aspekte der Vermarktungspolitik wie die große Produktpalette, die die Herausgabe neuer Unterrichtswerke inzwischen fast regelmäßig begleitet.[40] Kaum ein Verlag kann es sich

37 In Nordrhein-Westfalen z. B. dauert das Verfahren laut Auskunft des Ministeriums vier Monate. Vgl. http://www.schulministerium.nrw.de/BP/Unterricht/Lernmittel/Verlagshinweise/index.html (zuletzt aufgerufen am 30.11.2009).

38 So jedenfalls Klemenz, „Ware Geschichtsschulbuch“ (wie Anm. 2), Zitat S. 60; vgl. dagegen Gautschi, Geschichtslehrmittel (wie Anm. 7), S. 191: „Als sehr befruchtend habe ich bei allen Lehrmitteln die Selbsterprobung in den eigenen Klassen erlebt.“

39 Vgl. v. a. http://www.cornelsen.de/teachweb (zuletzt aufgerufen am 30.11.2009).

40 Zur Produktpolitik vgl. Hessenauer, Produktion von Schulbüchern (wie Anm. 14), S. 279 und S. 281.

heute noch leisten, ein Schulbuch auf den Markt zu bringen, für das nicht zugleich Lehrerbände, Schülerbegleitmaterialien oder CD-ROMs angeboten bzw. zumindest zeitnah angekündigt werden. Diese Einschätzung ist zwar bislang noch nicht Gegenstand einer empirischen Überprüfung geworden, wird aber schon seit längerem vertreten[41] und scheint angesichts eines diesbezüglich zunehmend eindeutigen Trends im Produktmarketing auch plausibel zu sein.

5.5 Schulbucheinführung

Die letzte Hürde, die ein Schulbuch nehmen muss, bevor es in die Hände von Schülerinnen und Schülern gelangt, sind die Fachkonferenzen. Formal liegt die Entscheidung über die Anschaffung eines neuen Schulgeschichtsbuches zwar oft beim Schulleiter oder ggf. bei der Schulkonferenz, tatsächlich aber beschließen die jeweiligen Fachkollegen, welches Unterrichtswerk neu angeschafft werden soll. Wie der Entscheidungsprozess abläuft, wissen viele Geschichtslehrer aus eigener Erfahrung. Bislang ist allerdings nicht der Versuch unternommen worden, diese Prozesse wissenschaftlich zu untersuchen.[42] Dass entsprechende Entscheidungen angesichts dicht gedrängter Stundenpläne und eines zunehmend hektischen Schulalltags oft unter einem enormen Zeitdruck getroffen werden, ist kaum von der Hand zu weisen. Dass die erwähnten Zusatzangebote, die die allseits erhoffte Arbeitserleichterung verheißen, für den Meinungsbildungsprozess eine wesentliche Rolle spielen, ist ausgesprochen wahrscheinlich. Und dass Preis bzw. Umfang des Buches je nach Finanzlage der Schulen oder Eltern bzw. je nach Alter der Schüler – kaum einer von ihnen kann alle Materialien, die er an einem bestimmten Tag braucht, noch mühelos zur Schule schleppen – nicht ganz unwichtig sind, ist ebenso plausibel. Insgesamt also werden viele Entscheidungen wohl durch einen nachvollziehbaren Pragmatismus gesteuert, der nicht immer genug Raum für didaktische Beurteilungsmaßstäbe lässt, wie sie im nächsten Kapitel diskutiert werden.

Grundsätzlich allerdings gilt angesichts der beschriebenen Prozesse für jede Schulbuchanalyse, was Joachim Rohlfes folgendermaßen auf den Punkt gebracht hat: „Die Entstehung eines Schulbuches ist von hundert Kompromissen begleitet, und die Schulbuchanalyse hat die Pflicht, solche Zwänge nicht zu ignorieren."[43] Diese Einschätzung bie-

---

41 Vgl. Joachim Rohlfes: Schulgeschichtsbücher. In: Geschichte in Wissenschaft und Unterricht 45 (1994), S. 460-465, hier S. 461.

42 Vgl. Hessenauer, Produktion von Schulbüchern (wie Anm. 14), S. 281.

43 Joachim Rohlfes: Geschichte und ihre Didaktik. 3., erw. Aufl. Göttingen 2005, Zitat S. 319.

tet gewissermaßen auch eine Antwort auf die eingangs gestellte Frage nach den geschichtsdidaktischen Konsequenzen, die sich aus einer genaueren Kenntnis der Produktions- und Distributionsprozesse von Schulbüchern ergeben. Schulbücher, so Thomas Höhne, entstehen in einer hoch komplexen „Diskursarena“,[44] für deren Charakterisierung eine differenzierte Beschreibung unterschiedlicher Akteure und ihrer Interessen ebenso bedeutsam ist wie die sachliche Durchdringung fortdauernder Interessenkonflikte, die sich aus bestimmten Konstellationen beinahe zwangsläufig ergeben. Der Untersuchung dieser Arena sollte die Geschichtsdidaktik im eigenen Interesse deutlich mehr Aufmerksamkeit widmen, als sie es bisher getan hat.

44 Thomas Höhne: Schulbuchwissen. Umrisse einer Wissens- und Medientheorie des Schulbuches. Frankfurt/M. 2003, Zitat S. 61.

6. „Große" und „kleine" Analyse: Schulbuchauswahl und Unterrichtsplanung

Kein guter Geschichtsunterricht ohne gute Schulbuchanalyse! Obwohl einige Praktiker und Theoretiker wohl widersprechen würden, gibt es für diese These gute Gründe. Denn einerseits haben auch diejenigen Kolleginnen und Kollegen in der Praxis, die es ablehnen, mit den an ihrer Schule eingeführten Schulgeschichtsbüchern zu arbeiten, irgendwann ein Urteil gegen ein bestimmtes Buch gefällt, das auf analytischem Wege zustande gekommen sein muss. Und wenn sie auf das eingeführte Schulbuch verzichten, sind sie auf andere Materialien angewiesen, die sie entweder ebenfalls analysieren oder auf der Grundlage irgendeiner (Alltags-)Theorie selbst erstellen müssen. Andererseits haben diejenigen Theoretiker, die meinen, „dass das moderne Schulbuch im Grunde als Selbstlernbuch konzipiert ist", dass es „gegenüber der Lehrkraft gleichsam autark" sei, „Unterricht überflüssig" mache und „ihm seine Struktur vor[gebe]",[1] eine offensichtlich einseitige Vorstellung von der Praxis heutigen Geschichtsunterrichts. Denn guter Geschichtsunterricht beruht im Wesentlichen auf anspruchsvollen historischen Fragestellungen,[2] auf der Formulierung angemessener Lernziele und der Auseinandersetzung mit Quellen, Darstellungen und Methoden, auf deren Basis bestimmte Fragen bearbeitet, vereinbarte Ziele erreicht und reflektierte Lehr-/Lernprozesse insgesamt erfolgreich in Gang gesetzt werden können. *Erstens* jedoch sind Fragestellungen für manche Schulbuchkapitel zwar vorgegeben; aber das entbindet Lehrerinnen und Lehrer nicht von der Pflicht, sie in jedem Einzelfall kritisch zu prüfen.[3] *Zweitens* eröffnen Schulgeschichtsbücher mehr oder weniger explizit bestimmte Lernziel- oder Wissenshorizonte. Aber auch hier besteht die Notwendigkeit der

1 Vgl. Michael Sauer: Geschichte unterrichten. Eine Einführung in die Didaktik und Methodik. 4. Aufl. Seelze-Velber 2005, S. 220, Zitate ebd. Es überrascht, dass dieses Urteil von Michael Sauer stammt, der als Herausgeber und Autor von Schulgeschichtsbüchern große Sachkenntnis auf diesem Gebiet hat.

2 Vgl. Holger Thünemann: Geschichtsunterricht ohne Geschichte? Überlegungen und empirische Befunde zu historischen Fragen im Geschichtsunterricht und im Schulgeschichtsbuch. In: Saskia Handro/Bernd Schönemann (Hrsg.): Geschichte und Sprache (Zeitgeschichte – Zeitverständnis, Bd. 21). Berlin 2010, S. 49-59. Vgl. außerdem Peter Gautschi: Guter Geschichtsunterricht. Grundlagen, Erkenntnisse, Hinweise. Schwalbach/Ts. 2009, der besonders die Qualität von Lernaufgaben als „Schlüsselfaktor für guten Geschichtsunterricht" hervorhebt (u. a. S. 246-254).

3 Im Übrigen ist es didaktisch sinnvoll, wenn Schülerinnen und Schüler historische Fragen z. B. durch ein geschicktes Quellenarrangement selbst entwickeln können. Oder Lehrer vertrauen darauf, dass sie vollkommen eigenständig Fragen aufwerfen.

Einzelfallprüfung. Denn obwohl es sinnvoll ist, bei der Unterrichtsplanung vom Schulbuch auszugehen, hat jeder gute Geschichtslehrer die Pflicht, realistische Unterrichtsziele nach Maßgabe curricularer Vorgaben, zeitlicher Rahmenbedingungen sowie alters- und sozialisationsbedingter Lernvoraussetzungen jeweils individuell festzulegen.[4] Und *drittens* verdienen der Inhalt von Methodenseiten und die bereits erfolgte Zusammenstellung von Quellen und Darstellungen einen analytischen Blick. Beispielsweise lässt sich nicht jede Fragestellung auf der Grundlage der zur Verfügung gestellten Materialien angemessen bearbeiten. In solchen Fällen sind heuristische Überstunden unausweichlich. Selbst relativ gelungene Schulgeschichtsbücher sind also auf den didaktischen Sachverstand von Lehrerinnen und Lehrern zwingend angewiesen.

Bei den folgenden Überlegungen zur Schulbuchanalyse gehen wir ganz bewusst von den Anforderungen der Praxis aus. Prinzipiell gibt es zwei Situationen, in denen Geschichtslehrer Schulgeschichtsbücher analysieren müssen. *Erstens* dann, wenn die Fachkonferenz der eigenen Schule die Frage zu beantworten hat, welches auf dem Markt befindliche und bereits zugelassene Buch zur Anschaffung empfohlen werden soll. In diesem Fall ist eine „große", d. h. verschiedene Schulgeschichtsbücher in ihrer Gesamtheit vergleichende Analyse notwendig, die sinnvollerweise nur auf der Grundlage geschichtsdidaktisch transparenter Beurteilungsmaßstäbe erfolgen kann. Jeder, der den Schulalltag einigermaßen kennt, weiß jedoch, wie problematisch solche Situationen manchmal sind. Oft fehlt nicht nur die Zeit für eine gründliche Entscheidung, sondern auch ein angemessenes Kriterienraster, das gleichermaßen überschaubar wie zuverlässig ist. Ist die Wahl dann einmal getroffen, kann sie aus finanziellen Gründen für Jahre nicht mehr revidiert werden.[5] Insofern lohnt es, im Folgenden ein theoretisch konsistentes und in der Praxis handhabbares Raster für eine „große" Schulbuchanalyse vorzustellen. Dieses Raster soll eine Schneise durch das Dickicht unterschiedlich elaborierter

4 Noch besser wäre es, wenn Lehrer ihre Schüler an der Unterrichtsplanung beteiligten und sich mit ihnen, soweit Alter, Thema und Prüfungsanforderungen dies zulassen, im Vorfeld einer Unterrichtsreihe über Ziele des Geschichtsunterrichts ernsthaft verständigten.

5 Vgl. Uwe Lagatz: Das Schulbuch zwischen Ministerium und Schule. Praxiserfahrungen zum Problem von Zulassung, Auswahl und Einsatz der Schulbücher im Geschichtsunterricht der Gegenwart im Land Sachsen-Anhalt. In: Heinz-Werner Wollersheim/Hans-Martin Moderow/Cathrin Friedrich (Hrsg.): Die Rolle von Schulbüchern für Identifikationsprozesse in historischer Perspektive (Leipziger Studien zur Erforschung von regionenbezogenen Identifikationsprozessen, Bd. 5). Leipzig 2002, S. 19-23, hier S. 21 f.

Modelle[6] schlagen und so dazu beitragen, Fehlentscheidungen bei der Schulbuchauswahl zu vermeiden. Dass es dabei beinahe unmöglich ist, einen zufriedenstellenden Mittelweg zwischen Abstraktion und Konkretion zu beschreiten, ist uns bewusst.

Die *zweite* Situation, in der Lehrer Schulbücher analysieren sollten, tritt vor jeder Unterrichtsstunde bzw. bei der Planung einer Unterrichtsreihe oder -sequenz ein. Dieses Szenario – hier sprechen wir von einer „kleinen" Schulbuchanalyse – beruht auf der Annahme, dass sich die Fachkonferenz bereits auf die Verwendung eines Unterrichtswerks verständigt hat. Dann liegt es bei jedem Fachkollegen selbst zu überprüfen, ob er die Ziele seiner Unterrichtssequenz oder -stunde auf der Basis des verwendeten Schulgeschichtsbuches realisieren kann oder ob er zusätzliche Materialien benötigt. Deshalb ist für jede Stunde eine Feinanalyse notwendig:

- Welche Abbildung, welches Quellenarrangement etc. eignet sich zum Einstieg?
- Auf der Grundlage welcher Materialien kann die Erarbeitungsphase stattfinden?
- Gibt es Angebote zur Ergebnissicherung?
- Sind Quellen vorhanden, mit deren Hilfe sich ein Transfer oder eine Vertiefung ermöglichen lässt?
- Welche Arbeitsaufträge bietet das Lehrbuch? Und decken sie in angemessener Weise die verschiedenen Anforderungsbereiche ab?

---

6 Vgl. vor allem Alexandra Binnenkade/Peter Gautschi: Didaktisches Konzept des Lehrmittels ‚Menschen in Zeit und Raum'. Das Theoriekonzept von „FUER Geschichtsbewusstsein" als Horizont. In: Zeitschrift für Geschichtsdidaktik 2 (2003), S. 197-212, hier S. 208-212; Jörn Rüsen: Das ideale Schulbuch. Überlegungen zum Leitmedium des Geschichtsunterrichts. In: Internationale Schulbuchforschung 14 (1992), S. 237-250; Dietrich Scholle: Schulbuchanalyse und Schulbuchkritik. In: Hans Süssmuth (Hrsg.): Geschichtsunterricht im vereinten Deutschland. Auf der Suche nach Neuorientierung (Teil II). Erweiterte Dokumentation der Tagung Geschichtsunterricht in Deutschland, 22.-25. Oktober 1990, Bonn und Düsseldorf (Dialog in Deutschland, Bd. 3). Baden-Baden 1991, S. 275-283; vgl. auch die nicht systematischen, aber elementaren Überlegungen von Freya Stephan-Kühn: Anmerkungen zu Geschichtsbüchern im Deutschland der 90er Jahre. In: ebd., S. 296-302; außerdem Bernd Spreemann: Fragen an das Geschichtsbuch – Kriterien für die Auswahl eines Schulbuchs. In: Geschichte in Wissenschaft und Unterricht 44 (1993), S. 640-642; Christoph Kleßmann: Zur Methodik vergleichender Schulbuchanalyse. In: Internationales Jahrbuch für Geschichts- und Geographieunterricht 17 (1976), S. 59-68. In diesen Beiträgen ist auch die ältere Literatur verzeichnet.

Das sind Fragen, die im Rahmen einer „kleinen" Schulbuchanalyse relevant sind. Sie werden im zweiten Teil des vorliegenden Kapitels thematisiert. Dass „große" und „kleine" Analyse dabei nicht vollkommen trennscharf voneinander abgegrenzt werden können, liegt auf der Hand.

6.1 „Große" Analyse: Schulbuchauswahl

Wer ein Schulbuch untersuchen will, sollte sich zunächst klar machen, welche unterschiedlichen Typen und Ziele, welche Methoden, Ebenen und Kriterien der Schulbuchanalyse es gibt. Generell kann man unterscheiden zwischen historischer, international vergleichender und didaktischer Schulbuchanalyse (vgl. dazu Kapitel 2 dieses Buches). Während *historische Schulbuchanalyse* „Schulbücher als historische Quellen zur Erforschung des Zeitgeistes und Geschichtsbildes früherer Epochen" heranzieht,[7] verfolgt die *internationale Schulbuchanalyse* das Ziel, „emotional fundierte Vorurteile – Idealisierung der eigenen Gruppe, Diffamierung der Fremdgruppe" oder „auf Unkenntnis beruhende sachliche Fehlurteile zu kennzeichnen und durch Absprache zu beseitigen", um auf diese Weise „ein besseres Verständnis der Völker untereinander zu ermöglichen und damit einen positiven Beitrag zur Aufrechterhaltung des Friedens zu leisten."[8] Die *didaktische Schulbuchanalyse* geht über stärker fachwissenschaftlich motivierte Erkenntnisinteressen hinaus und richtet sich vor allem auf die Frage nach der Funktionalität von Schulgeschichtsbüchern für historische Lehr-Lernprozesse. Vielfach wird den genannten Typen noch ein vierter zur Seite gestellt: die ideologiekritische Schulbuchanalyse.[9] Ideologiekritik ist jedoch kein eigenständiger Untersuchungstyp, sondern eine Methode historischen Denkens bzw. Arbeitens, die sowohl im Rahmen historischer und international vergleichender als auch im Bereich didaktischer Schulbuchanalyse zur Anwendung kommen kann.[10]

---

7 Scholle, Schulbuchanalyse (wie Anm. 6), S. 276.

8 So die vielleicht etwas pathetische Definition von Wolfgang Marienfeld: Schulbuchanalyse und Schulbuchrevision: Zur Methodenproblematik. In: Internationales Jahrbuch für Geschichts- und Geographieunterricht 17 (1976), S. 47-58, hier S. 49.

9 Scholle, Schulbuchanalyse (wie Anm. 6), S. 276; Marienfeld, Schulbuchanalyse (wie Anm. 8), S. 49.

10 Vgl. die ähnlich gelagerte Diskussion über Rüsens Typologie historischen Erzählens. Jörn Rüsen: Die vier Typen des historischen Erzählens. In: Reinhart Koselleck/Heinrich Lutz/Jörn Rüsen (Hrsg.): Formen der Geschichtsschreibung (Beiträge zur Historik, Bd. 4). München 1982, S. 514-605, unterscheidet traditionales, exemplarisches, genetisches und kritisches Erzählen. Gegen den letzten Typ hat von Borries eingewandt, dass sich auch die anderen drei kritisch wenden ließen und dass kritisches Erzählen daher kein eigener Typ sei: Bodo von

In methodischer Hinsicht lässt sich – stark vereinfachend – zwischen deskriptiv-analytischen oder hermeneutischen, qualitativen und quantifizierenden Verfahren unterscheiden.[11] Bei letzteren wird auf ein verstehendes Sinnerfassen weitgehend verzichtet. Stattdessen versucht man z. B. herauszufinden, wie häufig bestimmte Namen und Begriffe vorkommen, welchen Raum Darstellungen, Text- und Bildquellen, Arbeitsaufträge und Methodenkapitel einnehmen oder wie viele Buchseiten einem bestimmten historischen Sachverhalt im Vergleich zu anderen gewidmet sind. Wolfgang Marienfeld zufolge haben quantitative Inhaltsanalysen den Nachteil, dass sie „die an Schulbücher zu richtenden Fragen auf diejenigen (reduzieren), für die quantifizierbare Antworten gefunden werden können". Das heißt: „Sie sind mit einem erheblichen Problemverlust verbunden."[12] Gleichwohl kann auf solche Methoden gerade im Rahmen didaktischer Schulbuchanalyse nicht vollständig verzichtet werden, weil dadurch wichtige Informationen über – möglicherweise einseitige – historische, mediale oder methodische Akzentuierungen zu gewinnen sind. Prinzipiell wird man sich eines hermeneutischen Verfahrens bedienen, aber zugleich darauf achten, qualitative und quantitative Aspekte angemessen zu berücksichtigen.[13]

Im Berufsalltag von Lehrerinnen und Lehrern kommt es in erster Linie auf Schulbuchanalysen mit didaktischer Zielsetzung an. Dietrich Scholle hat didaktische Reflexion allerdings zu Recht als „das integrative Element" zwischen allen anderen, „auf Einzelaspekte gerichteten" Formen der Schulbuchuntersuchung charakterisiert.[14] Mit anderen Worten: Lehrerinnen und Lehrer, die Schulgeschichtsbücher in didaktischer Absicht analysieren wollen, können z. B. auf fachwissenschaftliche Aspekte nicht vollkommen verzichten. Grundsätzlich werden wir im Folgenden

---

Borries: Geschichtslernen und Geschichtsbewußtsein. Empirische Erkundungen zu Erwerb und Gebrauch von Historie. Stuttgart 1988, hier S. 60 f.; vgl. Hans-Jürgen Pandel: Erzählen und Erzählakte. Neuere Entwicklungen in der didaktischen Erzähltheorie. In: Marko Demantowsky/Bernd Schönemann (Hrsg.): Neue geschichtsdidaktische Positionen (Dortmunder Arbeiten zur Schulgeschichte und zur historischen Didaktik, Bd. 32). 3. Aufl. Bochum 2007, S. 39-55, hier S. 45.

11 Vgl. im Einzelnen Wolfgang Marienfeld: Schulbuch-Analyseverfahren am Beispiel von Schulbuchdarstellungen zum Thema Islam und Kreuzzüge. In: Geschichtsdidaktik 4 (1979), S. 130-156.

12 Marienfeld, Schulbuchanalyse (wie Anm. 8), S. 51. Zum Folgenden S. 52 ff.

13 Vgl. z. B. das Methodendesign von Saskia Handro: Geschichtsbild oder Geschichtsbewusstsein? 1989 in Schulgeschichtsbüchern. In: Dies./Thomas Schaarschmidt (Hrsg.): Geschichtskulturelle Schlüsseldiskurse zur DDR-Geschichte. Schwalbach/Ts. 2010 [im Druck].

14 Vgl. Scholle, Schulbuchanalyse (wie Anm. 6), S. 279.

drei Ebenen geschichtsdidaktischer Schulbuchanalyse unterscheiden, die jedoch miteinander zusammenhängen, weil sie aufeinander aufbauen:

- *erstens* die *formal-gestalterische* Ebene,
- *zweitens* die *fachwissenschaftlich-inhaltliche* Ebene und
- *drittens* die *fachdidaktisch-funktionale* Ebene,[15] auf der die Schulbuchanalyse ihren höchsten Komplexitätsgrad erreicht.

Als didaktisch funktional kann ein Buch nur dann bezeichnet werden, wenn es auch in formaler und fachwissenschaftlicher Hinsicht überzeugt. Jörn Rüsen zufolge ist für ein ideales Schulgeschichtsbuch ausschlaggebend, dass es seinen wesentlichen Zweck erfüllt: „historisches Lernen zu ermöglichen, zu initiieren und zu fördern".[16] *Hauptbeurteilungskriterium* ist also seine Eignung für die Anbahnung und erfolgreiche Durchführung historischer Lehr-/Lernprozesse. In diesem Zusammenhang spielen sowohl historische Gegenstandsbereiche und Wissensformen als auch bestimmte Medien und Methoden und nicht zuletzt Lehrende und Lernende eine zentrale Rolle.[17] *Ausgangspunkt* historischen Lernens sind dabei immer historische Fragen.[18] *Ziel* historischen Lernens ist ein reflektiertes Geschichtsbewusstsein im Sinne Karl-Ernst Jeismanns, mit dem sich basierend auf der Trias von Analyse, Sachurteil und Wertung eine individuelle historische Orientierungsleistung für Gegenwart und Zukunft verbindet.[19]

---

15 Vgl. die Ebenen der Schulbuchuntersuchung, die Bodo von Borries: Problemorientierter Geschichtsunterricht? Schulbuchkritik und Schulbuchrevision, dargestellt am Beispiel der römischen Republik. Stuttgart 1980, S. 19 f., vorgeschlagen hat.

16 Rüsen, Schulbuch (wie Anm. 6), S. 239.

17 Vgl. die gelungene und enorm differenzierte Systematik von Binnenkade/Gautschi, Didaktisches Konzept (wie Anm. 6), S. 208-212, die jedoch teilweise etwas redundant ist. Das beeinträchtigt geringfügig die praktische Handhabbarkeit ihres Rasters.

18 Vgl. Uwe Uffelmann: Kompetenzen und problemorientiertes historisches Lernen – Ein Zwischenruf. In: Geschichte, Politik und ihre Didaktik 36 (2008), S. 19-23, der in einer kritischen Zusammenschau seines eigenen Ansatzes und der laufenden Kompetenzdebatte auf S. 20 zu Recht darauf hinweist, dass die Kompetenz, historische Fragen zu stellen, „die wichtigste überhaupt" sei.

19 Vgl. u. a. Karl-Ernst Jeismann: Geschichtsbewußtsein als zentrale Kategorie der Geschichtsdidaktik. In: Gerhard Schneider (Hrsg.): Geschichtsbewußtsein und historisch-politisches Lernen (Jahrbuch für Geschichtsdidaktik, Bd. 1). Pfaffenweiler 1988, S. 1-24, und ders.: „Geschichtsbewußtsein". Überlegungen zur zentralen Kategorie eines neuen Ansatzes der Geschichtsdidaktik. In: Hans Süssmuth (Hrsg.): Geschichtsdidaktische Positionen. Bestandsaufnahme und Neuorientierung. Paderborn u. a. 1980, S. 179-222.

Zunächst zur *formal-gestalterischen Ebene*: Unter welchen Voraussetzungen ist ein Schulgeschichtsbuch in dieser Hinsicht als gut zu bezeichnen? *Erstens* muss es über eine *fehlerfreie und klare Sprache* verfügen. *Zweitens* bedarf es einer *übersichtlichen Struktur*. Das ist nicht zuletzt eine Frage des Layouts, u. a. der Verwendung von Farben und Symbolen. *Drittens* ist eine *eindeutige optische Unterscheidung von Quellen und Darstellungen* unerlässlich. Und *viertens* gilt das *Kriterium schulbuchtypologischer Vollständigkeit*. Mit anderen Worten: Von einem Lern- und Arbeitsbuch z. B. kann nur dann die Rede sein, wenn dieses Buch wirklich auch Darstellungen und verschiedene Quellenarten enthält, wenn Arbeitsaufträge und Methodenseiten, Inhaltsverzeichnis, Glossar und Register vorhanden sind. Gerade ein gutes Register ist für bestimmte Formen der Schulbucharbeit ausgesprochen hilfreich; hier fehlt es manchmal an der notwendigen Differenziertheit und Genauigkeit.

Worum geht es auf der zweiten, der *fachwissenschaftlich-inhaltlichen Ebene*? Von einem guten Schulgeschichtsbuch kann in dieser Hinsicht dann die Rede sein, wenn *erstens* das *Kriterium der sachlichen Richtigkeit* erfüllt ist. Das betrifft Quellen und Darstellungen. Quellen müssen korrekt zitiert und nachgewiesen, Auslassungen kenntlich gemacht sein. Jeder, der sich die Mühe macht, das zu überprüfen, wird feststellen, dass hier manchmal einiges im Argen liegt. Defizite gibt es nicht nur bei fehlerhaft zitierten oder die Gesamtaussage einer Quelle verzerrenden Textauszügen, sondern auch im Bereich der Bilder. Manche sind so massiv beschnitten, dass die Bildaussage geradezu in ihr Gegenteil verkehrt wird.[20] Ein Beispiel dafür ist die Abbildung des bekannten Selbstbildnisses von Felix Nussbaum mit Judenpass und Judenstern in einem Schulbuch für die Sekundarstufe I,[21] bei dem durch eine nicht kenntlich gemachte Bearbeitung aus einem Zeugnis lautloser Provokation und nach wie vor vorhandenen Lebenswillens ein Dokument der (Selbst-)Stigmatisierung und Verzweiflung wird (Abb. 1,1 und 1,2).

20 Vgl. Günter Kaufmann: Neue Bücher – alte Fehler. Zur Bildpräsentation in Schulgeschichtsbüchern. In: Geschichte in Wissenschaft und Unterricht 51 (2000), S. 68-87, u. a. S. 69.

21 Hans-Jürgen Lendzian/Wolfgang Mattes (Hrsg.): Zeiten und Menschen. Bd. 4. Paderborn 2002, S. 98.

Felix Nussbaum: Selbstbildnis mit Judenpass und Judenstern (Gemälde, August 1943). Nussbaum wurde 1904 in Osnabrück geboren; 1935 flüchtete er nach Belgien. Als 1940 deutsche Truppen in Belgien einmarschierten, versteckten ihn Freunde in Brüssel. Im Juli 1944 wurde er verraten, nach Auschwitz deportiert und ermordet.

Abb. 1,1: Felix Nussbaum: Selbstbildnis mit Judenpass und Judenstern. In: Hans-Jürgen Lendzian/Wolfgang Mattes (Hrsg.): Zeiten und Menschen. Bd. 4. Paderborn 2002, S. 98

Bei Autorentexten kann man außerdem immer wieder feststellen, dass Datierungsfehler auftreten, dass Fachbegriffe falsch verwendet, nicht definiert oder reflektiert werden[22] und dass historische Zusammenhän-

22 Vgl. z. B. das Kapitel „Die ‚Zweite Industrielle Revolution' in Deutschland: die Hochindustrialisierung" in Ernst Klett Schulbuchverlag (Hrsg.): Geschichte und Geschehen II, Oberstufe, Ausgabe A/B. 2. Aufl. Stuttgart 2003, S. 24ff. Hier wird der Eindruck erweckt, Zweite Industrielle Revolution und Hochindustrialisierung seien exakt dasselbe; es bleibt unklar, was genau der Begriff bezeichnet und wie sich diese Phase zeitlich eingrenzen lässt. Zum Mangel an begrifflicher Reflexion am Beispiel der historischen Ereignisse der Jahre 1989/90 vgl. Holger Thünemann: „Sind wir die Fans von Egon Krenz?" Zur Reflexion des „Wende"-Begriffs. In: Geschichte lernen 22 (2009), H. 128, S. 54-59.

Abb. 1,2: Felix Nussbaum: Selbstbildnis mit Judenpass und Judenstern. Bildarchiv Preußischer Kulturbesitz

ge sachlich unzutreffend dargestellt sind. *Zweitens* sollten Schulbücher auch dadurch dem Forschungsstand entsprechen, dass sie dem *Kriterium der Multidimensionalität* von Geschichte gerecht werden. Das heißt, es sollte nicht nur von der sogenannten großen (nationalen) Politik die Rede sein, sondern es müssen darüber hinaus in regionaler, europäischer und globaler Perspektive auch kultur-, sozial-, umwelt-, wirtschafts- und alltagsgeschichtliche Fragestellungen zum Tragen kommen. Dass nicht nur Männer Geschichte machen, versteht sich inzwischen wohl von selbst. *Drittens* zeichnen sich gute Geschichtsbücher durch eine *Vielfalt struktureller Zugriffe* aus. Neben chronologischen Darstellungen sollten also auch historische Längs- und Querschnitte, Fallanalysen und biografisch akzentuierte Schulbuchkapitel vorhanden sein.[23] Und *viertens* – das betrifft in gewisser Hinsicht auch die zuvor genannten

23 Vgl. Michele Barricelli: Thematische Strukturierungskonzepte. In: Hilke Günther-Arndt (Hrsg.): Geschichts-Methodik. Handbuch für die Sekundarstufe I und II. Berlin 2007, S. 46-62.

Kriterien – müssen gute Schulbücher dazu beitragen, den Blick für die grundlegende *Differenz zwischen Vergangenheit und Geschichte* zu schärfen. Das bedeutet, dass in ihnen der Konstruktcharakter von Geschichte deutlich wird, dass nicht der Eindruck entsteht, Geschichte stehe ein für alle Mal fest, dass Werturteile an Kriterien gebunden und nicht als Tatsachenbehauptungen ausgegeben werden und dass immer erkennbar bleibt, wo die Grenze zwischen vergleichsweise gut gesichertem, quellenbasiertem Wissen auf der einen Seite und dem Bereich historischer Hypothesen auf der anderen Seite verläuft.[24]

Die *fachdidaktisch-funktionale Ebene* der Schulbuchanalyse integriert die bereits dargestellten Analyseschritte, ist aber auf die Frage fokussiert, inwieweit sich ein bestimmtes Buch zur Anbahnung und erfolgreichen Durchführung historischer Lehr-Lernprozesse eignet. Um solche Prozesse in Gang zu setzen und in Gang zu halten, kommt es darauf an, dass Schulgeschichtsbücher historische Fragen aufwerfen. Das können sie einerseits explizit leisten, und zwar entweder durch bestimmte Aufgabenstellungen, Darstellungstexte oder Kapitelüberschriften, z. B. „1848/49 – eine gescheiterte Revolution?". Andererseits können Schulbücher auch implizit zu historischen Fragen anregen, beispielsweise durch rätselhafte Quellenzitate[25] oder durch bestimmte Bildzusammenstellungen, die eine kognitive Dissonanz hervorrufen.[26] Geschichtsschulbücher, die Fragen aufwerfen oder gezielt stellen, erfüllen *erstens* das Kriterium der *Problemorientierung*.[27] Problemorientierter Geschichtsunterricht ist vor allem auf den Erwerb deklarativen Wissens, d. h. Gegenstandswissens über historische Akteure, Ereignisse, Entwicklungen und Strukturen ausgerichtet. Dieses Wissen wird entweder im Darstellungsteil des Schul-

24 Wie gering ist beispielsweise unser verlässliches Wissen zu Perikles! Und doch gibt es entsprechende Biographien, zuletzt: Gustav Adolf Lehmann: Perikles. Staatsmann und Stratege im klassischen Athen. München 2008.

25 In einem Schulbuchkapitel zur Sklaverei im römischen Reich findet sich z. B. dieses Zitat aus Plinius, Naturalis Historia, XXIX, 19: „Wir wandeln auf fremden Füßen, wir lesen mit fremden Augen, wir grüßen nach fremdem Gedächtnis, wir leben durch fremde Leistung." („Alienis pedibus ambulamus, alienis oculis agnoscimus, aliena memoria salutamus, aliena et vivimus opera.") Ernst Klett Schulbuchverlag (Hrsg.): Geschichte und Geschehen A1. 2. Aufl. Leipzig 2005, S. 145.

26 Vgl. z. B. Hilke Günther-Arndt/Jürgen Kocka (Hrsg.): Geschichtsbuch 3. Die Menschen und ihre Geschichte in Darstellungen und Dokumenten. Ausgabe A: Das 19. Jahrhundert. Berlin 1986, S. 204. Vgl. dazu auch Kapitel 4 dieses Buches.

27 Vgl. Uwe Uffelmann: Neue Beiträge zum Problemorientierten Geschichtsunterricht. Idstein 1999; Michele Barricelli: Problemorientierung. In: Ulrich Mayer/Hans-Jürgen Pandel/Gerhard Schneider (Hrsg.): Handbuch Methoden im Geschichtsunterricht. 2., überarb. Aufl. Schwalbach/Ts. 2007, S. 78-90.

buches vorstrukturiert oder kann von den Schülern auf der Grundlage von Quellen selbst erarbeitet werden. Das führt *zweitens* zum Kriterium der *Multiperspektivität.*[28] Von einem didaktisch angemessenen Erwerb historischen Gegenstandswissens kann nur dann die Rede sein, wenn dieses aus der Analyse multiperspektivischen, d.h. unterschiedliche Blickwinkel berücksichtigenden Quellenmaterials und aus der Auseinandersetzung mit kontroversen Darstellungstexten hervorgeht. Damit deklaratives Wissen nicht zu trägem Wissen wird, sondern zur historischen Orientierung beitragen kann, bedarf es zudem des Angebots verschiedener *Gegenwarts- und Zukunftsbezüge.*[29] Das ist das *dritte* Kriterium für ein fachdidaktisch-funktionales Schulgeschichtsbuch. Allerdings sind häufig auch individuell zu leistende Aktualisierungen notwendig, wenn vorgegebene Bezüge nicht überzeugen oder veraltet sind. Ein *viertes* Kriterium hängt damit zusammen, dass historisches Lernen nicht nur den Erwerb von Gegenstandswissen voraussetzt und anstrebt, sondern auch auf prozedurales Wissen bzw. Erkenntniswissen abzielt und angewiesen ist. Damit sind neben fachspezifischen Theorien und Begrifflichkeiten vor allem historische Methoden gemeint. Das Erlernen *und* Einüben solcher Methoden ist das Hauptziel geschichtsdidaktischer *Handlungsorientierung.*[30] Gute Schulgeschichtsbücher sind also problemorientiert und handlungsorientiert zugleich, wobei beide Konzepte einander in der Praxis ergänzen. Zu Recht werden dem Erwerb historischer Arbeits- und Erkenntnisweisen in den meisten Schulbüchern daher mittlerweile zahlreiche Methodenseiten gewidmet. Man sollte aber darauf achten, dass diese Angebote fachspezifisch profiliert sind und nicht dazu führen, dass die für Schülerinnen und Schüler spannende Suche nach eigenen Arbeits- und Erkenntniswegen vernachlässigt wird.

Alle bisher genannten Kriterien für ein didaktisch-funktionales Schulgeschichtsbuch sind nicht nur geschichtsdidaktische Prinzipien bzw.

---

28 Vgl. v.a. Klaus Bergmann: Multiperspektivität. Geschichte selber denken. 2. Aufl. Schwalbach/Ts. 2008.

29 Vgl. ebenfalls Klaus Bergmann: Gegenwarts- und Zukunftsbezug. In: Ulrich Mayer/Hans-Jürgen Pandel/Gerhard Schneider (Hrsg.): Handbuch Methoden im Geschichtsunterricht. 2., überarb. Aufl. Schwalbach/Ts. 2007, S. 91-112.

30 Vgl. vor allem Marko Demantowsky: Unterrichtsmethodische Strukturierungskonzepte. In: Hilke Günther-Arndt (Hrsg.): Geschichts-Methodik. Handbuch für die Sekundarstufe I und II. Berlin 2007, S. 63-76, zur Handlungsorientierung S. 70ff. Dort findet sich auch eine knappe Einordnung anderer Definitionen von Handlungsorientierung. Vgl. etwa Bärbel Völkel: Handlungsorientierung im Geschichtsunterricht. 2. Aufl. Schwalbach/Ts. 2008, und Elke Mahler: Handlungsorientierter Geschichtsunterricht. Theorie – Praxis – Empirie (Schriften zur Geschichtsdidaktik, Bd. 19). Idstein 2006.

Kategorien,[31] sie schließen auch nahtlos an Prozessmodelle historischen Lernens an.[32] Durch eine Reduzierung auf solche kategorialen Prinzipien kann verhindert werden, dass ein kaum überschaubarer Katalog von Einzelkriterien zur Schulbuchanalyse entsteht.[33]

Schließlich sei auf zwei weitere Kriterien hingewiesen, die ebenfalls als geschichtsdidaktische Prinzipien eingestuft werden können, aber gewissermaßen quer zur oben angewandten Systematik liegen. Zum einen geht es um das Prinzip der *Wissenschaftsorientierung*.[34] Das ist das *fünfte* Kriterium eines guten Geschichtsbuches, bei dem sich teilweise Überschneidungen zu anderen fachdidaktischen Kriterien ergeben und zudem die fachwissenschaftlich-inhaltliche Dimension der Schulbuchanalyse tangiert ist. Hier kommt es vor allem darauf an, dass die Ebenen der Analyse, des Sachurteils und der Wertung in Schulbuchtexten sprachlich voneinander getrennt und gedanklich zugleich aufeinander bezogen sind. Und es geht um die Forderung nach empirischer, narrativer und normativer Triftigkeit. Das heißt u. a., dass das Vetorecht der Quellen (Koselleck) nicht missachtet werden darf, dass es sich bei Autorentexten um angemessene historische Erzählungen (z. B. exemplarische Erzählungen nach Rüsen oder rezensierende Erzählungen nach Pandel)[35] handeln sollte und dass der Bezug auf demokratische Grund-

---

31 Vgl. zusammenfassend die einschlägigen Artikel bei Ulrich Mayer/Hans-Jürgen Pandel/Gerhard Schneider (Hrsg.): Handbuch Methoden im Geschichtsunterricht. 2., überarb. Aufl. Schwalbach/Ts. 2007, Kapitel 1 (Prinzipien).

32 Vgl. v. a. Hilke Günther-Arndt: Umrisse einer Geschichtsmethodik. In: Dies.: Geschichts-Methodik. Handbuch für die Sekundarstufe I und II. Berlin 2007, S. 9-24, hier besonders S. 16 (Abb. 2: Prozessmodell historischer Kompetenz), und Hilke Günther-Arndt: Historisches Lernen und Wissenserwerb. In: Dies. (Hrsg.): Geschichts-Didaktik. Praxishandbuch für die Sekundarstufe I und II. 3. Aufl. Berlin 2008, S. 23-47, hier besonders S. 39 (Abb. 3: Wissensformen und ihre Beziehungen).

33 Vgl. erneut Binnenkade/Gautschi, Didaktisches Konzept (wie Anm. 6), besonders S. 208-212.

34 Vgl. Bodo von Borries: Wissenschaftsorientierung. Geschichtslernen in der „Wissensgesellschaft". In: Ulrich Mayer/Hans-Jürgen Pandel/Gerhard Schneider (Hrsg.): Handbuch Methoden im Geschichtsunterricht. 2., überarb. Aufl. Schwalbach/Ts. 2007, S. 30-48, hier besonders S. 44-46.

35 Vgl. Rüsen, Typen des historischen Erzählens (wie Anm. 10), S. 514-605; Hilke Günther-Arndt: Der grüne Wollfaden oder Was heißt „Geschichte erzählen" heute? Zu alten und neuen Problemen der Geschichtsdarstellung in Wissenschaft und Unterricht. In: Geschichte in Wissenschaft und Unterricht 36 (1985), S. 684-704; Rolf Schörken: Das Aufbrechen narrativer Harmonie. Für eine Erneuerung des Erzählens mit Augenmaß. In: Geschichte in Wissenschaft und Unterricht 48 (1997), S. 727-735; Hans-Jürgen Pandel: Erzählen. In: Ulrich Mayer/Hans-Jürgen Pandel/Gerhard Schneider (Hrsg.): Handbuch Methoden im Geschichtsunterricht. 2., überarb. Aufl. Schwalbach/Ts. 2007, S. 408-424, und Josef Memminger: Schüler schreiben Geschichte. Kreatives Schreiben

werte ein unhintergehbarer Qualitätsmaßstab ist. Das *sechste* Kriterium schließlich ist ein gelungener *Adressatenbezug*. Schulgeschichtsbücher sind keine wissenschaftlichen Monografien, sondern für den Schulalltag von Lehrern und Schülern bestimmt. Das bedeutet *einerseits*, dass sie das Unterrichten erleichtern müssen. Voraussetzung dafür ist, dass Schulbücher über ein ausreichendes Materialangebot verfügen und dass sich Schulbuchautoren Gedanken darüber machen, in welchem funktionalen Verhältnis Darstellungs- und Arbeitsteil zueinander stehen. Dienen bestimmte Quellen z. B. der Vertiefung, Wiederholung und Anwendung, fügen sie dem Verfassertext neue Perspektiven und Aspekte hinzu, oder widersprechen sie ihm vielleicht sogar und eignen sich daher zur Dekonstruktion bestimmter historischer Narrative?[36] Zudem sollte für Lehrer schnell erkennbar sein, welche Fragestellungen sich aus einem bestimmten Darstellungs- und Quellenarrangement ergeben können, welche Materialien sich für einen Unterrichtseinstieg eignen, welche Modi der Erarbeitung sich anbieten und auf welche Weise sich Unterrichtsergebnisse sichern lassen. Ausgesprochen hilfreich können in diesem Zusammenhang Lehrerbände sein, die mittlerweile für die meisten Unterrichtswerke von den Schulbuchverlagen angeboten werden.[37] *Andererseits* ist von Adressatenbezug mit Blick auf das Alter und die Interessen der Schüler die Rede. Dabei sind zwei Aspekte besonders wichtig: Zum einen müssen Schulgeschichtsbücher das Sprachniveau ihrer Adressaten berücksichtigen,[38] zum anderen müssen sie diese motivieren. Wenn das passende Sprachniveau verfehlt wird und wirksame Motivationsimpulse ausbleiben, hat historisches Lernen schlechtere Chancen.

---

im Geschichtsunterricht zwischen Fiktionalität und Faktizität. Schwalbach/Ts. 2007, v. a. S. 52-57.

36 Zu Relationen zwischen Darstellungstext und Quellen vgl. Hilke Günther-Arndt: Lehren und Lernen mit dem Schulbuch im Geschichtsunterricht der Sekundarstufe I. In: Geschichte in Wissenschaft und Unterricht 59 (2008), S. 4-19, hier S. 11. Bezüglich der vierten Funktion „Reflexion und Beurteilung" ist es jedoch irreführend zu schreiben, die Quellen hätten hier „keine Verbindung zum Darstellungstext". Besser sollte man von einem antithetischen Verhältnis sprechen.

37 Ein mustergültiges Beispiel für eine konzeptionelle Erläuterung bietet Hilke Günther-Arndt: Zur Konzeption des „Geschichtsbuchs". In: Jochen Martin/Norbert Zwölfer (Hrsg.): Geschichtsbuch 1. Die Menschen und ihre Geschichte in Darstellungen und Dokumenten. Lehrerband. 1. Aufl. Berlin 1989, S. 5-12.

38 Vgl. zu diesem nach wie vor ungelösten Problem Gerhard Henke-Bockschatz: Viel benutzt, aber auch verstanden? Arbeit mit dem Schulgeschichtsbuch. In: Geschichte lernen 20 (2007), H. 116, S. 40-45, und Bodo von Borries: Schulbuch-Gestaltung und Schulbuch-Benutzung im Fach Geschichte. Zwischen empirischen Befunden und normativen Überlegungen. In: Saskia Handro/Bernd Schönemann (Hrsg.): Geschichtsdidaktische Schulbuchforschung (Zeitgeschichte – Zeitverständnis, Bd. 16). Berlin 2006, S. 39-51, hier S. 42 ff.

Abschließend sei der Vollständigkeit halber erwähnt, dass Schulgeschichtsbücher *richtlinien- und lehrplankonform* sein müssen. Zwischen Richtlinien und Lehrplänen einerseits und didaktischen Erwägungen andererseits kann es allerdings zu erheblichen Kollisionen kommen. Ein eklatantes Beispiel dafür ist, dass sich trotz bedenkenswerter Alternativvorschläge[39] in der Sekundarstufe I der chronologische Durchgang als grundlegendes Strukturierungskonzept im Wesentlichen behauptet hat. Dass es angesichts dessen und knapper Stundentafeln immer schwieriger wird, dem Prinzip des Gegenwartsbezugs und wechselnden Schülerinteressen Rechnung zu tragen, ist ein ungelöstes Problem.

Nimmt man alle vorgestellten und erörterten Kriterien für ein gutes Geschichtslehrbuch zusammen, dann ergibt sich folgender Überblick:

Funktionalität von Schulgeschichtsbüchern für historische Lehr- und Lernprozesse	
fachdidaktisch-funktionale Ebene	Problemorientierung (deklaratives Wissen: Ereignisse, Strukturen, Akteure etc.) Handlungsorientierung (prozedurales Wissen: Theorien, Begriffe, Methoden) Multiperspektivität (Perspektivität, Kontroversität, Pluralität) Gegenwarts- und Zukunftsbezug Wissenschaftsorientierung (Analyse, Sachurteil, Wertung; Triftigkeiten) Adressatenbezug (Lehrer: Lehrerleichterung; Schüler: Motivation, Sprache)
fachwissenschaftlich-inhaltliche Ebene	Differenz Vergangenheit – Geschichte Vielfalt struktureller Zugriffe (Längs-/Querschnitte, Fallanalysen etc.) Multidimensionalität (Politik-, Kultur-, Sozialgeschichte etc.; regional bis global) Sachrichtigkeit
formal-gestalterische Ebene	schulbuchtypologische Vollständigkeit eindeutige optische Unterscheidung von Quellen und Darstellungen übersichtliche Struktur fehlerfreie und klare Sprache

Abb. 2: Ebenen und Kriterien einer „großen" Schulbuchanalyse

39 Vgl. v.a. Gerhard Schneider: Neue Inhalte für ein altes Unterrichtsfach. Überlegungen zu einem alternativen Curriculum Geschichte in der Sekundarstufe I. In: Marko Demantowsky/Bernd Schönemann (Hrsg.): Neue geschichtsdidaktische Positionen (Dortmunder Arbeiten zur Schulgeschichte und zur historischen Didaktik, Bd. 32). 3. Aufl. Bochum 2007, S. 119-141, und ders.: Ein alternatives Curriculum für den Geschichtsunterricht in der Hauptschule. Ein Diskussionsbeitrag. In: Geschichte in Wissenschaft und Unterricht 51 (2000), S. 406-417.

6.2 „Kleine“ Analyse: Unterrichtsplanung

Bei der „kleinen“ Schulbuchanalyse gehen wir von einem Beispiel der Unterrichtsplanung aus. Abgesehen von der Makroebene ministerieller oder schulischer Curriculumerstellung findet diese auf der Mesoebene der Sequenz- bzw. Reihen- und der Mikroebene der Einzelstundenplanung statt. Für unseren Kontext sind die beiden letzten Ebenen relevant. Dabei bietet es sich an, vom didaktischen Modell der Berliner Schule auszugehen, das folgende interdependente Entscheidungsfelder berücksichtigt: Unterrichtsinhalte, Unterrichtsziele, Unterrichtsmethoden und Unterrichtsmedien.[40] Hinsichtlich des Schulbuchs stellen sich also drei Fragen: Eignet es sich zur Vermittlung der ausgewählten Inhalte? Ist es zweckmäßig zur Erreichung der angestrebten Ziele? Und korrespondiert es mit den geplanten Lern- und vor allem Lehrmethoden? Ergeben sich aus dieser dreifachen Medienprüfung Diskrepanzen zwischen Planung und Lehrbuch, dann stehen Lehrerinnen und Lehrer vor der Alternative, entweder die eigene Planung mit Blick auf das Schulgeschichtsbuch zu revidieren oder Zusatzmaterial heranzuziehen, um die angestrebte Konzeption unverändert realisieren zu können.

Um dies an einem Beispiel zu verdeutlichen: Im Unterricht der Klasse 9 sind laut G8-Lehrplan die Zerstörung der Weimarer Republik und der Aufstieg des Nationalsozialismus zu behandeln.[41] Die Fragestellung, die eine entsprechende Unterrichtssequenz unter Berücksichtigung des fachwissenschaftlichen Forschungsstandes strukturieren soll, lautet: „Warum kam Hitler an die Macht?“ Zum Abschluss der Sequenz sollen die Schülerinnen und Schüler in der Lage sein, zu dieser Frage auf der Grundlage multikausaler Erklärungsmuster reflektiert Stellung zu nehmen. Ein lernmethodischer Schwerpunkt soll auf der Arbeit mit Statistiken liegen. In lehrmethodischer Hinsicht wird aus arbeitsökonomischen Gründen ein erarbeitender Geschichtsunterricht angestrebt, der sowohl Phasen darbietenden Frontalunterrichts als auch Gruppenunterricht umfasst.[42] Haben Lehrerinnen und Lehrer diese Vorentscheidungen ge-

---

40 Paul Heimann/Gunter Otto/Wolfgang Schulz: Unterricht. Analyse und Planung. 10., unveränd. Aufl. Hannover 1979, hier im Beitrag von Wolfgang Schulz S. 23; vgl. Werner Jank/Hilbert Meyer: Didaktische Modelle. 8. Aufl. Berlin 2008, u. a. S. 55 ff. und S. 276 ff.; Ewald Terhart: Lehr-Lern-Methoden. Eine Einführung in Probleme der methodischen Organisation von Lehren und Lernen. 4., erg. Aufl. Weinheim 2005, v. a. Kapitel 1 und 2.

41 Vgl. z. B. Ministerium für Schule und Weiterbildung des Landes Nordrhein-Westfalen (Hrsg.): Kernlehrplan für das Gymnasium – Sekundarstufe I (G8) in Nordrhein-Westfalen. Geschichte. Frechen 2007, S. 31 (10. Inhaltsfeld).

42 Zur Begrifflichkeit vgl. Hilke Günther-Arndt: Erarbeitender Geschichtsunterricht. In: Dies. (Hrsg.): Geschichts-Methodik. Handbuch für die Sekundarstufe I und II. Berlin 2007, S. 88-93, hier S. 89.

troffen, beginnt die relationale Untersuchung des Mediums Schulbuch. Zur Veranschaulichung des Szenarios gehen wir von einer konkreten Sequenz- bzw. Reihenplanung aus, die folgendermaßen aussehen könnte:

Unterrichtssequenz: Warum kam Hitler an die Macht?

1. Warum kam Hitler an die Macht? – Gemeinsame Hypothesenbildung und Planung der Unterrichtsreihe
2. Von Brüning zu Schleicher – Wie funktionierte das System der Präsidialregierungen?
3. Die Weltwirtschaftskrise in ihrer Bedeutung für das Ende der Weimarer Republik
4. Wer wählte Hitler? Die NSDAP als Integrationspartei
5. Die Bedeutung des Antisemitismus für Hitlers Wahlerfolge
6. Der Faktor Hitler: Hitler als Beispiel eines charismatischen Führers?
7. Der 30. Januar 1933: Tag der „Machtergreifung"?
8. Warum kam Hitler an die Macht? – Hypothesenüberprüfung und Urteilsbildung

Abb. 3: Skizze einer Unterrichtssequenz

Als Arbeitsgrundlage dient ein Abschnitt aus dem vierten Band des Schulbuchs „Zeiten und Menschen" (Abb. 4,1-3) für den Unterricht an Gymnasien in der Sekundarstufe I.[43] Eine explizite, die gesamte Sequenz strukturierende Fragestellung ist seitens der Schulbuchautoren nicht vorgegeben. Obwohl negativ auffällt, dass eine (optisch) stringente Unterscheidung zwischen Quellen und Darstellungen fehlt, enthalten die ausgewählten Kapitel insgesamt vielfältige, dem Forschungsstand entsprechende und überdies motivierende Materialien, mit denen sich die Fragestellung der geplanten Sequenz zu großen Teilen sinnvoll bearbeiten lässt. Will man die eigene Sequenz allerdings ganz ohne Abstriche realisieren, wird man u. a. für die Gegenstände der zweiten (Präsidialkabinette) und vor allem fünften Stunde (Antisemitismus) auf Zusatzmaterialien zurückgreifen müssen.

43 Hans-Jürgen Lendzian/Wolfgang Mattes (Hrsg.): Zeiten und Menschen. Bd. 4. Paderborn 2002, S. 84-95.

Inhalts verzeichnis

Dieses Zeichen bedeutet Forschungsstation:

3

Abb. 4,1: Hans-Jürgen Lendzian/Wolfgang Mattes (Hrsg.): Zeiten und Menschen. Bd. 4. Paderborn 2002, S. 3.

In lehrmethodischer Hinsicht legt das Unterrichtswerk einerseits eine große Vielfalt nahe, andererseits ist die methodische Freiheit des Lehrers für bestimmte Kapitel auch deutlich eingeschränkt. Das gilt besonders für das Kapitel „Von der Wirtschaftskrise zur Staatskrise – Wer wählte die NSDAP?“. Hätte man sich als Lehrer für die vierte Unterrichtsstunde bereits auf darbietenden Frontalunterricht festgelegt, ließe sich diese methodische Entscheidung auf der Grundlage des genannten Kapitels

Von der Wirtschaftskrise zur Staatskrise – Wer wählte die NSDAP?

Von 1928 bis 1933 vollzog sich eine dramatische Veränderung des Wählerverhaltens in Deutschland: Die NSDAP wurde zur stärksten Partei.

> Wie lässt sich erklären, dass immer mehr Menschen die NSDAP wählten?

1. Hier findet ihr Diagramme und Statistiken. Wenn ihr diese nach dem euch bekann ten Verfahren zunächst genau analysiert, werden die wesentlichen Entwicklunge des Wählerverhaltens und damit der Stärke der Parteien erkennbar.
2. Im zweiten Schritt sind die Entwicklungen zu erklären. Dazu müsst ihr euch de historischen Kontext vergegenwärtigen, die wirtschaftliche Entwicklung, die polit sche Gesinnung der Menschen. Die Plakate auf S. 87 bieten weitere Anstöße. **Tipp:** Ihr könnt die Statistiken mittels des Computers in Grafiken umsetzen und vo der Klasse einen Kurzvortrag über das Wählerverhalten halten.
3. Auf S. 87 findet ihr zusätzlich eine Wahlanalyse des Journalisten von Gerlacl Fasst dessen Argumente zusammen. Vergleicht mit eurer eigenen Einschätzun und diskutiert abschließend in der Klasse die Antwort auf unsere Leitfrage.

M 1 Reichstagswahlen 1928–1932

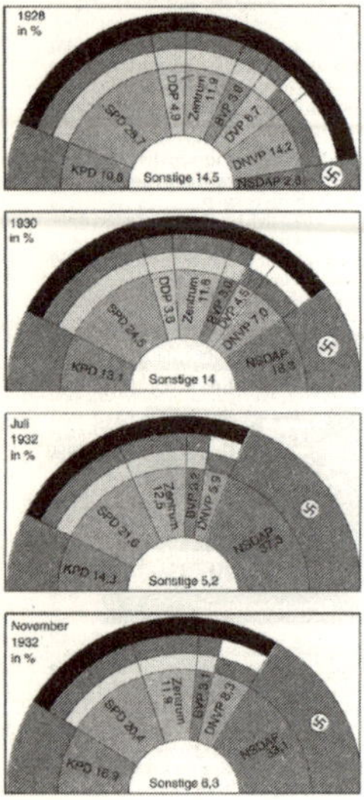

M 2 Arbeitslosigkeit als Erklärung der Wahlerfolge der NSDAP?

Die Wahlerfolge von NSDAP und KPD in Gebieten mit extrem hoher und extrem niedriger Arbeitslosigkeit (J = Juli, N = November):

Kreis/ Bezirksamt	Arbeitslose	NSDAP 1930	NSDAP 1932J	NSDAP 1933	KPD 1932N
Neustadt b. Coburg	30	37	45	48	13
Berlin-Mitte	27	11	22	30	27
Berlin-Wedding	26	8	16	23	29
Berlin Friedrichshain	26	9	18	25	35
Bochum (Stadt)	25	16	26	33	20
Nördlingen (Land)	2	10	43	55	1
Königshofen/Grabfeld	2	18	37	52	1
Gerabronn	2	12	46	64	2
Rothenburg/T. (Land)	2	29	76	79	0
Marktoberdorf	2	10	31	50	1

Angaben jeweils in Prozent der Wahlberechtigten auf- und abgerundet.

(Nach: Jürgen Falter, Hitlers Wähler, München (C. H. Beck'sche Verlagsbuchhandlung) 1991, S. 297

M 3 Das Wahlverhalten von Männern und Frauen

In einigen Gebieten wurden amtliche Sonderauszählungen der Wahlergebnisse nach Geschlecht vorgenommen. Dabei entschieden sich bei den Reichstagswahlen 1930 bis März 1933 Männer und Frauen zu folgenden Anteilen für die verschiedenen Parteien:

Partei	1930		1932/Juli		1932/Nov.		1933/März	
	m	w	m	w	m	w	m	w
KPD	12,5	7,3	15,2	9,1	17,2	9,8	12,2	7,1
SPD	29,0	23, 8	26,0	22,1	24,5	20,6	23,9	19,2
DDP	3,8	3,4	0,8	0,7	0,9	0,7	0,8	0,7
BVP/Zent.	21,8	35,8	22,6	35,7	22,1	35,3	20,5	32,1
DVP	2,7	2,9	0,9	1,1	1,3	1,4	0,7	0,7
DNVP	2,4	3,0	3,0	3,2	4,7	4,9	4,7	4,5
NSDAP	18,9	14,2	29,2	25.6	27,4	24,7	36,2	34,4

(Nach: Jürgen Falter/Thomas Schuhmann, Wahlen und Abstimmungen in der Weimarer Republik, München (C. H. Beck'sche Verlagsbuchhandlung) 1986, S. 85)

86

Abb. 4,2: Hans-Jürgen Lendzian/Wolfgang Mattes (Hrsg.): Zeiten und Menschen. Bd. 4. Paderborn 2002, S. 86.

nicht realisieren. Denn hier ist vorgesehen, dass die Schülerinnen und Schüler die vorgegebene Frage eigenständig bearbeiten; ein Darstellungstext fehlt. Offensichtlich wird in diesem Kapitel besonderes Augenmerk auf die Arbeit mit Statistiken gelegt. Im Bereich der Lernmethodik besteht also eine enge Korrespondenz zwischen eigenen Vorentscheidungen und dem Angebot des gewählten Schulbuchs.

Geht man – um im Beispiel der vierten Unterrichtsstunde zu bleiben und Aspekte der Einzelstundenplanung genauer zu betrachten – davon aus, dass die NSDAP am ehesten als gesellschaftliche Integrationspartei bzw. Volkspartei charakterisierbar ist, dann sind hinsichtlich der Wählerschaft folgende vier Dimensionen relevant: *erstens* Konfession,

M 4 Der liberale Journalist Hellmut von Gerlach in einem Zeitungskommentar vom 6.10.1930 zur Reichstagswahl im September 1930:

Die Hitlerwähler setzen sich aus zwei Kategorien zusammen: einer kleinen Minderheit von Nationalsozialisten, die auf das Hakenkreuz eingeschworen sind, und einer riesigen Mehrheit von Mitläufern. Keine andere deutsche Partei ist so labil wie die nationalsozialistische, das heißt bei keiner anderen ist das Missverhältnis zwischen Stammkunden und Laufkunden ebenso groß. [...]
Idealisten mit verwirrtem Kopf und Landsknechte ohne Kopf, insgesamt ein paar hunderttausend Mann, das ist Hitlers Kerntruppe.
Die Millionen der Wähler, die er diesmal mustern konnte, dank der Gunst der Umstände, das heißt dank der Ungunst der Wirtschaftslage, rekrutieren sich aus den verschiedensten Schichten.
Da sind Arbeiter, relativ genommen nicht sehr viele, aber eine Million wird es doch wohl gewesen sein. Es sind Landarbeiter, die sich immer noch vom „gnädigen Herrn" abhängig wähnen und von ostelbischen Granden [gemeint sind hier Großgrundbesitzer] für Hitler kommandiert wurden. Es sind jene labilen Elemente, die erst bei den Kommunisten hospitiert haben und sich nun den Nationalsozialisten zuwenden, weil diese sich noch radikaler gebärden. Es sind junge Leute, Friseurgehilfen, Chauffeure usw., die sich etwas Besseres dünken als die Masse der gewerkschaftlich organisierten Fabrikarbeiter [...]
Da sind Massen von Angestellten, [...] die berühmten oder berüchtigten Stehkragenproletarier. Ihr Interesse müsste sie in eine Einheitsfront mit den Arbeitern führen. Aber ihr „Standesgefühl" ist stärker als ihre soziale Einsicht.
Da ist das Gros der Studenten und sonstigen jungen Akademiker. Bei ihnen fällt die antisemitische Hetzphrase auf besonders dankbaren Boden. Der Jude wird eben als unbequemer Konkurrent empfunden. Sie sind fanatisch nationalistisch. Den Krieg kennen sie nicht. [...]
Da sind bedauerlich viele Beamte. Ihre politische Freiheit verdanken sie ausschließlich der Republik. Aber leider hat ihnen die Republik mit der politischen Freiheit nicht auch zugleich das politische Denken geben können. [...]
Da ist vor allem der große Block des so genannten selbstständigen Mittelstandes. Diese Millionen von Handwerkern, Gewerbetreibenden und Kleinkaufleuten führen seit der nach 1871 einsetzenden großindustriellen Entwicklung einen verzweifelten Kampf um ihre Existenz. Es fehlt ihnen an wirtschaftlicher Einsicht. Darum fallen sie auf jeden Schwätzer herein, der ihnen die Wiederherstellung des „goldenen Bodens" durch Kampf gegen Juden und Warenhäuser, gegen Börse und Gewerbefreiheit verspricht. [...]

(Zit. nach: H. Bennecke, Wirtschaftliche Depression und politischer Radikalismus 1918–1938, München 1970, S. 345ff.)

M 5

Parteilager 1912–1933

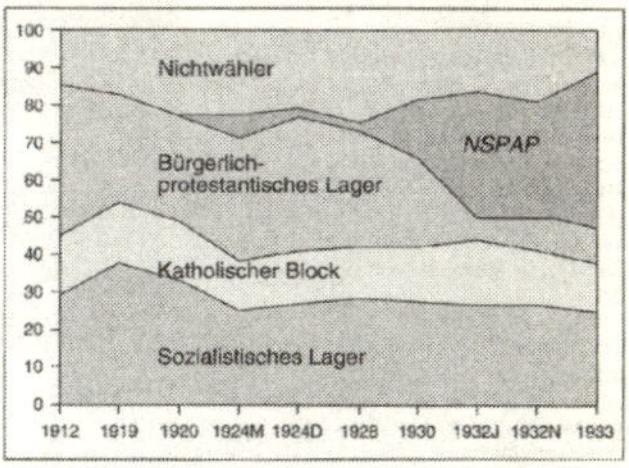

M 6

M 7

Wahlplakate der NSDAP aus dem Jahre 1932

87

Abb. 4,3: Hans-Jürgen Lendzian/Wolfgang Mattes (Hrsg.): Zeiten und Menschen. Bd. 4. Paderborn 2002, S. 87.

zweitens Geschlecht, *drittens* soziale Schicht und *viertens* Beschäftigungssituation. Insgesamt wird in den Materialien 2 bis 5 auf alle vier Dimensionen Bezug genommen. Das geschieht allerdings in unterschiedlicher Differenziertheit. Vollkommen zufriedenstellend sind die Materialien hinsichtlich der zweiten und vierten Dimension (M3 und M2). Will man dagegen genaueres Gegenstandwissen zum Wahlverhalten von Protestanten und Katholiken und zu schichtspezifischen Wählerpräferenzen erarbeiten lassen, dann empfiehlt es sich, zusätzliche Statistiken heranzuziehen, die genau diese Aspekte fokussieren (Abb. 5 und Abb. 6)[44] und

44 Jürgen W. Falter: Hitlers Wähler. München 1991, S. 176 u. S. 288, vgl. S. 267.

beispielsweise die qualitativen Aussagen der im Übrigen gut gewählten Gerlach-Quelle (M4) quantitativ differenzieren. Außerdem könnten ggf. genauere Informationen zur Wählerwanderung von Interesse sein, die aus M5 nicht zu entnehmen sind.

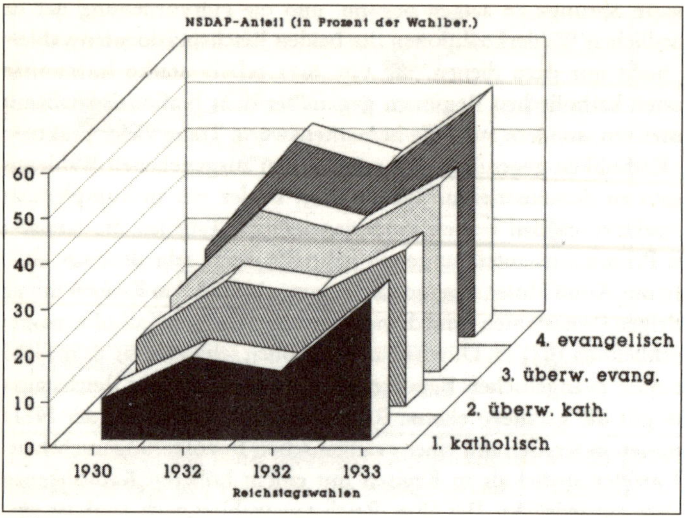

Abb. 5: Jürgen W. Falter: Hitlers Wähler. München 1991, S. 176.

	1928	1930	1932 J	1932 N	1933	Alle
Selbstständige/Mithelfd.	26	27	31	30	31	24
Angestellte/Beamte	12	13	11	12	12	15
Arbeiter	30	26	25	26	26	32
Berufslose	13	17	17	17	16	13
Hausfrauen etc.	17	17	16	16	16	17
Alle	98	100	100	100	101	101

Zusammensetzung der NSDAP-Wählerschaft (bei den Reichstagswahlen 1928–33) und Zusammensetzung der deutschen Gesamtbevölkerung 1933 („*Alle*“: rechte Spalte); Angaben in Prozent; kleinere Abweichungen von 100 aufgrund von Rundungsfehlern. Anmerkung: *Berufslose* sind Rentner und Pensionäre.

Abb. 6: Jürgen W. Falter: Hitlers Wähler. München 1991, S. 288.

Schließlich ließe sich das zur Verfügung gestellte Material noch in einer dritten, grundlegenderen Hinsicht ergänzen. Gerade die NS-Vergangenheit ist im politischen Schlagabtausch immer wieder Gegenstand historischer Anspielungen und Vergleiche, die nicht selten äußerst schief sind. Ein gutes Beispiel dafür ist ein Stoiber-Statement aus dem Jahr 2005, in dem der damalige bayerische Ministerpräsident einen Kausalzusammenhang zwischen Wahlerfolgen der NPD und einer angeblich durch die damalige SPD-Regierung zu verantwortenden hohen Arbeitslosigkeit behauptete. Dabei nahm Stoiber Bezug auf das Jahr 1932. Zumindest implizit stellte er damit einen Gegenwartsbezug her, der allerdings historisch-didaktischer Reflexion bedarf. Denn eine genaue Analyse ergibt, dass es nicht in erster Linie Arbeitslose waren, die Hitlers Wahlerfolge verursachten. Um einen fragwürdigen Gegenwartsbezug zu reflektieren und das Thema der Stunde im Sinne eines geschichtskulturellen Transfers zu vertiefen, könnte es sich also anbieten, den Schülerinnen und Schülern folgende Zeitungsmeldung zur Diskussion vorzulegen:

Stoiber gibt Schröder Schuld an NPD-Erfolg

CSU-Chef: Versagen im Kampf gegen Arbeitslosigkeit fördert Rechtsextreme. Heftiger Streit mit Rot-Grün

Der CSU-Vorsitzende Edmund Stoiber hat Bundeskanzler Gerhard Schröder für das Erstarken der NPD verantwortlich gemacht. Das Versagen der Regierung beim Abbau der Arbeitslosigkeit bilde den Nährboden für Extremisten, sagte Stoiber der „Welt am Sonntag". Die Massenarbeitslosigkeit sei die „Hauptursache für das Wiedererstarken der NPD".

Mit fünf Millionen Arbeitslosen sei eine Schallmauer durchbrochen worden, sagte Stoiber. Wenn Arbeitsminister Wolfgang Clement „selbst noch einmal 1,5 Millionen hinzurechnet, die unter anderem in AB-Maßnahmen sind, dann stehen wir vor einer Situation, wie Deutschland sie seit 1932 nicht mehr hatte", sagte der bayerische Ministerpräsident. Wer die Rechtsextremen aus den Parlamenten vertreiben wolle, müsse die Arbeitslosigkeit beseitigen. Ein Verbot der NPD beseitige nicht die Ursachen ihrer Existenz.

Am Mittwoch hatte die Bundesagentur für Arbeit die Zahl der Arbeitslosen für Januar mit 5 037 000 benannt. Erstmals wurden in der Statistik auch die arbeitsfähigen Sozialhilfe-Empfänger mitgezählt. [...]

Unterstützung erhielt Stoiber von CDU-Chefin Angela Merkel und ihrem neuen CDU-Generalsekretär Volker Kauder. „Der Bundeskanzler und die Bundesregierung haben erst einmal Schuld an der sehr hohen Arbeitslosigkeit", sagte Merkel. Kauder ergänzte in der „Leipziger Volkszeitung": „Eine entschlossene Bekämpfung der Arbeitslosigkeit, die unter Schröder nicht stattfindet, wäre auch das beste Mittel gegen politischen Extremismus."

Abb. 7: Zeitungsmeldung aus der Welt am Sonntag vom 6. 2. 2005

Mit Blick auf die Phasierung der skizzierten Einzelstunde kann man sich den beschriebenen Sachverhalt zunutze machen. Vermutlich ist die Annahme, vor allem Arbeitslose hätten Hitler gewählt, eine weit verbreitete Alltagstheorie, die auch von vielen Schülern geteilt wird. Ausgehend von der Frage „Wer wählte die NSDAP?" bzw. „Wer wählte Hitler?" könnte man die Schülerinnen und Schüler zunächst zu einer Beschreibung von M7 (Wahlplakat der NSDAP, 1932: „Unsere letzte Hoffnung Hitler") auffordern. Angesichts der verzweifelt wirkenden Gesichtszüge der dargestellten Personen und des Inhalts der bereits genannten Textelemente ist die Hypothese naheliegend, es seien in der Tat vor allem Arbeitslose gewesen, die der NSDAP ihre Stimme gaben. Eine genauere Beschreibung des Plakats könnte zudem ergeben, dass sowohl Frauen als auch Männer und offenbar Menschen aus ganz unterschiedlichen gesellschaftlichen Schichten abgebildet sind. Das lässt sich an der Kleidung erkennen und ist ein Hinweis darauf, dass die NSDAP sich als eine Integrationspartei verstand. Zusammenfassend ließe sich also die Hypothese formulieren, die NSDAP sei eine Volkspartei gewesen, die ihren größten Zulauf allerdings unter den Arbeitslosen hatte. Diese Hypothese sollte auf der Grundlage des zur Verfügung gestellten und ergänzten Materials im Rahmen der Erarbeitungsphase – z. B. in Form einer arbeitsteiligen Gruppenarbeit – überprüft und modifiziert werden. Im Sinne der Ergebnispräsentation und -sicherung sind dann entweder Kurzvorträge und eine Plenumsdiskussion möglich; oder die Schüler erhalten als Hausaufgabe den Auftrag, die Leitfrage in Form eines Autorentextes schriftlich zu beantworten. Abgesehen von einer knappen Einleitung fehlt dem vorliegenden Schulbuchauszug, der dezidiert als Arbeitskapitel angelegt ist, ein solcher Darstellungstext, sodass es naheliegend ist, ihn zur Sicherung der Untersuchungsergebnisse durch die Schülerinnen und Schüler selbst verfassen zu lassen. Als freiwilligen Portfolioauftrag könnte man ihnen außerdem vorschlagen, die bereits zur Verfügung gestellten Materialien gemeinsam mit den ergänzten zu einem neuen Schulbuchkapitel zusammenzufassen.

Für den Fall, dass die in der skizzierten Unterrichtsstunde zu bearbeitende Fragestellung nicht vorgegeben, sondern von den Schülerinnen und Schülern selbst entwickelt werden soll, sei abschließend auf eine alternative Einstiegsmöglichkeit hingewiesen, die allerdings voraussetzt, dass das Schulbuch erst in der Erarbeitungsphase aufgeschlagen wird. Als Lehrer kann man M1 (Reichstagswahlen 1928–1932) z. B. als Kopie oder Overhead-Folie präsentieren und die Entwicklung der Wahlergebnisse zunächst beschreiben lassen. Aus dieser Beschreibung wird sich dann die Frage ergeben, wie sich die zunehmenden Wahlerfolge der NSDAP erklären lassen. Daran schließen alle weiteren, bereits beschriebenen Unterrichtsphasen an. Eine weitere Option des Quellenarrangements besteht darin, M4 nicht zur Erarbeitung, sondern zur Vertiefung heranzuziehen. Das bietet sich dann an, wenn bereits ergänzende Statistiken vorgelegt worden sind, die die in M4 behandelten Aspekte abdecken.

Insgesamt ergibt sich folgendes Fazit: Sicher eignen sich nicht alle Schulbuchkapitel oder Themen gleichermaßen, um in überschaubarer Zeit eine Unterrichtsreihe oder -stunde zu planen. Bisweilen wird eine „kleine" Schulbuchanalyse, die hier noch einmal schematisch zusammengefasst ist (Abb. 8), zu dem Ergebnis führen, dass nicht nur für die Erarbeitungsphase Quellen ergänzt werden müssen, sondern auch Materialien fehlen, mit denen sich ein funktionaler Einstieg anbahnen lässt. Manchmal wird man auch nicht daran vorbeikommen, Fragestellungen oder Arbeitsaufträge zu modifizieren. Grundsätzlich ist es jedoch eine lohnende Herausforderung, bei der Unterrichtsplanung von dem auszugehen, was das Schulbuch zur Verfügung stellt. Bei guten Schulgeschichtsbüchern wird man dann häufiger als erwartet feststellen, dass man auf Zusatzkopien getrost verzichten kann.

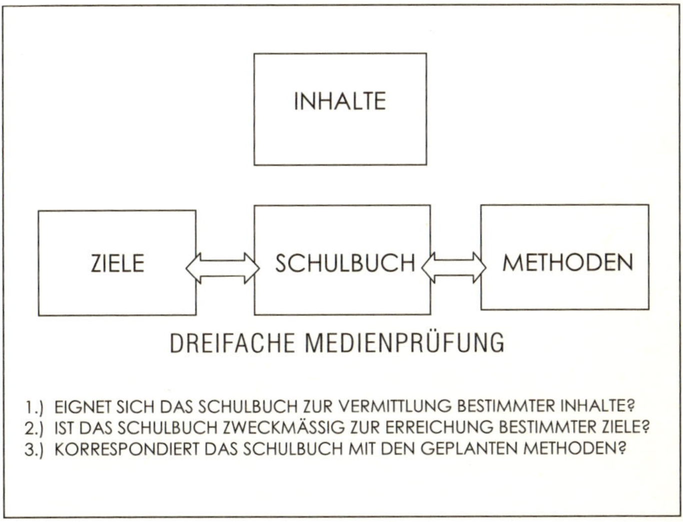

Abb. 8: Schema einer „kleinen" Schulbuchanalyse

7. Qualifikationen und Figuren: Lehr-lernmethodische Formen des Schulbucheinsatzes im Geschichtsunterricht

7.1 Forschungsstand

Wie lässt sich das Schulgeschichtsbuch auf methodisch motivierende Weise im Unterricht einsetzen? Und wie lassen sich mit seiner Hilfe reflektierte historische Lernprozesse erfolgreich initiieren? Zur Beantwortung dieser zentralen Fragen gibt es bislang drei Ansätze.[1] Klaus Fröhlich hat in Anlehnung an Wolfgang Hug[2] bereits Mitte der 1980er Jahre eine geschichtsmethodische Funktionstypologie der Schulbucharbeit entwickelt, die er zuletzt im Handbuch der Geschichtsdidaktik zur Diskussion gestellt hat.[3] Renate Teepe dagegen orientiert sich vor allem an verschiedenen Artikulationsformen bzw. Phasen des Geschichtsunterrichts und macht davon ausgehend pragmatische Vorschläge zur Schulbucharbeit für die Sekundarstufe I.[4] Ein kompetenzorientiertes Konzept, das ebenfalls auf die Sekundarstufe I ausgerichtet ist, hat vor kurzem Hilke Günther-Arndt vorgelegt.[5]

Fröhlich unterscheidet drei Grundformen der Schulbucharbeit, die verschiedene didaktische Funktionen erfüllen sollen, und zwar eine „darbietende", eine „heuristisch-instrumentelle" und eine „kritische Verwendungsweise".[6] Diese Grundformen korrespondieren z. T. mit unterschiedlichen geschichtsdidaktischen Konzeptionen, unterrichtsmethodischen Strukturierungskonzepten und verschiedenen Schulbuchtypen.

1 Vgl. außerdem die nichtsystematischen, aber wegen ihres praxisnahen Plädoyers für heuristische Schulbuchverwendungen wichtigen Anmerkungen von Klaus Bergmann/Rita Rohrbach: Chance Geschichtsunterricht. Eine Praxisanleitung für den Notfall, für Anfänger und Fortgeschrittene. Schwalbach/Ts. 2005, S. 30 ff.

2 Vgl. Wolfgang Hug: Das Schulgeschichtsbuch in der Unterrichtspraxis. In: Geschichtsdidaktik 2 (1977), S. 64-74; vgl. ders.: Geschichtsunterricht in der Praxis der Sekundarstufe I. Befragungen, Analysen und Perspektiven. 2., erg. Aufl. Frankfurt/M. 1980, S. 137-143.

3 Vgl. Klaus Fröhlich: Schulbucharbeit. In: Klaus Bergmann u. a. (Hrsg.): Handbuch der Geschichtsdidaktik. 5. Aufl. Seelze-Velber 1997, S. 422-429; vgl. ders.: Das Schulbuch. In: Hans-Jürgen Pandel/Gerhard Schneider (Hrsg.): Handbuch Medien im Geschichtsunterricht. Düsseldorf 1985, S. 91-114.

4 Vgl. Renate Teepe: Umgang mit dem Schulbuch. In: Ulrich Mayer/Hans-Jürgen Pandel/Gerhard Schneider (Hrsg.): Handbuch Methoden im Geschichtsunterricht. 2., überarb. Aufl. Schwalbach/Ts. 2007, S. 255-268.

5 Vgl. Hilke Günther-Arndt: Lehren und Lernen mit dem Schulbuch im Geschichtsunterricht der Sekundarstufe I. In: Geschichte in Wissenschaft und Unterricht 59 (2008), S. 4-19.

6 Fröhlich, Schulbucharbeit (wie Anm. 3), S. 425 f.

Während darbietende Schulbuchverwendung – meist ohne die damit verbundenen geschichtstheoretischen Probleme zu reflektieren – auf bloße historische Stoffvermittlung zielt, ist heuristisch-instrumentelle Schulbucharbeit letztlich nur im Rahmen eines problemorientierten, an spezifisch historischen Fragestellungen ausgerichteten Geschichtsunterrichts denkbar. Anders als im ersten Fall wäre ein klassischer Leitfaden (vgl. dazu Kapitel 3 dieses Buches) für einen solchen Unterricht vollkommen ungeeignet. Fröhlich zufolge ist für diesen Typ kennzeichnend, dass das Schulbuch „weniger darbietend verwendet als vielmehr absichtsvoll für verschiedene Unterrichtsphasen instrumentalisiert" wird.[7] Das Schulgeschichtsbuch – in diesem Fall ein kombiniertes Lern- und Arbeitsbuch – kann dann u. a. motivieren, indem es als Initiator historischer Fragestellungen und Hypothesen fungiert; es eignet sich als Material- bzw. Mediensammlung, auf deren Grundlage sich bestimmte Fragen bearbeiten lassen; und es dient als Nachschlagewerk und Überblicksdarstellung, mit deren Hilfe gewonnene Erkenntnisse erweitert und vertieft werden können.[8]

Während die beiden ersten Formen der Schulbucharbeit in wissenstypologischer Hinsicht besonders auf die Vermittlung bzw. Erarbeitung deklarativen Wissens ausgerichtet sind, also auf die Aneignung historischen Gegenstandswissens über bestimmte Personen, Ereignisse und Strukturen abzielen, besteht die Hauptabsicht kritischer Schulbucharbeit darin, dass Schülerinnen und Schüler prozedurales Wissen erwerben.[9] Typisch für kritische Schulbucharbeit ist, dass das Schulbuch als Lernmedium in Frage gestellt, dass seine Narrationen analysiert und mit anderen historischen Deutungsangeboten verglichen werden. Eine anspruchsvolle Form kritischer Schulbuchverwendung ist der synchrone oder diachrone Schulbuchvergleich, dessen Möglichkeiten, aber auch Grenzen man allerdings sorgfältig abwägen muss (vgl. dazu Kap. 7.5).[10]

---

7 Ebd., S. 427.

8 Vgl. Hug, Geschichtsunterricht (wie Anm. 2), S. 138.

9 Zur Unterscheidung vgl. Hilke Günter-Arndt: Umrisse einer Geschichtsmethodik. In: Dies. (Hrsg.): Geschichts-Methodik. Handbuch für die Sekundarstufe I und II. Berlin 2007, S. 9-24, hier S. 16, und dies.: Historisches Lernen und Wissenserwerb. In: Dies. (Hrsg.): Geschichts-Didaktik. Praxishandbuch für die Sekundarstufe I und II. 2. Aufl. Berlin 2005, S. 23-47, hier S. 38-42.

10 Vgl. Waltraud Schreiber/Sylvia Mebus (Hrsg.): Durchblicken. Dekonstruktion von Schulbüchern. 2., überarb. u. aktual. Aufl. Neuried 2006. Einige der dort unterbreiteten Vorschläge stellen für Schülerinnen und Schüler zweifelsohne eine Überforderung dar.

Fröhlichs Ansatz ist bislang, neben dem von Günther-Arndt, theoretisch am stärksten elaboriert. Eine Schwäche besteht aber darin, dass er auf pragmatische Konkretisierungen fast vollständig verzichtet. Hinsichtlich der darbietenden Schulbuchverwendung etwa weist Fröhlich, abgesehen von der kritischen Erwähnung inzwischen überholter methodischer Fehlformen (z. B. lautes Vorlesen und individuelles Nacherzählen), nur darauf hin, dass diese Form der Schulbuchnutzung oft als „Hausaufgabe sowohl vorbereitender als auch nachbereitender Art" aufgegeben werde.[11] Auch hinsichtlich der anderen Grundformen sind seine Ausführungen eher vage, sodass er dem Leser eine Beschreibung konkreter Figuren des Schulbucheinsatzes insgesamt schuldig bleibt.

Teepe dagegen verfährt ausgesprochen praxisorientiert. Sie verzichtet darauf, ihre Methodenvorschläge theoretisch zu begründen bzw. zu systematisieren und orientiert sich vor allem an verschiedenen Artikulationsformen bzw. Phasen des Geschichtsunterrichts.[12] Allerdings wendet Teepe diese Strukturierung nicht konsequent an. Sie thematisiert zwar, welche Möglichkeiten der Schulbucharbeit es in der Einstiegs- und Erarbeitungsphase gibt, vernachlässigt aber den wichtigen Aspekt der Ergebnissicherung. Ausgehend von den Phasen des Geschichtsunterrichts, unterbreitet Teepe verschiedene methodische Vorschläge, die wie z. B. die „Methode des Strukturenlegens"[13] zur Untersuchung von Autorentexten im Einzelnen zwar durchaus sinnvoll sein mögen, jedoch vielfach das Medium Schulbuch in seiner Gesamtheit aus dem Blick verlieren. Auch Teepes Empfehlungen zur Arbeit mit Bildern sind anregend, gehen aber über das bereits bekannte Methodenrepertoire zur Bildarbeit bzw. Bildinterpretation[14] nicht hinaus und werden im Sinne einer Methodik des Schulbucheinsatzes nicht systematisch entfaltet.

Problematisch sind darüber hinaus zwei weitere Aspekte. Zwar ist es zu begrüßen, dass sich Teepes Ausführungen von Beispielen pauschaler Schulbuchschelte[15] wohltuend abheben; aber ihr Urteil ist insgesamt zu unkritisch. Warum Teepe *das* Schulbuch z. B. ohne jede Differenzierung als „schülerzentriert" bezeichnet und aus welchem Grund sie die Auffas-

11 Fröhlich, Schulbucharbeit (wie Anm. 3), S. 426.

12 Teepe, Umgang mit dem Schulbuch (wie Anm. 4), S. 258 ff.

13 Ebd., S. 262.

14 Vgl. Michael Sauer: Bilder im Geschichtsunterricht. Typen, Interpretationsmethoden, Unterrichtsverfahren. 3. Aufl. Seelze-Velber 2007, und Hans-Jürgen Pandel: Bildinterpretation. Die Bildquelle im Geschichtsunterricht. Bildinterpretation I. Schwalbach/Ts. 2008.

15 Vgl. Konrad Rahe: Wie man Schulbücher nicht machen darf! Eine Polemik zum Klett-Lehrwerk ‚Geschichte und Geschehen'. In: Andreas Körber (Hrsg.): Geschichte – Leben – Lernen. Bodo von Borries zum 60. Geburtstag. Schwalbach/Ts. 2003, S. 215-224.

sung vertritt, dass durch neu entwickelte Schulbücher „weitere Materialsuche weitgehend überflüssig wird“,[16] ist jedenfalls nicht nachvollziehbar. Der zweite Aspekt hängt mit dem ersten eng zusammen. Angesichts einer weitgehend unkritischen Einstellung zum Medium Schulbuch und einer kurzen Auflistung der „Merkmale eines guten Buches“,[17] die hinter die grundlegenden Überlegungen Jörn Rüsens weit zurückfällt,[18] kommen für Teepe Formen kritischer Schulbuchverwendung offenbar nicht in Frage. Stattdessen gibt es deutliche Schwerpunktsetzungen im Bereich vermeintlich handlungsorientierter Verfahren,[19] die möglicherweise einer Ausrichtung auf die Sekundarstufe I geschuldet sind, mit historischem Lernen jedoch nichts oder nur wenig zu tun haben. Was ist beispielsweise gewonnen, wenn Schülerinnen und Schüler sich nach dem Betrachten einer Auftaktdoppelseite eine bestimmte Person aussuchen, sie abzeichnen oder kopieren und „dann auf Pappe“ kleben sollen?[20] Oder welchen historischen Lerngewinn bringt es, wenn am Ende des Schuljahres der „Abschied“ vom Schulbuch „zelebriert“ wird „wie ein letztes Treffen mit einem treuen Wegbegleiter“?[21] Solche Vorschläge können bestenfalls als Versuch interpretiert werden, bei Schülerinnen und Schülern eine gewisse emotionale Bindung zum Schulbuch aufzubauen, die vielen von ihnen ausweislich empirischer Forschung eher fehlt.[22] Aber auch der gegenteilige Effekt könnte eintreten. Dann würde die Distanz zwischen Medium und Benutzer auf diese Weise sogar vergrößert.

16 Teepe, Umgang mit dem Schulbuch (wie Anm. 4), S. 255.

17 Ebd., S. 255 f.

18 Vgl. Jörn Rüsen: Das ideale Schulbuch. Überlegungen zum Leitmedium des Geschichtsunterrichts. In: Internationale Schulbuchforschung 14 (1992), S. 237-250.

19 Teepe vertritt dabei offenbar ein allgemeinpädagogisches Konzept von Handlungsorientierung, das geschichtsdidaktisch nicht profiliert ist und daher insgesamt banal bleibt. Zum Begriff der Handlungsorientierung vgl. Marko Demantowsky: Unterrichtsmethodische Strukturierungskonzepte. In: Hilke Günther-Arndt (Hrsg.): Geschichts-Methodik. Handbuch für die Sekundarstufe I und II. Berlin 2007, S. 63-76, hier S. 70 ff. Dort findet sich auch eine knappe Übersicht über andere Konzeptionalisierungen. Vgl. z. B. Bärbel Völkel: Handlungsorientierung im Geschichtsunterricht. 2. Aufl. Schwalbach/Ts. 2008, und Elke Mahler: Handlungsorientierter Geschichtsunterricht. Theorie – Praxis – Empirie (Schriften zur Geschichtsdidaktik, Bd. 19). Idstein 2006.

20 Vgl. Teepe, Umgang mit dem Schulbuch (wie Anm. 4), hier S. 257.

21 Ebd., S. 267.

22 Vgl. Bodo von Borries u. a.: Schulbuchverständnis, Richtlinienbenutzung und Reflexionsprozesse im Geschichtsunterricht. Eine qualitativ-quantitative Schüler- und Lehrerbefragung im Deutschsprachigen Bildungswesen 2002 (Bayerische Studien zur Geschichtsdidaktik, Bd. 9). Neuried 2005, S. 67.

Die konzeptionellen Vorschläge, die *Günther-Arndt* vor kurzem zur Schulbucharbeit gemacht hat, beschränken sich ebenfalls auf die Sekundarstufe I, sind jedoch z.T. zu verallgemeinern. Ein wesentliches Merkmal ihres Ansatzes, der auf langjährigen Erfahrungen mit dem Schulbuch, u.a. als Autorin und Herausgeberin, beruht, besteht darin, dass es hier erstmals um „Möglichkeiten zur Kompetenzförderung" geht.[23] Günther-Arndts Verdienst ist zum einen, dass sie ihre Vorschläge zur Schulbucharbeit durch eine systematische Einbindung in eine Methodik des Geschichtsunterrichts theoretisch anschlussfähig macht. Dabei verfolgt sie ein Konzept, das lehr- und lernmethodische Typen der Schulbucharbeit miteinander verbindet und sowohl erarbeitenden und aufgabenbasierten Geschichtsunterricht als auch historischen Projektunterricht berücksichtigt.[24] Zum anderen argumentiert Günther-Arndt ausgesprochen pragmatisch und nimmt Methodenarrangements, die einige Schulgeschichtsbücher inzwischen z.B. zur Durchführung einer historischen Problemuntersuchung anbieten,[25] zu Recht ernst, weil dadurch für den Unterrichtsalltag eine willkommene Arbeitserleichterung zu erwarten ist.

Da im Unterricht häufiger mit Quellen gearbeitet wird und entsprechende Methoden geläufig sind, der Umgang mit Darstellungstexten jedoch oft unberücksichtigt bleibt, setzt Günther-Arndt hier einen Schwerpunkt. Ausgehend von dieser Akzentuierung, unterbreitet sie zunächst Vorschläge, wie mit dem Schulbuch Recherchekompetenz entwickelt werden kann. Anschließend geht es um Möglichkeiten der historischen Problemuntersuchung, der Erarbeitung eines historischen Themas und des Erwerbs von Kontextwissen. Und schließlich macht Günther-Arndt Bemerkungen zum Methodentraining und zu den Bereichen „Stationenlernen und Planarbeit mit dem Schulbuch".[26] Besonders relevant ist ihr Hinweis, dass es für „einen erfolgreichen Geschichtsunterricht" darauf ankommt, „die Beziehungen zwischen Darstellungstexten, darstellenden Medien und Quellen sowie die unterrichtliche Funktion dieser Beziehungen zu klären".[27] So stark, wie vielfach suggeriert, erleichtern also auch neuere Schulgeschichtsbücher

23 Vgl. Günther-Arndt, Lehren und Lernen mit dem Schulbuch (wie Anm. 5), S. 6.

24 Vgl. dazu Hilke Günther-Arndt: Methodik des Geschichtsunterrichts. In: Dies. (Hrsg.): Geschichts-Didaktik. Praxishandbuch für die Sekundarstufe I und II. 2. Aufl. Berlin 2005, S. 151-196, hier S. 176-196.

25 Vgl. Günther-Arndt, Lehren und Lernen mit dem Schulbuch (wie Anm. 5), S. 9.

26 Ebd., S. 16-18.

27 Ebd., S. 18.

das Lehren keineswegs. Vielmehr ist eine genaue Schulbuchanalyse seitens der Lehrer unabdingbar.

Trotz zahlreicher Stärken wirft auch der konzeptionelle Ansatz Günther-Arndts zwei Probleme auf, die im einen Fall mit selbst auferlegten Beschränkungen, im anderen Fall mit ungelösten Fragen der Disziplin zu tun haben. Problematisch ist zunächst, dass Günther-Arndt zwar selbst auf die Notwendigkeit der Entwicklung von Gattungskompetenz hinweist,[28] aber Formen kritischer Schulbuchverwendung und vor allem eines kritischen Umgangs mit den Deutungsangeboten von Darstellungstexten nicht thematisiert. Obwohl solche Arbeitsformen wohl bestenfalls ansatzweise zu Beginn der Sekundarstufe I realisiert werden können, ist ihre Anbahnung am Ende dieser Phase unerlässlich. Das zweite Problem betrifft den Kompetenzbegriff. Günther-Arndts Ansatz führt zwar in die richtige Richtung, er wirft aber Fragen auf, weil in der geschichtsdidaktischen Diskussion über verschiedene Kompetenzmodelle ein tragfähiger Konsens einstweilen nicht in Sicht ist. Erschwerend kommt hinzu, dass sowohl das FUER-Kompetenzmodell als auch die Konzepte von Pandel, Gautschi und Sauer empirisch nicht oder nicht hinreichend abgesichert sind.[29] Zwar nimmt Günther-Arndt auf keines dieser Modelle ausdrücklich Bezug.[30] Sie verzichtet jedoch auch auf eine systematische Erläuterung und Begründung ihres eigenen Kompetenzmodells.[31] Einerseits umfasst ihr Konzept fachspezifische Elemente, andererseits zielt es auf allgemeine Schlüsselqualifikationen. Recherchekompetenz z. B. mag zwar „selbständiges historisches

28 Vgl. ebd., S. 12.

29 Vgl. Andreas Körber/Waltraud Schreiber/Alexander Schöner (Hrsg.): Kompetenzen historischen Denkens. Ein Strukturmodell als Beitrag zur Kompetenzorientierung in der Geschichtsdidaktik (Kompetenzen: Grundlagen – Entwicklung – Förderung, Bd. 2). Neuried 2007; Hans-Jürgen Pandel: Geschichtsunterricht nach PISA. Kompetenzen, Bildungsstandards und Kerncurricula. Schwalbach/Ts. 2005, S. 24-52; Peter Gautschi: Guter Geschichtsunterricht: Grundlagen, Erkenntnisse, Hinweise. Schwalbach/Ts. 2009, S. 48-66; Michael Sauer: Kompetenzen für den Geschichtsunterricht – ein pragmatisches Modell als Basis für die Bildungsstandards des Verbandes der Geschichtslehrer. In: Informationen für den Geschichts- und Gemeinschaftskundelehrer 72 (2006), S. 7-20. Vgl. dazu die kritischen Einschätzungen von Wolfgang Hasberg: Von PISA nach Berlin. Auf der Suche nach Kompetenzen und Standards historischen Lernens. In: Geschichte in Wissenschaft und Unterricht 56 (2005), S. 684-702, und Bernd Schönemann: Bildungsstandards und Geschichtsunterricht. Ein Kommentar zu Waltraud Schreiber und Michael Sauer. In: Zeitschrift für Pädagogik 54 (2008), S. 218-221.

30 Wenn sie wie auf S. 12 ihres Aufsatzes von Gattungskompetenz spricht, ist das ein Verweis auf Pandels Kompetenzmodell.

31 Vgl. Günther-Arndt, Umrisse einer Geschichtsmethodik (wie Anm. 9), S. 15 ff.

Lernen" durchaus fördern,[32] ist für sich genommen aber keine genuin historische Fähigkeit.

Angesichts der angedeuteten Theorie- und vor allem Empiriedefizite der geschichtsdidaktischen Debatte wird im Folgenden ein bescheidenerer Ansatz verfolgt. Das Ziel guter Schulbucharbeit besteht dabei in der Förderung fach- und medienspezifischer Qualifikationen. Das bedeutet *erstens*, dass es – so groß das entsprechende Desiderat auch sein mag – nicht darum gehen kann, Methoden der Leseförderung oder der Verbesserung historischen Textverstehens vorzustellen. Denn das würde eine breit angelegte, domänenspezifische Forschung voraussetzen, die es bislang nicht gibt. *Zweitens* kann der Anspruch fach- und medienspezifischer Qualifikationsförderung nur dann eingelöst werden, wenn charakteristische Kategorien der Geschichtswissenschaft bzw. der Geschichtsdidaktik, also z. B. Zeit und Raum bzw. Multiperspektivität und reflektiertes Geschichtsbewusstsein, im Rahmen der Schulbucharbeit so weit wie möglich Berücksichtigung finden. Und *drittens* muss man die mediale Eigenlogik des Schulbuchs im Blick behalten. Weil das Schulgeschichtsbuch ein Kompaktmedium ist (vgl. dazu Kapitel 4 dieses Bandes), verdient seine mediale Komplexität besondere Aufmerksamkeit. Ziel ist deshalb nicht in erster Linie die Anbahnung eines qualifizierten Umgangs mit einzelnen Medienbausteinen (z. B. Bilder, Textquellen etc.), sondern die Ermöglichung einer angemessenen Arbeit mit dem Kompaktmedium Schulbuch als Ganzem.

Bei der Erarbeitung der folgenden Vorschläge kam es nicht darauf an, das Rad jedes Mal neu zu erfinden, sondern es ging auch um eine Systematisierung dessen, was in einigen neueren Schulgeschichtsbüchern bereits zu finden ist. Unsere Methodenvorschläge sind dabei so angeordnet, dass die Anforderungen von der reorganisierenden Informationsentnahme[33] bis zum ideologiekritisch ausgerichteten synchronen oder diachronen Schulbuchvergleich allmählich ansteigen. Eine scharfe Trennung ist allerdings nicht möglich, weil – um Karl-Ernst Jeismanns bekannte Trias aufzugreifen – Analyse, Sach- und Werturteile auf kom-

32 Vgl. Günther-Arndt, Lehren und Lernen mit dem Schulbuch (wie Anm. 5), S. 8.

33 Wir folgen also nur bedingt der Logik der EPA-Anforderungsbereiche, weil z. B. schlichte Wissensreproduktion (Anforderungsbereich I) lerntheoretisch wohl nicht möglich ist. Vgl. Einheitliche Prüfungsanforderungen in der Abiturprüfung Geschichte. Beschluss der Kultusministerkonferenz vom 01.12.1989 in der Fassung vom 10.02.2005. Im Internet einzusehen unter: http://www.kmk.org/fileadmin/pdf/PresseUndAktuelles/Beschluesse_Veroeffentlichungen/allg_Schulwesen/196-13_EPA-Geschichte-Endversion-formatiert.pdf (aufgerufen am 10.01.2010), hier v. a. S. 6-8.

plexe Weise ineinander greifen.[34] Die Anordnung der Kapitel 7.2 bis 7.4 orientiert sich außerdem am Prozess historischer Erkenntnis. Zunächst geht es um das Sammeln und Ordnen historischer Informationen durch Reorganisation, dann um historischen Erkenntnisgewinn durch Materialerschließung und schließlich um historische Urteilsbildung durch problemorientierte Narrativierung und Vermittlung der gewonnenen Erkenntnisse.[35] Die vorgestellten Methodenfiguren bauen also erkenntnislogisch aufeinander auf. Ausgangspunkt des historischen Lernprozesses sind dabei im Idealfall klar formulierte Fragen,[36] die man aus dem Schulbuch entweder übernehmen kann oder selbstständig stellen muss. Zur Erschließung dieser Fragen bzw. Arbeitsaufträge enthalten neuere Schulgeschichtsbücher inzwischen oft hilfreiche Methodenseiten, auf denen die Schülerinnen und Schüler genaue Erläuterungen der verwendeten Operatoren finden.[37]

Zur methodischen Differenzierung bietet es sich an einigen Stellen an, die Unterscheidung zwischen drei für den Geschichtsunterricht relevanten Lehr-Lernkonzepten heranzuziehen: Wie lässt sich also Schulbucharbeit im erarbeitenden, wie im aufgabenbasierten und wie im projektförmigen Geschichtsunterricht gestalten? Diese Differenzierung ist jedoch nicht in jedem Fall notwendig, weil sehr viele Typen der Schulbucharbeit im Rahmen mehrerer Lehr-Lernkonzepte anwendbar sind.

Es ist beinahe überflüssig, darauf hinzuweisen, dass nicht alle Methoden des Schulbucheinsatzes, die im Folgenden vorgestellt werden, in allen Jahrgangsstufen in gleicher Weise Verwendung finden können. Vor allem komplexe Formen des Schulbuchvergleiches sind für den Anfangsunterricht im Regelfall zu anspruchsvoll. Es kommt also darauf an, die Arbeit mit dem Schulbuch an das Leistungsniveau einzelner Lerngruppen individuell anzupassen.

34 Vgl. z. B. Karl-Ernst Jeismann: „Geschichtsbewußtsein". Überlegungen zur zentralen Kategorie eines neuen Ansatzes der Geschichtsdidaktik. In: Hans Süssmuth (Hrsg.): Geschichtsdidaktische Positionen. Bestandsaufnahme und Neuorientierung. Paderborn u. a. 1980, S. 179-222, hier S. 204-214.

35 Vgl. Saskia Handro: Historische Erkenntnisverfahren. In: Hilke Günther-Arndt (Hrsg.): Geschichts-Methodik. Handbuch für die Sekundarstufe I und II. Berlin 2007, S. 25-45, hier S. 30-41, und Saskia Handro/Bernd Schönemann: Geschichte und Sprache – eine Einführung. In: Dies. (Hrsg.): Geschichte und Sprache (Zeitgeschichte – Zeitverständnis, Bd. 21). Berlin 2010, S. 3-15.

36 Vgl. Holger Thünemann: Fragen im Geschichtsunterricht. Forschungsstand und Forschungsperspektiven. In: Zeitschrift für Geschichtsdidaktik 8 (2009), S. 115-124.

37 Vgl. z. B. Dieter Brückner/Harald Focke (Hrsg.): Das waren Zeiten. Bd. 1. Von den Frühmenschen zur Ständegesellschaft. Bamberg 2008, o.S. [erste Innenseite des Buches]; Michael Sauer (Hrsg.): Geschichte und Geschehen. Sekundarstufe 1. Bd. 3. Stuttgart 2009, S. 314 f.

7.2 Informationsentnahme durch Reorganisation

Im Folgenden werden zunächst Methodenfiguren der Schulbucharbeit vorgestellt, die *in erster Linie* auf den Erwerb basaler Qualifikationen ausgerichtet sind. Das Ziel besteht darin, aus schriftlichen oder visuellen Darstellungen Informationen zu entnehmen. Aufgabe der Lehrer ist es, diese Darstellungen zuvor auf ihre Sachrichtigkeit zu überprüfen. Die Schülerinnen und Schüler können auf historische Analyse und Kritik hier also noch weitgehend verzichten. Deshalb spielen Quellen im Folgenden nur eine untergeordnete Rolle. Gut begründen lässt sich diese Beschränkung am Beispiel historischer Karikaturen. Hier wäre es nicht nur unmöglich, sondern didaktisch auch kontraproduktiv, für die geforderte Sachrichtigkeit als Voraussetzung einer sinnvollen Informationsreorganisation sorgen zu wollen. Denn das Charakteristikum von Karikaturen besteht darin, dass sie sich mit historischen Personen, Ereignissen oder Entwicklungen dezidiert kritisch, d. h. ganz bewusst nicht mit dem Ziel sachlicher Angemessenheit, sondern subjektiver Wertung und Überzeichnung auseinandersetzen.

Das Verfahren der Informationsentnahme sollte den Geschichtsunterricht allerdings nicht dominieren.[38] Prinzipiell ist die Fähigkeit dazu aber unverzichtbar. Weil Informationsentnahme für den erfolgreichen Fortgang historischer Lernprozesse die Voraussetzung bildet, wird der Anbahnung dieser Qualifikation im Folgenden bewusst viel Platz eingeräumt. Nur wenn das Methodenrepertoire auch hier abwechslungsreich ist, lässt sich demotivierender Geschichtsunterricht vermeiden.

Da Informationsentnahme im Sinne einer gemäßigt konstruktivistischen Lehr-Lerntheorie nicht einfach rezeptiv erfolgt,[39] sprechen wir bewusst von *Informationsentnahme durch Reorganisation.* Darunter wird also eine eigenständige Strukturierungsleistung verstanden. Einerseits lässt sich diese Strukturierungsleistung kategorial differenzieren. Es geht nämlich im Wesentlichen um Informationsreorganisation auf der Basis der Kategorien Zeit und Raum. Andererseits ist eine Differenzierung möglich, die darauf abzielt, ob Informationen im selben Medium reorganisiert werden oder ob ein Medienwechsel vollzogen wird. Schriftli-

38 Vgl. Bergmann/Rohrbach, Chance Geschichtsunterricht (wie Anm. 1), S. 31 f.

39 Vgl. Saskia Handro: Konstruktivismus. In: Ulrich Mayer u. a. (Hrsg.): Wörterbuch Geschichtsdidaktik. 2., überarb. und erw. Aufl. Schwalbach/Ts. 2009, S. 119 f. Vgl. außerdem Joachim Rohlfes: Konstruktivismus – Stärken und Schwächen einer Erkenntnis- und Lerntheorie. In: Geschichte in Wissenschaft und Unterricht 60 (2009), S. 707-719, und Jörg van Norden: Lob eines narrativen Konstruktivismus. In: Geschichte in Wissenschaft und Unterricht 60 (2009), S. 734-741.

che Darstellungen werden dann z. B. in ein Schaubild überführt oder Schaubilder in Informationstexte.

7.2.1 Zeitleisten

Die erste Möglichkeit der reorganisierenden Informationsentnahme ist das Anfertigen einer Zeitleiste[40] – ein Verfahren, das im Rahmen aller Lehr-Lernkonzepte in Frage kommt. Zeitleisten stellen den Verlauf der Zeit in räumlich-abstrakter Weise dar und sind Mittel historischer Orientierung. Eine Zeitleiste zu erstellen, erscheint zunächst einfach, erweist sich in der Unterrichtspraxis jedoch als anspruchsvoll. Wenn Zeitleisten ihren Zweck erfüllen und wichtige Informationen übersichtlich ordnen sollen, müssen Schülerinnen und Schüler folgende Fragen beantworten: Welche Informationen sind wichtig, welche unwichtig? Wann beginnen bestimmte historische Prozesse, und wann enden sie? Die Suche nach einer Antwort führt zu einem Reflexionsprozess über die Bedeutung historischer Tatsachen und über die Probleme historischer Periodisierung. Auf diese Weise entsteht reflektiertes Geschichtsbewusstsein. Indem Schülerinnen und Schüler eine begründete Auswahl treffen, vollziehen sie eine Aufgabe des Historikers. Sie schaffen die Voraussetzung dafür, dass aus Vergangenheit Geschichte wird.

Wie die Unterscheidung zwischen Wichtigem und Unwichtigem jeweils getroffen wird, hängt von verschiedenen Faktoren ab. Erstens kann sie durch die Vorgabe beeinflusst werden, dass die Zeitleiste z. B. maximal zehn Daten umfassen darf. Als Lehrer muss man sich daher im Vorfeld fragen, wie stark sich der Kernbestand relevanter Daten begrenzen lässt und inwieweit Schüler in der Lage sind, diese Reduktionsleistung auch zu erbringen. Zweitens ist die Unterscheidung zwischen Wichtigem und Unwichtigem davon abhängig, welches individuelle historische Vorwissen bereits vorhanden ist. Und drittens kommt es auf den thematischen Zuschnitt einer Zeitleiste an. Eine Zeitleiste zur athenischen Innenpolitik im 5. Jahrhundert v. Chr. muss andere Aspekte berücksichtigen als ein Zeitstrahl, bei dem es um die Außenpolitik der Polis Athen geht. In einigen Fällen ist eine allzu scharfe Trennung aber nicht sinnvoll, weil außenpolitische Vorgänge mit innenpolitischen Entwicklungen aufs Engste verknüpft sind. Der politisch-soziale Aufstieg der Theten z. B. ist nur dann zu erklären, wenn man ihre Bedeutung

40 Vgl. Michael Sauer: Die Zeitleiste. In: Hans-Jürgen Pandel/Gerhard Schneider (Hrsg.): Handbuch Medien im Geschichtsunterricht. 4. Aufl. Schwalbach/Ts. 2007, S. 197-208.

als Ruderer während der Perserkriege in Betracht zieht.[41] Indem Schülerinnen und Schüler sich über solche Phänomene Gedanken machen, stellen sie bereits historische Zusammenhänge her. Eine Möglichkeit, solche Zusammenhänge zu kennzeichnen, besteht darin, dass zwei Zeitleisten – eine mit einer primär innenpolitischen Ausrichtung, eine andere mit außenpolitischem Schwerpunkt – parallelisiert und dass durch Pfeile historische Wechselwirkungen angedeutet werden.

7.2.1.1 Variante I: ein virtuelles Tagebuch verfassen

Eine motivierende Variante der Zeitleiste ist das Anfertigen eines „Tagebuches", das allerdings nicht Tag für Tag geführt werden soll. Auch hier kommt es nämlich darauf an, die Zahl möglicher Einträge zu reduzieren und eine begründete Auswahl vorzunehmen. Im Unterschied zur herkömmlichen Zeitleiste bietet es sich an, dies nach dem Kriterium der sozialen Perspektive zu tun. Im aufgabenbasierten Geschichtsunterricht könnte dann z. B. ein Teil der Klasse den Autorentext eines Schulbuches zu den ersten Jahren der Französischen Revolution bis zum Beginn der *terreur* aus der Sicht eines arbeitslosen, in Paris lebenden Schriftsetzers als „Tagebuch" umschreiben, während ein anderer Teil die gleiche Phase aus der Sicht eines vermögenden Bürgers oder des französischen Königs zusammenfasst. Während es aus seiner Perspektive wohl von zentraler Bedeutung war, dass die Nationalversammlung am 3. September 1791 eine neue Verfassung beschloss oder dass er ein gutes Jahr später abgesetzt und Frankreich zur Republik erklärt wurde, war es für den arbeitslosen und daher wahrscheinlich Hunger leidenden Schriftsetzer vermutlich wesentlich wichtiger, wann die Regierung Höchstgrenzen für Brotpreise festsetzte. Wenn Informationen so reorganisiert werden, lässt sich Schülerinnen und Schülern sehr gut der multiperspektivische Charakter von Geschichte verdeutlichen. Auf diese Weise lässt sich also bereits ein historischer Erkenntnisgewinn anbahnen.

7.2.1.2 Variante II: eine „Fieberkurve" erstellen

Eine weitere Abwandlung der Zeitleiste, die die Schulbuchautorin Ursula Fries im Hinblick auf die gerade erwähnte Französische Revolution vorgeschlagen hat, besteht darin, eine so genannte „Fieberkurve" zu erstellen. Dazu werden auf der x-Achse eines Koordinatensystems relevante historische Daten eingetragen, während auf der y-Achse „das ‚Fieber' gemessen" wird, „d. h. je ‚revolutionärer' das Ereignis war, desto

41 Vgl. Peter Funke: Athen in klassischer Zeit. 2., durchges. u. aktual. Aufl. München 2003, S. 40.

höher wird es auf der y-Achse angesetzt“ (Abb. 1).[42] Dieses Verfahren bietet sich auch zum Abschluss einer Unterrichtsreihe an, wenn es darauf ankommt, wesentliche Informationen zu sichern und gleichzeitig ein historisches Urteil zu fällen.

Eine „Fieberkurve“ der Revolution

LERNEN LERNEN

In diesem Kapitel werdet ihr mit einer Fülle von Ereignissen konfrontiert. Da sich gerade in revolutionären Zeiten die Geschehnisse überschlagen, ist es wichtig, nicht den Überblick zu verlieren. Hilfreich dazu ist z. B. die Darstellung in Form einer Zeitleiste, wie ihr sie schon früher kennen gelernt habt. Das Prinzip der Zeitleiste lässt sich verfeinern, indem man die Ereignisse gewichtet und bewertet.

Zeichnet zunächst ein Koordinatensystem.

Es ist üblich, auf der x-Achse die Zeitabschnitte einzutragen. Dazu wählt man einen angemessenen Ausschnitt aus, für unser Thema z. B. die Jahre von 1788–1799. Die x-Achse stellt sich dann folgendermaßen dar:

Auf der y-Achse wird nun das „Fieber“ gemessen, d. h. je „revolutionärer“ das Ereignis war, desto höher wird es auf der y-Achse angesetzt. So würde man die Einberufung der Generalstände z. B. noch relativ niedrig einordnen, die Hinrichtung des Königs dagegen erheblich höher.

1) Einberufung der Generalstände
2) Hinrichtung des Königs

Die Datenleisten in diesem Kapitel enthalten 17 Ereignisse aus der Zeit von 1788 bis 1799. Stellt, z. B. in Gruppenarbeit, diese Ereignisse in Form einer Fieberkurve dar. Ein Tipp: Wählt das Papier nicht zu klein! Es ist auch möglich, ein Poster zu gestalten, eine Folie zu benutzen oder den Computer einzusetzen. Präsentiert eure Grafiken den anderen Gruppen und vergleicht eure Ergebnisse.

Diskutiert anschließend darüber, wie sich die Unterschiede zwischen euren „Fieberkurven“ erklären lassen.

Abb. 1: „Fieberkurve“

42 Vgl. Ernst Klett Schulbuchverlag (Hrsg.): Geschichte und Geschehen. Sekundarstufe I. Bd. 3. Leipzig 2004, S. 145.

7.2.1.3 Variante III: eine „Distanzkurve" anfertigen

Auch bei dem von Rolf Brütting unterbreiteten Vorschlag, eine Grafik anzufertigen, in der unterschiedliche Grade der Distanz bzw. Nähe zwischen den beiden deutschen Staaten seit 1945 dargestellt werden sollen, handelt es sich letztlich um eine Variante der Zeitleiste, wobei auch hier bereits historischer Erkenntnisgewinn möglich ist. Allerdings zeigt dieses Beispiel, das als „Distanzkurve" bezeichnet werden kann (Abb. 2),[43] dass man mit solchen Varianten sorgfältig umgehen muss,

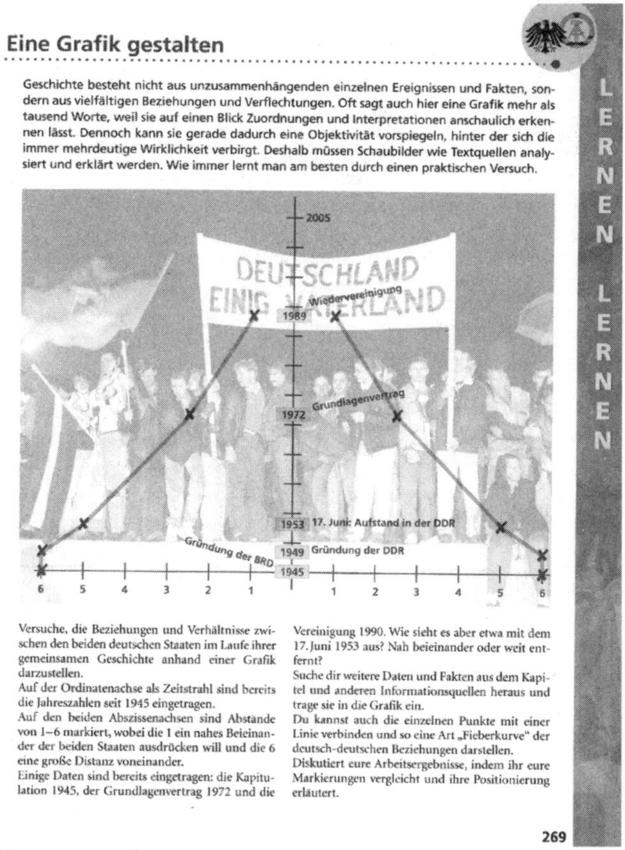

Eine Grafik gestalten

Geschichte besteht nicht aus unzusammenhängenden einzelnen Ereignissen und Fakten, sondern aus vielfältigen Beziehungen und Verflechtungen. Oft sagt auch hier eine Grafik mehr als tausend Worte, weil sie auf einen Blick Zuordnungen und Interpretationen anschaulich erkennen lässt. Dennoch kann sie gerade dadurch eine Objektivität vorspiegeln, hinter der sich die immer mehrdeutige Wirklichkeit verbirgt. Deshalb müssen Schaubilder wie Textquellen analysiert und erklärt werden. Wie immer lernt man am besten durch einen praktischen Versuch.

Versuche, die Beziehungen und Verhältnisse zwischen den beiden deutschen Staaten im Laufe ihrer gemeinsamen Geschichte anhand einer Grafik darzustellen.
Auf der Ordinatenachse als Zeitstrahl sind bereits die Jahreszahlen seit 1945 eingetragen.
Auf den beiden Abszissenachsen sind Abstände von 1–6 markiert, wobei die 1 ein nahes Beieinander der beiden Staaten ausdrücken will und die 6 eine große Distanz voneinander.
Einige Daten sind bereits eingetragen: die Kapitulation 1945, der Grundlagenvertrag 1972 und die Vereinigung 1990. Wie sieht es aber etwa mit dem 17. Juni 1953 aus? Nah beieinander oder weit entfernt?
Suche dir weitere Daten und Fakten aus dem Kapitel und anderen Informationsquellen heraus und trage sie in die Grafik ein.
Du kannst auch die einzelnen Punkte mit einer Linie verbinden und so eine Art „Fieberkurve" der deutsch-deutschen Beziehungen darstellen.
Diskutiert eure Arbeitsergebnisse, indem ihr eure Markierungen vergleicht und ihre Positionierung erläutert.

269

Abb. 2: „Distanzkurve"

43 Vgl. Ernst Klett Schulbuchverlag (Hrsg.): Geschichte und Geschehen. Sekundarstufe I. Bd. 4. Leipzig 2005, S. 269.

wenn man nicht historischen Fehlurteilen Vorschub leisten will. Die abgebildete Grafik suggeriert nämlich, dass die beiden deutschen Teilstaaten sich einander kontinuierlich und ohne erkennbare Rückschläge angenähert hätten. Zum einen ist diese Vorstellung irreführend, zum anderen wird nicht ausdrücklich thematisiert, welche Dimension des Historischen fokussiert wird. Denn es macht einen großen Unterschied, ob man z. B. eine Grafik zur deutsch-deutschen Mentalitätsgeschichte erstellt oder ob eine Geschichte der politischen Vertragswerke grafisch dargestellt werden soll.

7.2.1.4 Variante IV: eine Bildchronik erstellen

Eine Methodenfigur, mit deren Hilfe man beispielsweise einen orientierenden Einstieg in eine gesamte Unterrichtsreihe ermöglichen kann, ist die Erstellung einer Bildchronik. Diese Methode knüpft ebenfalls an das Prinzip der Zeitleiste an und eignet sich besonders für aufgabenbasierte oder projektorientierte Phasen des Geschichtsunterrichts. Die Schülerinnen und Schüler erhalten dabei eine begrenzte Anzahl zeitdifferenter, aber undatierter Kopien von Fotografien z. B. zur westdeutschen Geschichte zwischen 1945 und 1990. Diese können je nach Schwierigkeitsgrad ganz oder nur teilweise aus dem im Unterricht verwendeten Schulgeschichtsbuch stammen. Zunächst sollen die Schüler versuchen, diese Bilder ausschließlich aufgrund bildimmanenter Hinweise (Zustand und Architektur von Gebäuden, Anspielungen auf historische Ereignisse, Kleidung, Abbildung bedeutender historischer Persönlichkeiten etc.) in eine zutreffende chronologische Ordnung zu bringen. Dieses Verfahren führt zu einer genauen Bildbetrachtung, die im Geschichtsunterricht lange Zeit vernachlässigt wurde. Als Lehrer kann man während der Beobachtung dieses Arbeitsschritts bereits wichtige Hinweise auf das Vorwissen der Schüler sammeln. Anschließend soll das Schulbuch konsultiert werden, um mögliche Fehler des ersten Arbeitsschrittes zu korrigieren. Dort können aus dem Buch stammende Abbildungen entweder leicht ausfindig gemacht werden, oder Bilder, die nicht aus dem Schulbuch entnommen, aber in ihrer Auswahl darauf abgestimmt sind, müssen durch eine zumindest kursorische Lektüre von Darstellungstexten historisch zutreffend verortet werden. Das ist zeitaufwändig, aber auch anspruchsvoll und motivierend. In einem dritten Arbeitsschritt sollen die Bilder zu einer stimmigen Bildchronik zusammengefügt und kommentiert werden. Wenn die Schülerinnen und Schüler ihre Schulbuchtexte systematisch mit Hilfe des Registers auswerten, können sie nicht nur knappe Bildunterschriften, sondern auch umfangreichere narrativierende Kommentare anfertigen.[44] In dieser Form zielt das Verfahren bereits auf ein höheres Qualifikationsniveau. Es lässt sich dann auch am Ende einer Unterrichtsreihe einsetzen, um Ergebnisse zu sichern und historische Urteilsbildung zu ermöglichen. Die fertiggestellten Ergebnisse sollten auf jeden Fall im Klassenraum aufgehängt werden, damit Schüler und Lehrer im Sinne historischer Orientierung immer wieder auf sie zurückgreifen können.

7.2.2 Collage

Eine weitere Möglichkeit, Informationen zu reorganisieren, ist die Erstellung einer Collage. Hier dominiert nicht das chronologische Prinzip, sondern es geht darum, Bilder nach verschiedenen Aspekten thematisch zu ordnen. Der Schulbuchautor Hans Steidle regt z. B. zur Gestaltung einer „Europacollage“ an, wobei er Unterthemen wie „Krieg und Versöhnung“ oder „Wissenschaft und Bildung“ vorschlägt (Abb. 3).[45] Allerdings muss man bei dieser Methodenfigur, für die ein gutes Register unverzichtbar ist, darauf achten, dass man die spezifischen Ziele historischen Lernens im Blick behält und nicht in eine banale Handlungsorientierung verfällt.

---

44 Vgl. Hans-Jürgen Pandel: Visuelles Erzählen. Zur Didaktik von Bildgeschichten. In: Ders./Gerhard Schneider (Hrsg.): Handbuch Medien im Geschichtsunterricht. 4. Aufl. Schwalbach/Ts. 2007, S. 387-404, hier S. 397 ff.

45 Vgl. Ernst Klett Schulbuchverlag (Hrsg.): Geschichte und Geschehen. Sekundarstufe I. Bd. 3. Leipzig 2004, S. 41.

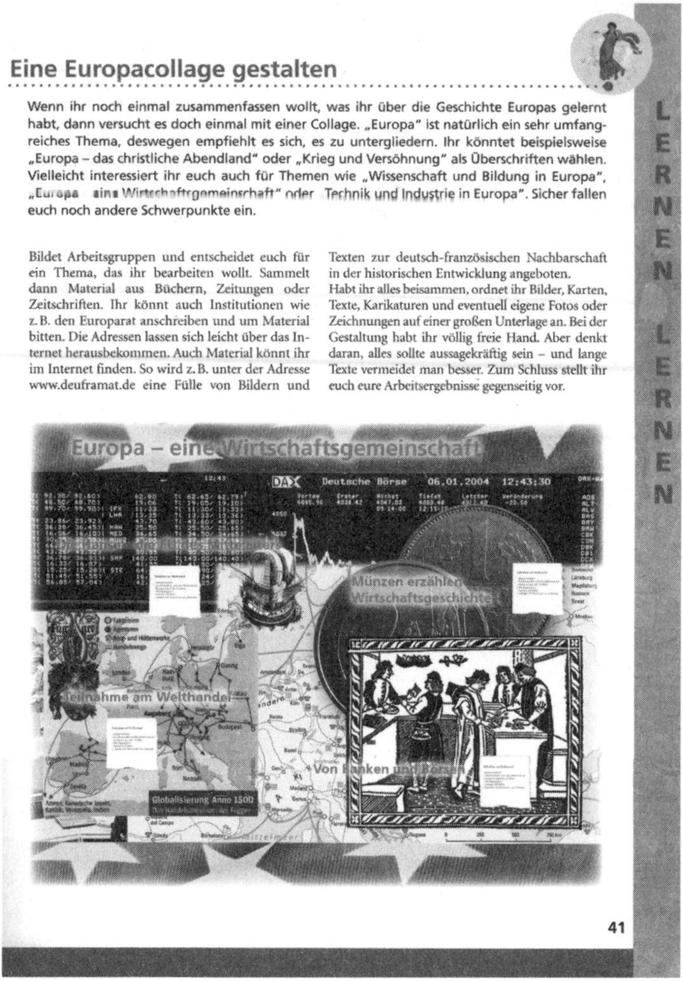

Eine Europacollage gestalten

Wenn ihr noch einmal zusammenfassen wollt, was ihr über die Geschichte Europas gelernt habt, dann versucht es doch einmal mit einer Collage. „Europa" ist natürlich ein sehr umfangreiches Thema, deswegen empfiehlt es sich, es zu untergliedern. Ihr könntet beispielsweise „Europa – das christliche Abendland" oder „Krieg und Versöhnung" als Überschriften wählen. Vielleicht interessiert ihr euch auch für Themen wie „Wissenschaft und Bildung in Europa", „Europa – eine Wirtschaftsgemeinschaft" oder „Technik und Industrie in Europa". Sicher fallen euch noch andere Schwerpunkte ein.

Bildet Arbeitsgruppen und entscheidet euch für ein Thema, das ihr bearbeiten wollt. Sammelt dann Material aus Büchern, Zeitungen oder Zeitschriften. Ihr könnt auch Institutionen wie z.B. den Europarat anschreiben und um Material bitten. Die Adressen lassen sich leicht über das Internet herausbekommen. Auch Material könnt ihr im Internet finden. So wird z.B. unter der Adresse www.deuframat.de eine Fülle von Bildern und Texten zur deutsch-französischen Nachbarschaft in der historischen Entwicklung angeboten.
Habt ihr alles beisammen, ordnet ihr Bilder, Karten, Texte, Karikaturen und eventuell eigene Fotos oder Zeichnungen auf einer großen Unterlage an. Bei der Gestaltung habt ihr völlig freie Hand. Aber denkt daran, alles sollte aussagekräftig sein – und lange Texte vermeidet man besser. Zum Schluss stellt ihr euch eure Arbeitsergebnisse gegenseitig vor.

LERNEN LERNEN

41

Abb. 3: Collage

7.2.3 Visuelle Darstellungen versprachlichen

Eine zentrale Figur des Schulbucheinsatzes besteht darin, verschiedene visuelle Darstellungen – z. B. Geschichtskarten oder Schaubilder, Statistiken und Diagramme – zu versprachlichen, d. h. sie inhaltlich auszuwerten und die Ergebnisse der Auswertung schriftlich festzuhalten. Während ein möglicher Vergleich, z. B. mit historischen Textquellen, auf einem höheren Qualifikationsniveau zu interessanten Erkenntnissen – etwa dem Aufdecken sachlicher Unstimmigkeiten oder perspektivischer Verengungen – führen kann, kommt es zunächst darauf an, verschiedene Methoden der Informationsentnahme systematisch einzuüben und in regelmäßigen Abständen zu wiederholen. Das ist nicht leicht, weil Schülerinnen und Schüler lernen müssen, aufmerksam hinzusehen und bei der Beschreibung u. a. auf Begriffe und Zahlen, Symbole und Farben oder unterschiedliche Maßstäbe genau zu achten. Neben den geschichtsdidaktischen Handbüchern enthalten dazu mittlerweile auch die Methodenseiten moderner Lern- und Arbeitsbücher viele wertvolle Hinweise. Das Ziel ist, diese Qualifikationen im Sinne eines methodischen Spiralcurriculums während der gesamten Sekundarstufe I systematisch zu schulen und auszubauen.[46]

7.2.3.1 Geschichtskarten auswerten

Eine gelungene Methodenanleitung zur Auswertung einer Geschichtskarte am Beispiel der Ausdehnung des Römischen Reiches bietet die Neuausgabe des Schulbuches „Zeiten und Menschen“ (Abb. 4).[47] Hier erläutern die Schulbuchautoren nicht nur die historische und alltagsweltliche Relevanz von Karten und ihre charakteristischen Merkmale – Überschrift, visuelle Darstellung, Legende –, sondern sie thematisieren neben den Möglichkeiten des Mediums auch seine erkenntnislogischen Grenzen.[48] Außerdem werden die Schülerinnen und Schüler explizit dazu angeleitet, ihre Ergebnisse in tabellarischer Form zu verschriftlichen und damit zu sichern. Letztlich lässt sich nur auf diese Weise verlässlich feststellen, welcher Grad an Methodensicherheit bereits erreicht ist.

46 Vgl. etwa Hans-Jürgen Lendzian/Wolfgang Mattes (Hrsg.): Zeiten und Menschen. Bd. 1. Paderborn 1999, wo die Arbeit mit Schaubildern am Beispiel des Staatsaufbaus in Sparta und der Demokratie in Athen (S. 163) einführend erläutert und dann anhand eines Schaubildes zur Verfassung der römischen Republik (S. 203) vertieft wird.

47 Vgl. Hans-Jürgen Lendzian (Hrsg.): Zeiten und Menschen. Bd. 1. Braunschweig 2008, S. 126 f.

48 Vgl. auch Christina Böttcher: Umgang mit Karten. In: Ulrich Mayer/Hans-Jürgen Pandel/Gerhard Schneider (Hrsg.): Handbuch Methoden im Geschichtsunterricht. 2., überarb. Aufl. Schwalbach/Ts. 2007, S. 225-254.

Wie entwickelte sich das Römische Reich?

Was uns Geschichtskarten zeigen können – und was nicht
Im 3. Jahrhundert v. Chr. hatten die Römer in vielen kriegerischen Auseinandersetzungen ganz Italien unter ihre Kontrolle gebracht. Wie entwickelte sich das Reich der Römer weiter?
Wenn wir diese Frage beantworten wollen, so kann uns eine Geschichtskarte helfen. Geschichtskarten können uns auf anschauliche Weise wichtige Informationen geben, aber sie werfen auch neue Fragen auf.
Wir untersuchen eine Geschichtskarte:

- **Welche Informationen können wir dieser Geschichtskarte entnehmen?**
- **Wirft die Geschichtskarte auch neue Fragen auf?**

1. Untersucht die Geschichtskarte unten in Kleingruppen. Nutzt dazu die Methode „Eine Geschichtskarte untersuchen".

2. Vervollständigt den Text auf der rechten Seite.

M **Die Ausdehnung des Römischen Reiches**

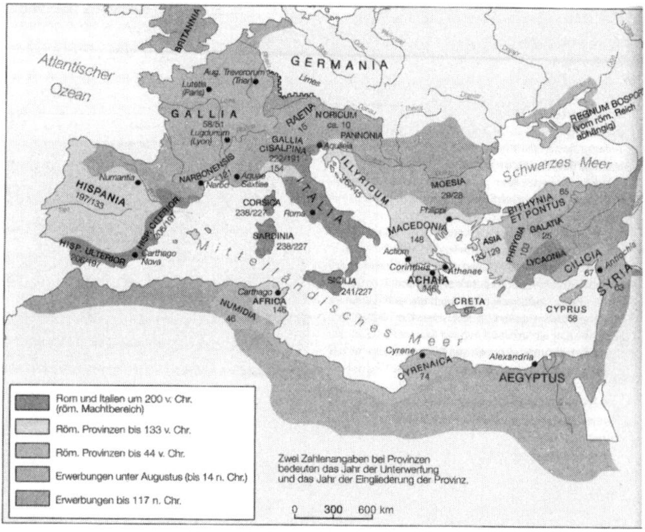

126

Abb. 4: Geschichtskarten, Teil 1

Methode **Eine Geschichtskarte untersuchen**

Karten kennt ihr aus dem Unterricht, aber auch aus dem Alltag. Sie sollen immer bei einer ganz bestimmten Aufgabe helfen. Straßenkarten helfen zum Beispiel, den Weg zum Urlaubsort zu finden.
Damit Karten ihre Aufgabe erfüllen können, enthalten sie Symbole, die eine bestimmte Bedeutung haben (eine dicke Linie kann zum Beispiel „Autobahn" bedeuten). Damit ein Betrachter die Symbole verstehen kann, sind sie in einer „Legende" erklärt. Jede Karte besteht also aus drei Elementen: der Überschrift, der Karte selbst und der Legende.

Geschichtskarten sind spezielle Karten. Sie sollen uns helfen, uns in der Vergangenheit zu orientieren. Sie zeigen die Welt (oder einen Teil davon), so wie sie früher war. Geschichtskarten stellen also einen bestimmten *Raum* (z. B. Europa) *und* eine bestimmte Zeit oder einen Zeitraum (z. B. 200 v. Chr.) dar.
Mithilfe von Geschichtskarten können wir deshalb Fragen nach dem „wo?" und nach dem „wann?" beantworten.

Eine Geschichtskarte untersuchen – die 7-Schritt-Methode

	So könnten eure Ergebnisse zur Karte auf S. 126 beginnen:
1. Schritt: **Leitfrage** Wir legen fest, welche Fragen wir beantworten wollen.	*Wie entwickelte sich das Römische Reich?*
2. Schritt: **Thema** Welches Thema hat die Geschichtskarte? Oft gibt die Überschrift der Karte schon einen wichtigen Hinweis.	*Die Ausdehnung des …*
3. Schritt: **Raum und Zeit** Welchen Raum und welche Zeit zeigt die Geschichtskarte? Hier helfen Überschrift und Legende weiter.	*Die Karte zeigt Europa, Vorderasien und … .* *Sie umfasst den Zeitraum von etwa … bis … .*
4. Schritt: **Symbole** Welche Symbole (z. B. Farben, Linien oder Pfeile) enthält die Karte und was bedeuten sie? Die Legende erklärt die Bedeutung der Symbole.	*Verschiedene Farben zeigen …*
5. Schritt: **Beschriftungen** Welche Beschriftungen enthält die Karte und was bedeuten sie?	*Die (lateinischen) Namen der römischen … .* *Das Datum …*
6. Schritt: **Zusammenfassende Antworten** Welche Antworten auf unsere Leitfragen können wir nun formulieren?	*Das Römische Reich wuchs im Laufe von … Jahren.* *Zuerst (bis etwa … v. Chr.) gehörten Italien, die Inseln Korsika und Sardinien sowie die Westküste Spaniens zum Römischen Reich. Dann kamen bis 133 v. Chr. die Provinzen Hispania im heutigen Spanien und Illyricum, …, …, im heutigen … hinzu.* *Im 2. Jahrhundert n. Chr. umfasste das Römische Reich ein … Gebiet. Wie groß das Römische Reich wurde, kann man so verdeutlichen: Heute würde es diese Staaten umfassen: …*
7. Schritt: **Neue Fragen** Welche Fragen bleiben offen oder ergeben sich neu?	*Manche Fragen lassen sich mit der Karte allein nicht beantworten. Manche Fragen haben wir auch neu entdeckt. Zum Beispiel: Warum dehnte sich das Römische Reich immer weiter aus? …….?*

127

Abb. 4: Geschichtskarten, Teil 2

7.2.3.2 Schaubilder verbalisieren

Wie man Schaubilder auswertet, wird beispielsweise im dritten Band des Schulbuchs „Forum Geschichte" gut erklärt (Abb. 5).[49] Anhand eines Schemas zur Verfassung der Vereinigten Staaten von Amerika, die

49 Vgl. Hans-Otto Regenhardt/Claudia Tatsch (Hrsg.): Forum Geschichte. Bd. 3: Vom Zeitalter des Absolutismus bis zum Ersten Weltkrieg. Berlin 2002, S. 79; vgl. auch Michael Sauer (Hrsg.): Geschichte und Geschehen. Sekundarstufe 1. Bd. 1. Stuttgart 2008, S. 66f.

allerdings nicht datiert ist, werden zunächst die einzelnen Elemente des Schaubildes – Begriffe, Symbole, Farben – thematisiert, dann geht es um die für Schaubilder wichtige Frage der Leserichtung – von oben nach unten? Von links nach rechts? – und schließlich um eine inhaltliche Gesamtauswertung. Sofern es ausschließlich auf eine reorganisierende Informationsentnahme ankommen soll, kann man die Arbeit mit diesem Schritt abschließen. Die Schulbuchautoren weisen jedoch zu Recht darauf hin, dass Schaubilder einer kritischen Überprüfung bedürfen. Solche Verfahren sind auf einer höheren Qualifikationsstufe angesiedelt. Problematisch ist, dass anders als im zuvor erwähnten Beispiel keine Angaben dazu gemacht werden, wie die Ergebnisse der Schaubildauswertung gesichert und präsentiert werden sollen.

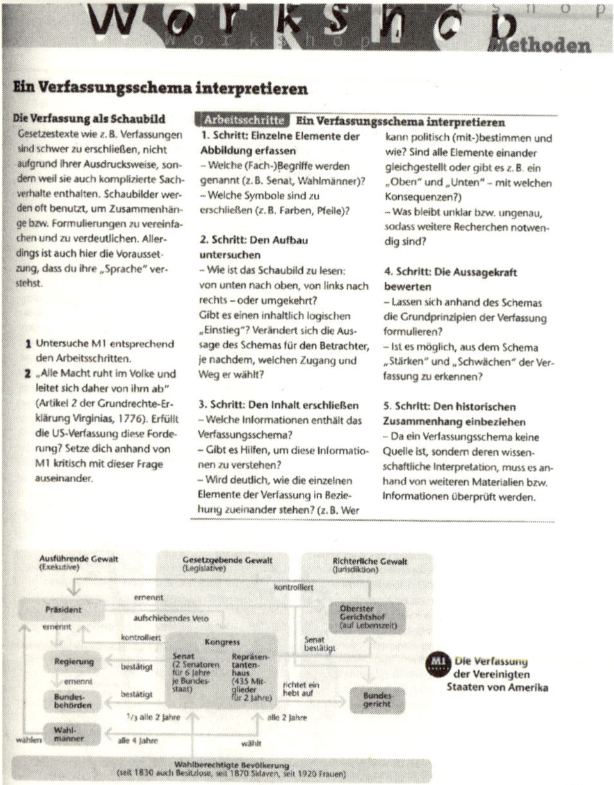

Workshop Methoden

Ein Verfassungsschema interpretieren

Die Verfassung als Schaubild
Gesetzestexte wie z. B. Verfassungen sind schwer zu erschließen, nicht aufgrund ihrer Ausdrucksweise, sondern weil sie auch komplizierte Sachverhalte enthalten. Schaubilder werden oft benutzt, um Zusammenhänge bzw. Formulierungen zu vereinfachen und zu verdeutlichen. Allerdings ist auch hier die Voraussetzung, dass du ihre „Sprache" verstehst.

1 Untersuche M1 entsprechend den Arbeitsschritten.
2 „Alle Macht ruht im Volke und leitet sich daher von ihm ab" (Artikel 2 der Grundrechte-Erklärung Virginias, 1776). Erfüllt die US-Verfassung diese Forderung? Setze dich anhand von M1 kritisch mit dieser Frage auseinander.

Arbeitsschritte Ein Verfassungsschema interpretieren

1. Schritt: Einzelne Elemente der Abbildung erfassen
– Welche (Fach-)Begriffe werden genannt (z. B. Senat, Wahlmänner)?
– Welche Symbole sind zu erschließen (z. B. Farben, Pfeile)?

2. Schritt: Den Aufbau untersuchen
– Wie ist das Schaubild zu lesen: von unten nach oben, von links nach rechts – oder umgekehrt? Gibt es einen inhaltlich logischen „Einstieg"? Verändert sich die Aussage des Schemas für den Betrachter, je nachdem, welchen Zugang und Weg er wählt?

3. Schritt: Den Inhalt erschließen
– Welche Informationen enthält das Verfassungsschema?
– Gibt es Hilfen, um diese Informationen zu verstehen?
– Wird deutlich, wie die einzelnen Elemente der Verfassung in Beziehung zueinander stehen? (z. B. Wer kann politisch (mit-)bestimmen und wie? Sind alle Elemente einander gleichgestellt oder gibt es z. B. ein „Oben" und „Unten" – mit welchen Konsequenzen?)
– Was bleibt unklar bzw. ungenau, sodass weitere Recherchen notwendig sind?

4. Schritt: Die Aussagekraft bewerten
– Lassen sich anhand des Schemas die Grundprinzipien der Verfassung formulieren?
– Ist es möglich, aus dem Schema „Stärken" und „Schwächen" der Verfassung zu erkennen?

5. Schritt: Den historischen Zusammenhang einbeziehen
– Da ein Verfassungsschema keine Quelle ist, sondern deren wissenschaftliche Interpretation, muss es anhand von weiteren Materialien bzw. Informationen überprüft werden.

M1 Die Verfassung der Vereinigten Staaten von Amerika

79

Abb. 5: Schaubild

7.2.3.3 Statistiken auswerten

Zur Arbeit mit Statistiken bieten moderne Lern- und Arbeitsbücher ebenfalls sinnvolle Anregungen.[50] Ein gutes Beispiel dafür ist die Methodendoppelseite „Statistiken auswerten und graphisch umsetzen" im zweiten Band der Neuausgabe von „Forum Geschichte" (Abb. 6).[51] Auch in diesem Fall schließt sich methodischen Ratschlägen zur inhaltlichen Auswertung der Hinweis auf den notwendig kritischen Umgang mit Statistiken an. Nicht nachvollziehbar ist allerdings, dass hier – genauso wie in vielen anderen Schulbüchern auch – Statistiken pauschal als „eine eigenständige Form der historischen Quelle" klassifiziert werden, während zugleich darauf hingewiesen wird, dass sie von „Historikerinnen und Historikern erst ‚herzustellen'" sind.[52] Diese Erläuterung verhindert, dass Schülerinnen und Schüler einen differenzierten Gattungsbegriff ausbilden. Richtig wäre es, darauf hinzuweisen, dass Statistiken immer eine Form der Darstellung sind, was jedoch ebenso wie bei anderen Darstellungen nicht ausschließt, dass ihnen im Laufe der Zeit Quellenwert zukommt. Gut dagegen ist der Vorschlag, Statistiken, die ursprünglich in Tabellenform vorliegen, „graphisch als Diagramme darstellen" zu lassen. Das ist deshalb ein lernmethodisch gelungenes Beispiel für reorganisierende Informationsentnahme, weil dadurch eine intensive Auseinandersetzung mit bestimmten historischen Materialien angebahnt wird, die Voraussetzung dafür ist, dass einmal erarbeite Sachinformationen individuell dauerhaft verfügbar bleiben.

50 Vgl. auch Ulrich Mayer: Umgang mit Statistiken. In: Ulrich Mayer/Hans-Jürgen Pandel/Gerhard Schneider (Hrsg.): Handbuch Methoden im Geschichtsunterricht. 2., überarb. Aufl. Schwalbach/Ts. 2007, S. 208-224.

51 Vgl. Hans-Otto Regenhardt (Hrsg.): Forum Geschichte kompakt. Bd. 2: Von der Frühen Neuzeit bis zur Gegenwart. Berlin 2008, S. 146f.

52 Ebd., S. 146.

Statistiken auswerten und graphisch umsetzen

Können Zahlen „sprechen"?
Zustände und Bedingungen, unter denen Menschen leben, oder längerfristige Entwicklungen lassen sich oft in Zahlen beschreiben. Die Häufigkeit von Beschäftigten und Arbeitslosen, Angaben über Einkommenshöhen und wirtschaftliche Entwicklungen z. B. lassen sich nur mithilfe von Zahlenangaben verdeutlichen.
Statistiken sind unter bestimmten Gesichtspunkten zusammengestellte Mengen von Zahlenwerten. Sie stellen in der Geschichtswissenschaft eine eigenständige Form der historischen Quelle dar. Sie sind allerdings selten „fertig" vorzufinden, sondern von Historikerinnen und Historikern erst „herzustellen", indem sie Zahlen nach ihrer Frage- oder Problemstellung sammeln, ordnen, auswerten und als Tabellen oder graphisch als Diagramme darstellen.
Den Umgang mit statistischen Daten, ihre Auswertung und Darstellung, aber auch ihre z. T. begrenzte Aussagekraft kannst du hier erarbeiten. Dabei geht es um wirtschaftliches Wachstum und den Wandel der Beschäftigtenstruktur in der Zeit der Industrialisierung.

M1 Industrieproduktion in West- und Mitteleuropa 1800 bis 1840
(in Millionen Pfund Sterling)

Jahr	Groß-britannien	Frank-reich	Deutsch-land	Russ-land
1800	230	190	60	15
1820	290	220	85	20
1840	387	264	150	40

Zahlen nach Praxis Geschichte 1, Industrialisierung, H. 1, 1988, S. 9.

Wortschatz

in absoluten Zahlen – in relativen Werten
ein Hoch – ein Tief – fallend – steigend
flach – steil – Anteil in Prozent
verhältnismäßig hoch, niedrig, gering, stark
die Statistik zeigt, veranschaulicht
anhand des Diagramms wird deutlich, wird sichtbar, erkennt man

Arbeitsschritte

1. Schritt: Formale Analyse
Zuerst muss nach der Echtheit des Zahlenmaterials und seiner korrekten „Überlieferung" gefragt werden. Im Unterricht wird – abgesehen von eigenen Archivarbeiten – meistens bereits bearbeitetes, d. h. ausgewähltes und gedrucktes Material vorgelegt. Deshalb kann sich die Analyse darauf beschränken, Vollständigkeit und erstes Verständnis der Daten in der Darstellung zu überprüfen.

2. Schritt: Inhaltliche Analyse
- Was ist Thema der Statistik?
- Wie ist sie aufgebaut?
- Was ist im Einzelnen dargestellt?
- Welche Aussagen lassen sich formulieren?
- Sind sie untereinander stimmig? (Durch Rundungen können sich Differenzen ergeben.)
- Lässt sich eine „Hauptaussage" finden?
- Bleiben Fragen offen?

3. Schritt: Historischer Zusammenhang
Ausgehend vom Thema der Statistik erfolgt eine Einordnung in den geschichtlichen Zusammenhang.
- Gibt es einen Bezug zu anderen Informationen (Materialien)?
- Ergänzen oder widersprechen sie sich?
- Welche weiteren Informationen werden benötigt?

4. Schritt: Bewertung der Aussagekraft
- Ist der Ausschnitt der statistischen Daten zu gering?
- Wird der Sachverhalt zu stark vereinfacht, verzerrt oder vielleicht verfälscht?
- Ist die graphische Darstellung angemessen?

146

Abb. 6: Statistiken, Teil 1

7.2.4 Schriftliche Darstellungen visualisieren

Besonders wichtig ist es, im Rahmen der reorganisierenden Informationsentnahme auf methodische Figuren der Visualisierung bzw. visuellen Strukturierung schriftlicher Darstellungen einzugehen, wofür sich,

Methode

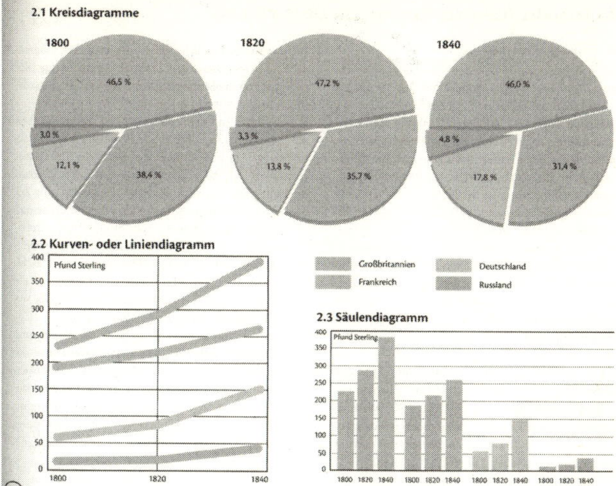

M2 Möglichkeiten graphischer Darstellung von Statistiken am Beispiel von M1

M3 **Beschäftigtenanteile in Großbritannien 1801 bis 1911**
(in Prozent aller Beschäftigten)

Jahr	Landwirtschaft, Forstwirtschaft, Fischerei	Bergbau und Gewerbe	Handel und Transport	Häusliche Dienstleistungen	Öffentliche Dienstleistungen
1801	35,9	29,7	11,2	11,5	11,8
1861	18,7	43,6	16,6	14,3	6,9
1911	8,3	46,4	21,5	13,9	9,9

1 Erarbeite M1 mithilfe der Arbeitsschritte.
2 Beschreibe die Darstellungsformen M2.1 bis M2.3 und vergleiche sie unter der Fragestellung, wie der Sachverhalt optisch am überzeugendsten dargestellt ist.
3 Wende die Arbeitsschritte auf M3 an.
4 Stelle aus M3 ausgewählte Daten anhand der Modelle in M2 graphisch dar.
5 Formuliere zu M1 und M3 jeweils zusammenfassende Aussagen zur Wirtschafts- bzw. Beschäftigtenstruktur. Nimm den Wortschatz-Kasten zu Hilfe.

147

Abb. 6: Statistiken, Teil 2

verteilt auf die verschiedenen Jahrgangsstufenbände, vor allem in einigen Schulgeschichtsbüchern für die Sekundarstufe I sinnvolle Hinweise finden. Unterscheiden lassen sich diese Figuren nach dem Grad der angestrebten Visualität bzw. visuellen Strukturiertheit. Während eine tabellarische Auflistung noch stark sprachlich verfasst und nur in sehr geringem Maße visuell strukturiert ist, kann z. B. eine selbst erstellte Schülerzeichnung zum Thema „Sklaverei in der Antike" auf Sprache möglicherweise ganz verzichten.

7.2.4.1 Tabellen erstellen

Die Tabelle ist das Mittel zur Reorganisation von Informationen, das den niedrigsten Grad visueller Strukturiertheit aufweist. So kann man beispielsweise eine Schulbuchdarstellung, die sich im Rahmen der Industrialisierung mit der Sozialen Frage beschäftigt, in der Form auswerten, dass man verschiedene Lösungskonzepte (Marxismus, Gewerkschaftsbildung, christliche Sozialpolitik, Unternehmerinitiativen und staatliche Sozialgesetzgebung) einander tabellarisch gegenüberstellt. Eine Differenzierung lässt sich dadurch erzielen, dass darüber hinaus zwischen Zielen, Zielbegründungen und Lösungswegen unterschieden wird.[53] Außerdem kann man danach fragen, welche Ursachen und Anlässe, welche Konsequenzen und Rezeptionstendenzen für einzelne Konzepte bzw. Bewegungen zur Lösung der Sozialen Frage ausschlaggebend waren. Auf diese Weise nimmt die Komplexität der Tabelle allmählich zu, und es werden bereits historische Erkenntnisse gewonnen.

7.2.4.2 Mindmaps entwickeln

Eine weitere Methodenfigur zur Informationsreorganisation, die in zahlreichen Schulgeschichtsbüchern vorgestellt wird, ist die Erstellung von Mindmaps. Hier kommt es darauf an, Stichworte zu einem bestimmten Thema, das man auf die Mitte einer Seite schreibt, systematisch anzuordnen. Inwieweit es sich bei diesem Vorgang um eine fachspezifische Methode handelt, hängt in erster Linie von der Wahl der Stichworte ab. Wenn das Thema der Mindmap z. B. das Ende des römischen Weltreiches ist und man zunächst nach Ursachen und Folgen und dann zusätzlich nach verschiedenen historischen Dimensionen, also z. B. politischen oder wirtschaftlichen Ursachen oder kulturellen Folgen differenziert, sind historische Bezüge aber durchaus gegeben.[54] Nachdem Schülerinnen und Schüler eigene Mindmaps entwickelt haben, sollten sie sie einander erklären, um einmal erarbeitetes Wissen zu festigen.

---

53 Vgl. z. B. Hans-Jürgen Lendzian/Wolfgang Mattes (Hrsg.): Zeiten und Menschen. Bd. 3. Paderborn 2001, S. 152.

54 Vgl. Hans-Jürgen Lendzian (Hrsg.): Zeiten und Menschen. Bd. 1. Braunschweig 2008, S. 166, und dagegen Ernst Klett Schulbuchverlag (Hrsg.): Geschichte und Geschehen. Sekundarstufe I. Bd. 1. Leipzig 2003, S. 77.

7.2.4.3 Schaubilder und Strukturskizzen anfertigen

Viele Schulgeschichtsbücher für die Sekundarstufe I enthalten methodische Hinweise zur Auswertung bzw. Erklärung von Schaubildern. Gerade in der Sekundarstufe II kann es aber auch eine motivierende Herausforderung darstellen, wenn Schülerinnen und Schüler selbst Schaubilder bzw. Strukturskizzen konzipieren und diese dann ggf. mit Schaubildern aus ihrem Schulbuch vergleichen sollen. Dieser Vergleich zielt bereits auf historischen Erkenntnisgewinn und historische Urteilsbildung. Ein Beispiel, das im Rahmen eines Grundkurses Geschichte in der Jahrgangsstufe 12 entstanden ist und sich vor allem auf die Phase der deutschen Reichseinigung zwischen 1864 und 1871 bezieht, zeigt die unten stehende Abbildung (Abb. 7). Zwar ist dieses Schaubild in mehrfacher Hinsicht noch verbesserungsfähig, es belegt aber, dass Schüler zu komplexen visuellen Strukturierungen durchaus in der Lage sind.

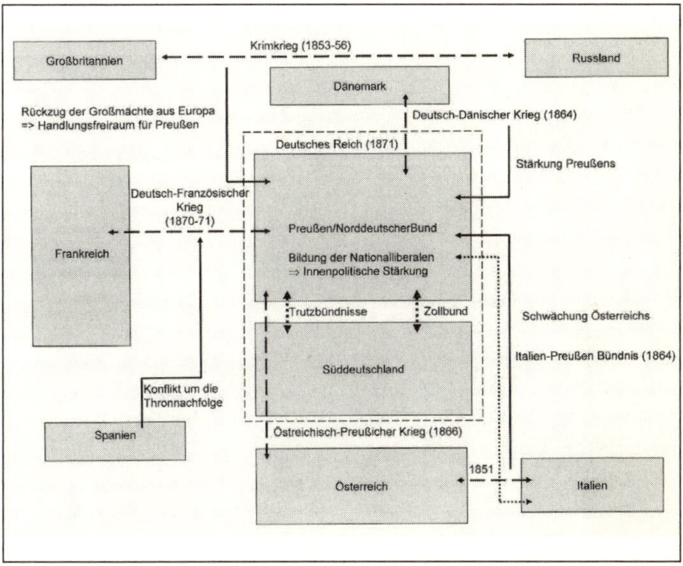

Abb. 7: Schaubild eines Schülers (Grundkurs Geschichte, Klasse 12) zur deutschen Reichseinigung.

Einen großen Fundus von Schau- bzw. Tafelbildern bietet zum einen der entsprechende Artikel im „Handbuch Medien im Geschichtsunterricht“ von Margarete Dörr.[55] Zum anderen sei auf eine umfangreiche Sammlung von Tafelskizzen hingewiesen, die Florian Osburg zusammengestellt hat.[56]

7.2.4.4 Geschichtskarten zeichnen

Eine weitere Möglichkeit, schriftliche Darstellungen visuell zu strukturieren, besteht darin, dass Schülerinnen und Schüler selbst Geschichtskarten anfertigen. Das ist ein zeitaufwändiges Verfahren, für das angesichts knapper Stundentafeln vielfach kaum Zeit bleiben wird. Die lehr-lernmethodischen Vorteile dieses Verfahrens sind jedoch erheblich. Sie bestehen nicht zuletzt darin, dass durch eine intensive Reorganisationsleistung wie diese die Wahrscheinlichkeit, dass bestimmte Informationen dauerhaft verfügbar bleiben, deutlich zunimmt. Ein gutes, gerade auch für den ersten Zugriff praktikables Beispiel für die Erstellung von Geschichtskarten, das mit Blick auf komplexere Kartentypen erweitert werden kann, bietet das Lern- und Arbeitsbuch „Geschichte konkret“. Unter der Rubrik „Historiker bei der Arbeit“ (Abb. 8) werden hier nicht nur die Vor- und Nachteile dieser Methode abgewogen, es wird auch eine kurze Checkliste zur Verfügung gestellt, die dabei hilft, die verschiedenen Arbeitsschritte systematisch durchzuführen.[57]

---

55 Margarete Dörr: Tafel- und Folienarbeit. In: Hans-Jürgen Pandel/Gerhard Schneider (Hrsg.): Handbuch Medien im Geschichtsunterricht. 4. Aufl. Schwalbach/Ts. 2007, S. 87-145.

56 Florian Osburg: Tafelskizzen für den Geschichtsunterricht. 260 Tafelbilder. Frankfurt/M. 1994; vgl. ders.: Die Bedeutung und die Möglichkeiten des methodischen Einsatzes von Tafel und Kreide bei der Gestaltung eines modernen Geschichtsunterrichts – dargestellt an der Arbeit mit Tabellen, Schemata und realistischen Skizzen. 2 Bde. Habilitationsschrift HU Berlin 1967. Der Hinweis, dass Osburg ein maßgeblicher DDR-Geschichtsmethodiker war, dient hier nur als Anlass, um erneut darauf hinzuweisen, dass natürlich auch Schaubilder durch bestimmte Symbole, Farben, Linienführungen etc. eine Vielzahl impliziter historischer Deutungen enthalten können und daher kritisch analysiert werden müssen. Vgl. auch Herbert Kohl/Hartmann Wunderer: Von der Quelle zum Tafelbild. Tafelarbeit im Geschichtsunterricht: Bd. 1: Von der Russischen Revolution bis zum 11. September 2001. Schwalbach/Ts. 2008; Bd. 2: Von der Frühen Neuzeit bis zum Ersten Weltkrieg, Schwalbach/Ts. 2009; Bd. 3: Vom Neandertaler bis zum Spätmittelalter (i.E.).

57 Vgl. Hans-Jürgen Pandel (Hrsg.): Geschichte konkret. Ein Lern- und Arbeitsbuch. Bd. 3. Braunschweig 2007, S. 162f.

162 Historiker bei der Arbeit

Geschichtskarten selbst erstellen!

Auf S. 158 habt ihr etwas über die Weltwanderung eines Baumwollhemdes erfahren:

162.1 Die Weltreise eines Hemdes. Grafik.

Kasachstan oder **Indien**: Die Baumwolle wird von Hand oder mit der Maschine geerntet und anschließend in die Türkei versandt.
Türkei: Die Baumwolle wird zu Garn gesponnen.
Taiwan: Die Baumwolle wird mit chemischer Farbe aus Deutschland gefärbt.
Polen: Aus dem gefärbten Garn wird der Stoff in Fabriken gewebt.
Frankreich, Italien: Designs werden entworfen. Aus Frankreich kommen die Etiketten mit den Logos von Pierre Cardin oder Levi's, die Schildchen mit den Wasch- und Bügelhinweisen. Die Knöpfe kommen aus Italien.
Bangladesch: Alle Zutaten werden nach Bangladesch geflogen und dort zu Hemden zusammengenäht. Die Schnittmuster werden vorab per Fax oder PC gesendet.
Deutschland: Die Hemden werden in Deutschland verkauft, getragen und schließlich in die Altkleidersammlung einer karitativen Organisation gegeben.
Niederlande: In einem niederländischen Betrieb wird die Altkleidung sortiert und ...
Afrika: mit Schiffen und LKWs auf den afrikanischen Kontinent gebracht.

Karten selbst machen
Warum sollte man eine Geschichtskarte selbst erstellen, wo es doch in Atlanten, Geschichtslehrbüchern oder auch im Internet eine Fülle solcher Karten gibt? Kartenzeichnen ist zeitaufwändig, verlangt Geschick und es erhebt sich die Frage, wozu dieser Aufwand gut sein soll. Wer aber einmal eine Geschichtskarte erstellt hat, wird feststellen, dass er über das Thema der Karte viel gelernt hat, da ihn das Kartenzeichnen zu vielen Fragen angeregt hat und dass er sich sehr lange und genau an die gezeichneten und durchdachten Informationen und Sachverhalte erinnern kann.

Es gibt verschiedene Gründe für das Erstellen einer eigenen Karte:

- Zum Thema eines Vortrages den jeweiligen historischen Raum veranschaulichen.
- Anhand der Karte einzelne Sachverhalte des Themas erläutern.
- Ein Thema auf einem Poster anschaulich und attraktiv behandeln.
- Die eigene Karte als Gedächtnisstütze und selbsterstellten Wissensspeicher nutzen.
- Eine Karte in das Zentrum einer Strukturskizze stellen und sie so als Bezugsort von Fragen und Problemstellungen verwenden.

1 **Setzt mit Hilfe der Informationen des oben abgedruckten Textes die Arbeitsschritte der Kartenherstellung um.**
2 **Beschreibt, welche Zusammenhänge die Karten 163.1 und 163.2 darstellen.**
3 **Vergleicht das Verhältnis zwischen Nord- und Südhalbkugel. Erläutert, welche Ursachen für Armut in der „Dritten Welt" heute die Karten nahe legen.**
4 **Diskutiert, ob die Industriestaaten heute Interessen und Verantwortung haben, arme Länder durch Entwicklungshilfe zu unterstützen.**

Checkliste:
Eine Karte zeichnen

1. Schritt: Formuliert einen Kartentitel! Der Titel soll inhaltliche Sachverhalte, geografischen Raum und die betreffende Zeit ausweisen.
2. Schritt: Erfasst Länder, Herstellungsprozesse, Vermarktung und weitere Nutzung in einer Tabelle.
3. Schritt: Versucht ähnliche Informationen zusammenzufassen. Wählt für die betreffenden Territorien Flächenfarben oder Zeichen aus und erstellt eine Zeichenerklärung (Legende).
4. Schritt: Tragt Flächenfarben und Zeichen in eine Kopie der Kartenvorlage auf Seite 163 ein.
5. Schritt: Ermittelt mit Hilfe des Maßstabs im Geografieatlas die Entfernungen, die ein Hemd bis zu seiner „Endnutzung" möglicherweise zurücklegt und diskutiert die Vor- und Nachteile der Globalisierung der Produktion.

Abb. 8: Geschichtskarten zeichnen, Teil 1

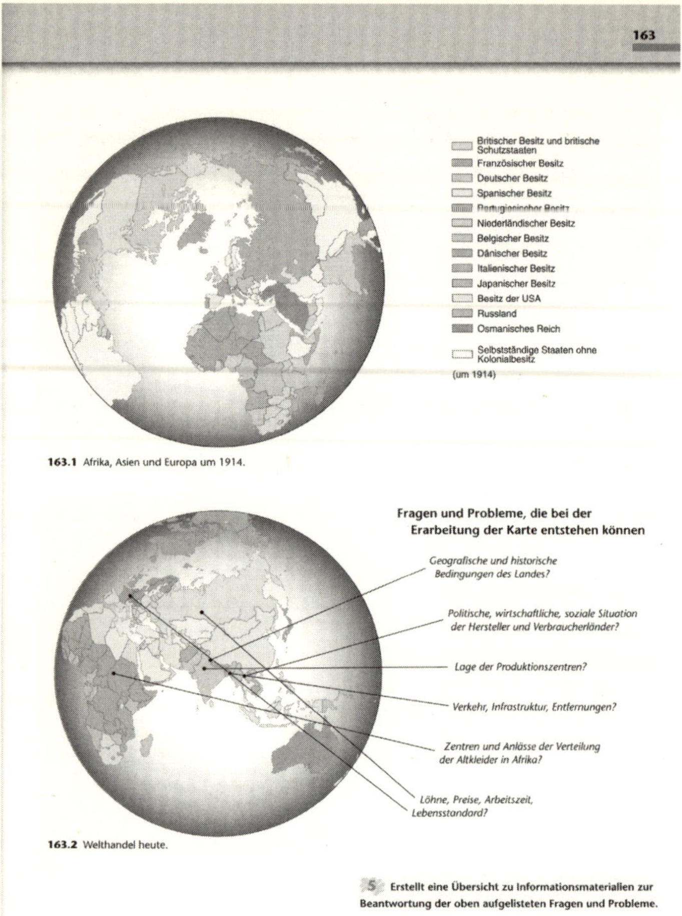

Abb. 8: Geschichtskarten zeichnen, Teil 2

7.2.4.5 Geschichtszeichnungen anfertigen

Ein letztes Visualisierungsverfahren ist die Anfertigung von Geschichtszeichnungen, die ggf. auf sprachliche Elemente ganz verzichten können. Als sogenannte Illusionsbilder erleben solche Zeichnungen in einigen Schulgeschichtsbüchern momentan eine regelrechte Renaissance. Es handelt sich dabei in der Regel um Produkte von Verlagsgrafikern, durch die Vergangenes anschaulich gemacht werden soll. Diese Illusionsbilder stoßen in der Geschichtsdidaktik teilweise auf scharfe Kritik. Pandel bemängelt, dass sie „anachronistisch" seien, „da sie die visuelle Handschrift der Gegenwart und nicht der jeweiligen Epoche tragen."[58] Dieser Einwand ist berechtigt, tangiert aber nicht den Vorschlag, Schülerinnen und Schüler Schulbuchdarstellungen visualisieren zu lassen – ein Verfahren, das gerade zu Beginn der Sekundarstufe I auf äußerst positive Resonanz stößt.

Im Rahmen einer projektorientierten Unterrichtsphase sollte zunächst ein möglichst assoziationsreicher Darstellungstext zum Phänomen antiker Sklaverei vom Lehrer vorgelesen oder von den Schülern selbst erarbeitet werden. Anschließend erfolgt ggf. eine eigenständige Schulbuchrecherche in Quellenteil, Glossar und Register. Schließlich kommt es darauf an, dass die Schülerinnen und Schüler ihre Informationen in Bilder umsetzen, die dem beschriebenen historischen Phänomen gerecht werden. Diese Bilder können dann einerseits Sklaven bei der Feldarbeit oder in Bergwerken zeigen, müssten andererseits aber auch historische Zusammenhänge abbilden, aus denen hervorgeht, dass Sklaverei nicht in jedem Fall harte körperliche Arbeit oder die Gefahr brutaler Bestrafung bedeutete. So könnten Schülerzeichnungen z. B. einen griechischen Hauslehrer zeigen, der Kinder der römischen Oberschicht unterrichtet. Wird man als Lehrer darauf aufmerksam, dass einige Schüler eine sehr einseitige Vorstellung antiker Sklaverei ins Bild setzen, ist das ein Hinweis auf Defizite in der Informationsreorganisation und ein guter Ausgangspunkt notwendiger Perspektivenerweiterung. Diese Perspektivenerweiterung, die bereits eine Form historischen Erkenntnisgewinns darstellt, kann dadurch angebahnt werden, dass alle Bilder ausgestellt und eigene Bilder mit denen anderer Schülerinnen und Schülern in Form eines simulierten Museumsgangs verglichen werden. Durch Vergleich und Diskussion wird so ein Beitrag dazu geleistet, dass eine differenzierte Vorstellung bestimmter historischer Phänomene entsteht.

7.3 Erkenntnisgewinn durch Materialerschließung

Die folgenden Methodenfiguren der Schulbucharbeit zielen *in erster Linie* auf historischen Erkenntnisgewinn. Historischer Erkenntnisgewinn setzt Informationsentnahme voraus, geht jedoch darüber hinaus. Quellen und Darstellungen sind dabei in mindestens dreifacher Hinsicht zu

58 Vgl. Hans-Jürgen Pandel: Was macht ein Schulbuch zu einem Geschichtsbuch? Ein Versuch über Kohärenz und Intertextualität. In: Saskia Handro/Bernd Schönemann (Hrsg.): Geschichtsdidaktische Schulbuchforschung (Zeitgeschichte – Zeitverständnis, Bd. 16). Berlin 2006, S. 15-37, Zitat S. 25.

erschließen. *Erstens* kann man historiografische Fehler und grobe Vereinfachungen durch sachliche Überprüfung kritisieren. *Zweitens* lassen sich einseitige historische Quellen und Darstellungen durch Perspektivenerweiterung differenzieren. Und *drittens* trägt es zum Erkenntnisgewinn bei, bestimmte Ereignisse und Entwicklungen in größere historische Kontexte einzuordnen und sie dadurch genauer zu charakterisieren. Das Werkzeug des Erkenntnisgewinns ist in jedem Fall der Vergleich.

Alle drei Qualifikationstypen – Kritik historiografischer Fehler, Ergänzung fehlender historischer Perspektiven und historische Einordnung – sind auch für einen reflektierten Umgang mit außerschulischer Geschichtskultur in Printmedien, Film, Fernsehen und Internet unerlässlich. Die Aufgabe des Geschichtslehrers besteht darin, zu prüfen, ob diese Qualifikationen mit Hilfe des verwendeten Schulbuchs systematisch trainiert werden können. Bei einem guten Unterrichtswerk erübrigt sich dann jede weitere Recherche. Ein schlechtes Schulbuch dagegen weist im schlimmsten Fall sogar selbst handfeste sachliche Fehler auf, ist in der Materialzusammenstellung monoperspektivisch oder verzichtet auf historische Kontextualisierungsangebote. Dann muss man über das eigene Schulbuch hinausgehen und z. B. in anderen Schulbüchern nach weiteren Materialien suchen.

7.3.1 Erkenntnisgewinn durch Fehlerkritik

7.3.1.1 Beispiel I

Ein insgesamt gelungenes und gerade für jüngere Schülerinnen und Schüler motivierendes Beispiel für den ersten Typ ist das Arbeitsblatt „Eine Steinzeitgeschichte“ (Abb. 9)[59] aus einem Lehrerband der Schulbuchreihe „Geschichte und Geschehen“.[60]

59 Ernst Klett Schulbuchverlag (Hrsg.): Geschichte und Geschehen. Sekundarstufe I. Lehrerbd. 1. Leipzig 2003, S. 126.

60 Ernst Klett Schulbuchverlag (Hrsg.): Geschichte und Geschehen. Sekundarstufe I. Bd. 1. Leipzig 2003.

Name: Klasse:

Eine Steinzeitgeschichte

Bei den Menschen der Altsteinzeit war das Sammeln von Nahrung vor allem Aufgabe der Frauen. Die folgende Geschichte erzählt davon. Leider hat sich der Verfasser in der alten Zeit nicht ganz richtig ausgekannt. Deshalb sind ihm einige Fehler unterlaufen. Lies den Text sorgfältig durch und finde die Begriffe heraus, die nicht in die Zeit passen. Trage sie in die Kästchen unter dem Text ein und erläutere, was daran nicht stimmt.

Es ist noch früh am Morgen, als Mala erwacht. Die anderen aus ihrer Sippe schlafen noch. Es war eine kalte Nacht. Sie hat gefroren unter ihrer Wolldecke. Als Erstes kontrolliert Mala das Feuer. Sie findet noch einen kleinen Rest Glut. Rasch legt sie ein paar kleine Äste nach – wie gut, dass sie die schon gestern gesammelt hat. Damit das Feuer länger brennt, schiebt sie noch einige Stücke Holzkohle hinein. Dann weckt sie Tira. Sie stärken sich mit ein paar Nüssen, die noch von gestern übrig geblieben sind. Dann ziehen sie ihre Schuhe an und machen sich auf den Weg. Ihre Werkzeuge haben sie dabei: ein Steinmesser und einen Grabstock, ungefähr fünfzig Zentimeter lang, dazu natürlich die Jutetaschen, in denen sie ihre Funde aufbewahren wollen.

Sie kennen sich gut aus in der Umgebung ihres Lagerplatzes. Heute haben sie besonders viel Glück. Schnell finden sie einen Busch mit vielen Holunderbeeren. Tira entdeckt die Spitze einer Wurzel. Gemeinsam machen sie sich daran, sie auszugraben. Was für ein großes Stück; es wiegt bestimmt vier Kilo. Die anstrengende Arbeit lohnt sich. Mit ihrem Taschentuch wischt sich Mala den Schweiß von der Stirn.

Sie finden noch andere Früchte, Wildäpfel, Brombeeren und Bucheckern; ihre Taschen sind prall gefüllt. Nach vier Stunden machen sie sich auf den Heimweg. Auf einem Felsstück sitzt regungslos eine Eidechse. Malas scharfe Augen haben sie sofort erspäht. Was für eine Delikatesse! Vorsichtig schleicht sie sich an – ein Schlag mit ihrem Grabstock und die Eidechse wandert zu den anderen Vorräten in die Tasche. Das wird ein leckeres Essen werden.

Nicht alles wird gleich verbraucht. Die Reste kommen in große Tontöpfe, da halten sie sich gut. Als Nachspeise gibt es die Beeren; zusammen mit etwas Milch schmecken sie besonders gut. Mala und Tira sind zufrieden mit diesem Tag.

Eine Lösungshilfe:
Die gesuchten Begriffe passen in der Reihenfolge, wie sie im Text vorkommen, in die Kästchen. Die Buchstaben in den nummerierten Kästchen ergeben das wichtigste Werkzeug der frühen Menschen.

		9			7					
				6						
4										
					2					
								3		
5						1				
	8									

Das Lösungswort lautet:

1	2	3	4	5	6	7	8	9

Aus diesen Gründen passen die Begriffe nicht in die Zeit:

Abb. 9: Steinzeitgeschichte

Die Schülerinnen und Schüler werden dazu aufgefordert, einen fehlerhaften Darstellungstext, wie er ihnen auch in der außerschulischen Geschichtskultur begegnen könnte, zu korrigieren. Dazu müssen sie den

Verfassertext ihres Schulbuchs mit der Geschichte auf dem Arbeitsblatt vergleichen. Ein gutes Register kann dazu beitragen, fragwürdige Begriffe zu überprüfen. Haben die Schüler alle bewusst in die Darstellung eingebauten Fehler gefunden,[61] ergibt sich als thematisch passendes Lösungswort „Faustkeil“. Besonders spannend wird dieses auf andere Themen leicht übertragbare Verfahren in dem Moment, wo Schüler auf Fehler stoßen, die seitens der Verfasser gar nicht vorgesehen waren. Eine innovative Form der reflektierenden Schulbucharbeit kann dann darin bestehen, an den verantwortlichen Schulbuchverlag zu schreiben und um eine Stellungnahme zu bitten (Abb. 10 und 11).

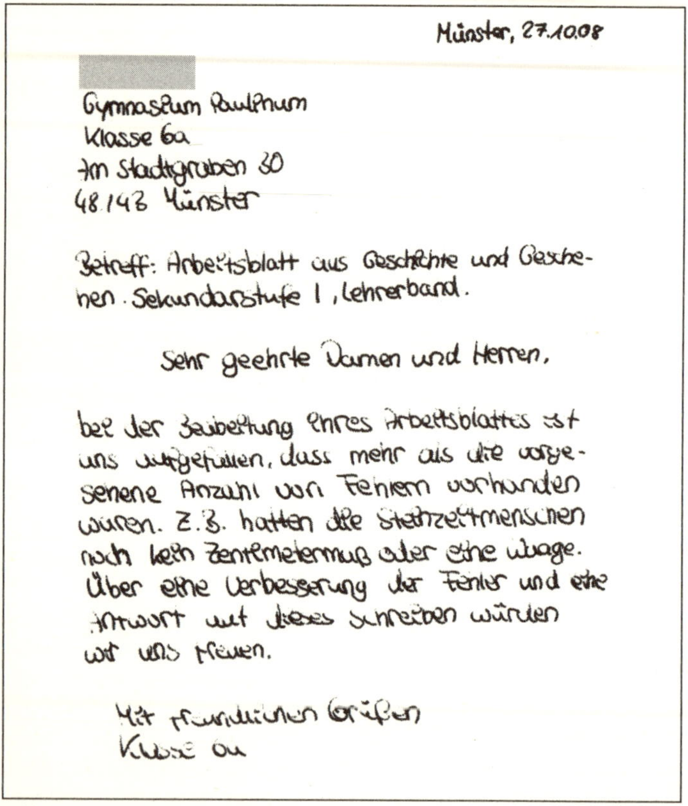

Münster, 27.10.08

[redacted]

Gymnasium Paulinum
Klasse 6a
Am Stadtgraben 30
48143 Münster

Betreff: Arbeitsblatt aus Geschichte und Geschehen. Sekundarstufe I, Lehrerband.

Sehr geehrte Damen und Herren,

bei der Bearbeitung Ihres Arbeitsblattes ist uns aufgefallen, dass mehr als die vorgesehene Anzahl von Fehlern vorhanden waren. Z.B. hatten die Steinzeitmenschen noch kein Zentimetermaß oder eine Waage. Über eine Verbesserung der Fehler und eine Antwort auf dieses Schreiben würden wir uns freuen.

Mit freundlichen Grüßen
Klasse 6a

Abb. 10: Brief einer Schülerin

61 Wolldecke, Holzkohle, Schuhe, Jutetasche, Taschentuch, Tontopf, Milch.

Klett

Ernst Klett Verlag GmbH · Zweigniederlassung Leipzig
Sekundarstufenverlag · Braunstraße 12 · 04347 Leipzig

Gymnasium Paulinum
[redacted]
Klasse 6a
Am Stadtgraben 30
48163 Münster

10.11.2008
SSV/PBGLE

Ernst Klett Verlag GmbH
Zweigniederlassung Leipzig
- Sekundarstufenverlag -
Braunstraße 12
04347 Leipzig

Postfach 24 11 51
04331 Leipzig

www.klett.de

Ansprechpartner:
Dr. Stephan Schmal
Gruppenleitung
Geschichte Gymnasium

Tel 03 41 · 23 96-4309
Fax 03 41 · 23 96-4103
s.schmal@klett.de

Ernst Klett Verlag GmbH
Stuttgart HRB 10746

Verleger:
Dr. h.c. Michael Klett

Geschäftsführer:
Thomas Baumann, Vorsitz
Ralf Meier
Ulrich Pokern
Karl Slipek

Kilo und Zentimeter in der Altsteinzeit

Liebe Pia,

vielen Dank dafür, dass du dir die Mühe gemacht hast, uns einen Korrekturvorschlag für unseren Lehrerband 1 zu „Geschichte und Geschehen A" zukommen zu lassen. Du hast kritisiert, dass in dem Arbeitsblatt auf S. 126 „Kilo" und „Zentimeter" vorkommen, also Maßeinheiten, die der Steinzeitmensch noch nicht hatte. Im Falle des Stockes kann man darüber streiten, denn es wird nicht impliziert, dass die „50 Zentimeter" im Sprachgebrauch von Mala vorkommen. Hier beschreibt nur der außen stehende Betrachter die Länge des Stocks. Anders sieht es mit den „vier Kilo" aus, denn hier muss man wirklich glauben, dies sei Malas Gedankengut. Das ist also irreführend, und wir werden es in der nächsten Auflage von dem Heft verbessern. Man könnte schreiben: „Es wiegt bestimmt so viel wie ein kinderkopfgroßer Stein." Aber ich werde dazu noch einmal den Autor befragen.

Recht herzlichen Gruß

Ernst Klett Verlag GmbH Zweigniederlassung Leipzig
- Sekundarstufenverlag -
i. A.

Dr. Stephan Schmal

Abb. 11: Antwort des Verlages

7.3.1.2 Beispiel II

Anders gelagert ist das Beispiel des folgenden Schaubildes zum Verfassungswandel im klassischen Athen (Abb. 12).[62] Hier werden Schülerinnen und Schüler auf der Basis ihres eigenen Schulbuchs kaum erkennen, dass es sich um eine fehlerhafte bzw. grob vereinfachende historische

62 Ernst Klett Schulbuchverlag (Hrsg.): Geschichte und Geschehen. A1. 2. Aufl. Leipzig 1995, S. 91.

Darstellung handelt. Der Übergang von der Aristokratie zur Demokratie vollzog sich in Athen nicht in kurzer Zeit, sondern in einem längeren Prozess, dessen einzelne Phasen in der Forschung umstritten sind. Um diese Erkenntnis, die durch die vermeintlich klaren Zäsuren des Schaubildes verstellt wird, zu ermöglichen, müssten ergänzend z. B. relevante Historikerzitate herangezogen werden. Die grob vereinfachende Zäsurbildung könnte von den Schülerinnen und Schülern aber auch durch einen Schulbuchvergleich erkannt werden. In einer Neuauflage von „Geschichte und Geschehen" ist das Schaubild (Abb. 13)[63] aus guten Gründen nämlich ohne Zeitstrahl abgedruckt. Dass man das athenische Demokratieverständnis mit unserem nicht einfach gleichsetzen kann, lässt sich mit Hilfe der Grafiken jedoch gut erschließen.

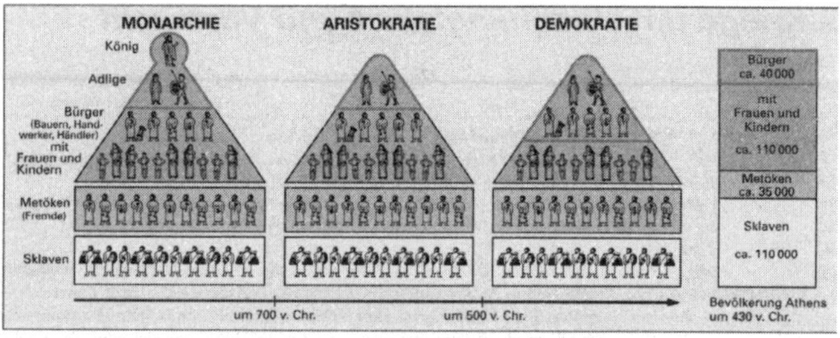

5 Verfassungswandel in Athen
Dem Schaubild kannst du entnehmen, wer in Athen zu verschiedenen Zeiten die Herrschaft ausgeübt hat (rot umrandet), zu wessen Gunsten sich die Herrschaftsverhältnisse verändert haben und wer keinen Vorteil von dem Wandel hatte.

Abb. 12: Verfassungswandel in Athen

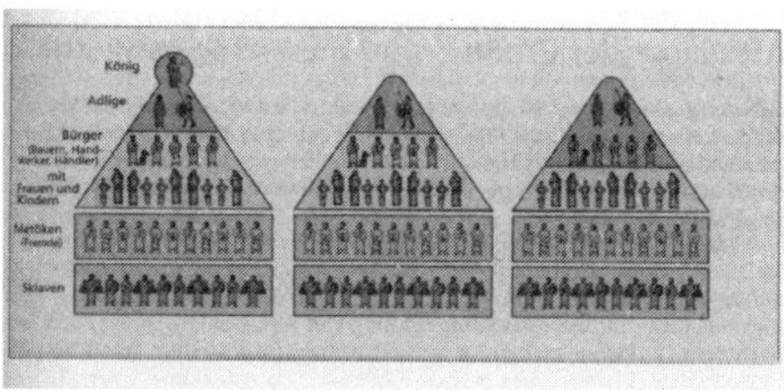

D1 Staats- und Herrschaftsformen
Das Schaubild zeigt antike Vorstellungen über die Ordnung von Staaten. Sie unterscheiden sich darin, wer jeweils regiert und wer welche Rechte hat. Rot ist die Gruppe von Personen, die jeweils die Herrschaft ausübt.

D: Beschreibe die drei Schaubilder und nenne die Unterschiede. Ordne ihnen die Begriffe Aristokratie, Demokratie, Monarchie zu.

Abb. 13: Staats- und Herrschaftsformen

63 Michael Sauer (Hrsg.): Geschichte und Geschehen. Sekundarstufe 1. Bd. 1. Stuttgart 2008, S. 93.

7.3.2 Erkenntnisgewinn durch Perspektivenerweiterung

7.3.2.1 Beispiel I

Eine gute Materialzusammenstellung zur Anbahnung von Erkenntnisgewinn durch Perspektivenerweiterung findet sich in einem Schulbuchkapitel mit der Überschrift „Alexander – ‚der Große'?" Um diese Leitfrage angemessen untersuchen zu können, wird den Schülerinnen und Schülern die Möglichkeit gegeben, verschiedene historische Perspektiven zu erschließen. Als ersten Materialbaustein finden sie eine Geschichtskarte mit dem Titel „Alexander erobert das Perserreich" (Abb. 14).[64] Hier beeindrucken vor allem die Zahl der von Alexander gegründeten Städte und die immense Ausdehnung seiner Herrschaft. Die Schattenseiten dieser zeitweiligen Erfolge spielen in der Kartendarstellung jedoch kaum eine Rolle.

1 Alexander erobert das Perserreich

1 Alexanders Heer landet bei Troja (Ilion). Der König opfert der Athene und besucht das Grab des Achilles.
2 Mit 400 Schiffen ist die persische Flotte Alexander stark überlegen.
3 Am Fluss Granikos erleiden die Perser 334 v. Chr. die erste Niederlage.
4 Die Griechenstädte schließen sich Alexander an.
5 In der Burg von Gordion zerteilt Alexander mit dem Schwert den komplizierten Knoten einer Wagendeichsel. Einer alten Sage nach sollte derjenige, der diesen Knoten lösen konnte, Herr über Asien werden.
6 Bei Issos schlägt das Heer Alexanders 333 v. Chr. das Heer des Perserkönigs.
7 Als Alexander Ägypten erobert, gründet er die Stadt Alexandria am Mittelmeer.
8 Die Priester der Oase Siwa begrüßen Alexander als den Sohn ihres Gottes, des Zeus-Amun.
9 Bei Gaugamela besiegt Alexander 331 v. Chr. das persische Heer entscheidend.
10 Alexander nennt sich König von Asien.
11 Auf der Flucht wird der persische König Darius III. ermordet. Alexander lässt ihn mit königlichen Ehren bestatten.
12 Der Königspalast von Persepolis brennt nieder, vielleicht aus Rache für die Zerstörung der Akropolis. Alexander will den Ostteil des Perserreichs erobern.
13 Bis ins Hindukuschgebirge marschiert Alexanders Heer. Als man Fichten am Fluss Oxos sieht, glaubt man wieder in Europa zu sein. Nun nimmt Alexander auch Perser in sein Heer auf.
14 Um zum Ende der damals bekannten Welt zu gelangen stößt Alexander mit seinem Heer nach Indien vor. König Poros führt in seinem Heer gegen die Makedonen und Griechen Kriegselefanten. Wegen der Krokodile am Indus glaubt Alexander sich am Oberlauf des Nils. Die Soldaten zwingen ihn 326 v. Chr. zur Umkehr, weil Asien viel größer als erwartet und nicht zu erobern ist.
15 Auf Flößen fährt das Heer zum Indischen Ozean, wo es erstmals Ebbe und Flut erlebt.
16 Die Rückkehr zu Wasser und zu Lande ist mit großen Schwierigkeiten und Mühen verbunden. In der Wüste sterben viele Soldaten. 323 v. Chr. stirbt Alexander in Babylon an einem Fieber.

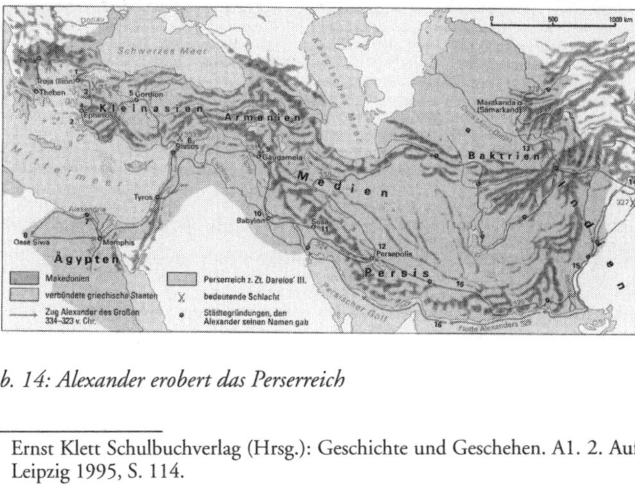

Abb. 14: Alexander erobert das Perserreich

---

64 Ernst Klett Schulbuchverlag (Hrsg.): Geschichte und Geschehen. A1. 2. Aufl. Leipzig 1995, S. 114.

In einem Quellenauszug aus Arrians Annabasis unter der Überschrift „Alexanders Soldaten streiken" (Abb. 15)[65] werden Strapazen, Krankheit und Tod dagegen eindringlich thematisiert. In Form einer tabellarischen Gegenüberstellung könnten die Schülerinnen und Schüler die verschiedenen Perspektiven miteinander vergleichen. Mit Hilfe des Autorentextes, der abschließend auf „Alexanders Grenzen" und das Scheitern seiner Pläne eingeht,[66] ließen sich die gewonnenen historischen Erkenntnisse ggf. noch vertiefen. Die Zusammenstellung der Materialien ist also insgesamt sehr überzeugend, auch wenn man einschränkend hinzufügen muss, dass die vorgegebenen Arbeitsaufträge für eine vergleichende Erschließung kaum geeignet sind,[67] weil sie auf eine Vernetzung der einzelnen Medienbausteine des Schulbuchs fast vollständig verzichten.

4 Alexanders Soldaten streiken. *Der Geschichtsschreiber Arrian (2. Jh. n. Chr.) erzählt, wie die makedonischen Soldaten am Indus Alexander zur Umkehr zwangen. Alexander versuchte sie in einer Rede umzustimmen:*

„Wenn aber einer zu hören wünscht, was denn das Endziel unserer Kriege ist, so mag er wissen, dass wir nicht mehr viel Land bis zum Gangesstrom und zum Weltmeer im Osten zu unterwerfen brauchen … Das große Weltmeer umfasst ja die ganze Erde. Und ich werde euch Makedonen und auch unseren Bundesgenossen zeigen, dass der Indische Meerbusen mit dem Persischen zusammenfließt … Vom Persischen Golf aus wird unsere Flotte Libyen (in Afrika) umsegeln bis zu den Säulen des Herakles (Gibraltar in Spanien). Und von dort an wird ganz Libyen und so auch ganz Asien unser Eigentum. Dann erst werden die Grenzen dieses Reiches die sein, die die Gottheit als Ende der Erde überhaupt gesetzt hat …"

Diese Worte Alexanders wurden mit tiefem Schweigen aufgenommen … Schließlich fasste sich Koinos ein Herz und sagte: „Du siehst ja selber, wie viele Makedonen und Griechen zusammen mit dir ausgezogen und wie wenige von uns noch übrig sind … Von den übrigen Griechen sind die einen in den von dir gegründeten Städten angesiedelt und nicht einmal diese bleiben alle gern dort. Die andern aber, die noch mit dir Strapazen und Gefahren bestehen, sie und das makedonische Heer haben viele in den Schlachten verloren, viele von ihnen sind durch ihre Verwundungen zu Invaliden geworden. Aber die Mehrzahl ist durch Krankheit umgekommen. Nur wenige von den vielen sind noch da. Und alle diese haben Heimweh nach ihren Eltern, wenn sie noch welche haben, und Heimweh nach Frau und Kindern, ja Heimweh nach der Heimaterde selber."

Arrian, Anabasis 5, 26, 27, Bearb. d. Verf.

Abb. 15: Alexanders Soldaten streiken

7.3.2.2 Beispiel II

Wie stark die Qualität der Materialzusammenstellung von Schulbuch zu Schulbuch differieren kann, lässt sich besonders gut am Beispiel des Versailler Vertrags zeigen. Im Unterrichtswerk „Horizonte" ist Erkenntnisgewinn durch Perspektivenerweiterung beinahe unmöglich.[68] In fast allen Quellen – auf einer historischen Postkarte, in Thomas Theodor Heines Karikatur „Der Friedenskuss" und in einer Rede Philipp Scheidemanns – erscheint der Vertrag als ungerecht, hart und grausam. Diese

65 Ebd., S. 116. Nicht nachvollziehbar ist, dass Neubearbeitungen dieses Unterrichtswerks auf den Abdruck der Arrian-Quelle verzichten.

66 Vgl. ebd., S. 115.

67 Vgl. ebd., S. 116.

68 Vgl. Ulrich Baumgärtner/Klaus Fieberg (Hrsg.): Horizonte. Bd. 3. Braunschweig 2009, S. 36-39.

Sicht wird auch durch Auszüge aus der vor der Übergabe des Vertragswerks an die deutsche Delegation gehaltenen Ansprache des französischen Ministerpräsidenten Georges Clemenceau kaum relativiert. Der abgedruckte Redeauszug steht – wenn auch in Anführungszeichen – unter der Überschrift „Die Stunde der Abrechnung".[69] Ebenso wie in der Quellenzusammenstellung kommt auch im Autorentext eine klare Verurteilung des Vertrags zum Ausdruck. Gleich zu Beginn steht das einschlägige Scheidemann-Zitat: „Welche Hand müsste nicht verdorren, die sich und uns in diese Fesseln legt".[70] Angesichts einer so massiven Perspektivenverengung überrascht es kaum, wenn auch Meinungsverschiedenheiten zwischen den Alliierten bzw. amerikanische und britische Kompromissbestrebungen komplett verschwiegen werden: „[In Deutschland] war ein milder Frieden erwartet worden. Doch die ‚großen Drei', der US-Präsident Wilson, der britische Premier Lloyd George und der französische Ministerpräsident Clemenceau, zeigten kein Entgegenkommen."[71]

Dass es auch anders geht, zeigt die Materialzusammenstellung in einem Unterrichtswerk für die Sekundarstufe II. Dort steht der Heine-Karikatur „Versailles" (Abb. 16),[72] die sich in ihrer provokativen Einseitigkeit gut für einen problemorientierten Unterrichtseinstieg eignet, ein Auszug aus der bekannten Denkschrift des britischen Premiers vom März 1919 gegenüber.[73]

Aus diesem Memorandum geht klar hervor, dass Lloyd George (ebenso wie Wilson) für einen maßvollen Vertrag eintrat. Indem die Heine-Karikatur um eine andere Perspektive ergänzt wird, lässt sie sich vergleichend erschließen. Durch einen Arbeitsauftrag am Ende des Kapitels werden die Schülerinnen und Schüler zu entsprechenden Überlegungen auch aufgefordert.[74] Ein gutes Schulbuchkapitel müsste überdies Quellen enthalten, die den Versailler Vertrag aus amerikanischer und französischer Sicht beleuchten. Und nicht zuletzt sollte deutlich werden, dass der Versailler Vertrag in der deutschsprachigen Forschung heute kaum noch als ungerechtes Diktat, sondern zunehmend als politischer Kompromissversuch interpretiert wird.[75] Das Schulbuch

69 Ebd., S. 38.

70 Ebd., S. 36.

71 Ebd., S. 36f.

72 Ernst Klett Schulbuchverlag (Hrsg.): Geschichte und Geschehen exempla (orange). Geschichtliches Unterrichtswerk für die Sekundarstufe II. Leipzig 2002, S. 110.

73 Ebd., S. 110f.

74 Vgl. ebd., S. 111.

75 Vgl. z. B. Eberhard Kolb: Die Weimarer Republik (Oldenbourg Grundriss der Geschichte, Bd. 16). 6., überarb. u. erw. Aufl. München 2002, S. 23-37 und S. 211-217, und ders.: Der Frieden von Versailles. München 2005.

Abb. 16: „Versailles"

„Zeiten und Menschen" ist eines von sehr wenigen Unterrichtswerken, das hierzu ein angemessenes Historikerzitat enthält (Abb. 17).[76] Wenn die Materialzusammenstellung so differenziert ist und außerdem entsprechende Arbeitsaufträge sowie Methodenseiten[77] zur Verfügung stehen, dann hat historischer Erkenntnisgewinn durch Perspektivenerweiterung gute Chancen. Zur Ergebnissicherung könnten die Schülerinnen und Schüler die Heine-Karikatur mit einem Bildkommentar versehen, in dem verschiedene Perspektiven Berücksichtigung finden.[78] Das wäre bereits eine Form der historischen Urteilsbildung.

76 Hans-Jürgen Lendzian (Hrsg.): Zeiten und Menschen. Bd. 3. Paderborn 2009, S. 73.

77 Vgl. die um den Methodenschritt des Vergleichs zu ergänzenden Ausführungen bei Hans-Jürgen Lendzian (Hrsg.): Zeiten und Menschen. Bd. 2. Paderborn 2008, S. 115 (Spottbilder und Karikaturen entschlüsseln). Da man in der Unterrichtspraxis normalerweise nur den jeweiligen Jahrgangsband zur Hand hat, wäre es allerdings praktisch, wenn jeder Band ein Methodenglossar mit allen in der Schulbuchreihe vorgestellten Methoden enthielte. So verfährt Michael Sauer (Hrsg.): Geschichte und Geschehen. Sekundarstufe 1. Bd. 3. Stuttgart 2009, S. 294-311.

78 Vgl. Holger Thünemann: Der Versailler Vertrag – ein ungerechter Friede? In: Geschichte lernen 23 (2010), H. 137 [im Druck].

M4 Der Historiker Michael Salewski (1997)

Das Reich und damit die deutsche Einheit blieben bestehen, das war tatsächlich fast ein Wunder. Die territorialen Abtretungen waren schmerzlich, sie gingen aber nicht an die Substanz des Deutschen Reiches. Bei der Gestaltung ihrer inneren Angelegenheiten blieben die Deutschen [...] souverän. [...] Es blieben die Reparationen. Dass die Siegermächte [...] die Endsumme offenließen und dann [...] versuchten, Deutschland wie eine Zitrone auszupressen, hat das Verhältnis zwischen Siegern und Besiegten von Anfang an vergiftet. [...] Der Vertrag war also objektiv betrachtet besser als sein Ruf. Er [...] [war] kein ungewöhnlich harter Vertrag [...]. Deutschland war zwar momentan geschlagen und geschwächt, potenziell aber immer noch mächtiger [...] als Frankreich.

Es waren keine ökonomischen, materiellen Fragen, die den Vertrag für Deutschland zu einem unerträglichen Diktat stempelten; es waren wieder einmal Motive der Ehre, des nationalen Selbstbewusstseins, die den Ausschlag gaben. Über die Frage, ob das Reich den Vertrag unterzeichnen solle oder nicht, zerbrach die Regierung Scheidemann, die Regierung der Dreiviertelmehrheit. Eindrucksvoller konnte die Sprengkraft des Versailler Vertrages für das Weimarer System kaum unter Beweis gestellt werden. Und alle nachfolgenden Regierungen waren parlamentarisch schwächer. Indem aber die DDP die Verantwortung für die doch unvermeidliche Unterzeichnung ablehnte, die erforderliche Mehrheit dann nur mit den Stimmen der USPD zustande kam, war es den bürgerlich-konservativen Kräften fortan ein Leichtes, die Sozialdemokratie als Hauptverantwortliche für die Unterzeichnung des „Schanddiktats" dingfest zu machen. Das war empörend ungerecht [...].

(Zit. nach: Weimar. Ein Lesebuch zur deutschen Geschichte 1918–1933, hg. v. H. A. Winkler/A. Cammann, München (Beck) 1998, S. 88ff.)

1 Notiere in Thesenform die Hauptgedanken des Textauszugs.

2 Formuliere in knappen Sätzen, welche Position der Historiker vertritt.

Abb. 17: Michael Salewski zum Versailler Vertrag

7.3.3 Erkenntnisgewinn durch historische Einordnung

Während die bislang vorgestellten Beispiele in erster Linie für einen erarbeitenden Geschichtsunterricht geeignet sind, lassen sich die folgenden Vorschläge besser projektförmig realisieren. Das Ziel dieser Vorschläge, die man mit Hilfe eines differenzierten Schulbuchregisters gut umsetzen kann, besteht darin, dass die Schülerinnen und Schüler bestimmte Ereignisse in größere historische Zusammenhänge einordnen und dadurch in ihrer Bedeutung erschließen. Mit anderen Worten: Sie erstellen auf der Materialgrundlage ihres Schulbuchs historische Längsschnitte von unterschiedlicher Reichweite.[79] Um dieses Verfahren an drei Beispielen zu verdeutlichen, bietet es sich an, beim Friedensvertrag von Versailles zu bleiben.

7.3.3.1 Beispiel I

In den Registern von Schulbüchern für die Sekundarstufe II findet man unter dem Stichwort „Versailler Vertrag" bis zu sechzehn Einträge.[80] Mit Hilfe dieser Einträge lässt sich nicht nur die Bedeutung des Vertrags für die Anfangsphase der Weimarer Republik, sondern vor allem auch für ihr Ende gut erschließen. Darüber hinaus wird deutlich, welche Rolle der Vertrag für die NS-Außenpolitik spielte. Mittels einer systematischen Schulbuchrecherche können sich die Schülerinnen und Schüler also eingehender mit Entstehung und nationaler Rezeption des Versailler Vertrages auseinandersetzen und seine Relevanz dadurch differenziert charakterisieren.

7.3.3.2 Beispiel II

Eine weitere Möglichkeit der Materialerschließung besteht darin, „Versailles" als transnationalen Erinnerungsort zu untersuchen und nach seiner Bedeutung für die deutsch-französische Beziehungsgeschichte zu fragen.[81] Genau dort, wo nach französischer Kriegsniederlage am 18. Januar 1871 die deutsche Kaiserproklamation stattfand,[82] nahmen

---

79 Vgl. Michele Barricelli: Thematische Strukturierungskonzepte. In: Hilke Günther-Arndt (Hrsg.): Geschichts-Methodik. Handbuch für die Sekundarstufe I und II. Berlin 2007, S. 46-62, hier S. 50-53.

80 Vgl. z. B. Ernst Klett Schulbuchverlag (Hrsg.): Geschichte und Geschehen II. Oberstufe, Ausgabe A/B. 2. Aufl. Stuttgart 1995, S. 551, und Karin Laschewski-Müller/Robert Rauh (Hrsg.): Kursbuch Geschichte. Neue Ausgabe. Von der Antike bis zur Gegenwart. Berlin 2009, S. 663.

81 Vgl. Hagen Schulze: Versailles. In: Etienne François/Hagen Schulze (Hrsg.): Deutsche Erinnerungsorte. Eine Auswahl. München 2005, S. 214-228.

82 Im Kursbuch Geschichte (wie Anm. 80), S. 305, findet man dazu eine Abbildung der dritten Fassung des bekannten Gemäldes von Anton von Werner, und zwar unter der Überschrift „Kaiserproklamation in Versailles". Das Stichwort

Vertreter des besiegten Deutschland rund 48 Jahre später aus den Händen des französischen Ministerpräsidenten Georges Clemenceau den als Diktat empfundenen Friedensvertrag entgegen.

7.3.3.3 Beispiel III

Eine dritte Möglichkeit der Materialerschließung besteht darin, in einem historischen Längsschnitt unterschiedliche Friedensschlüsse miteinander zu vergleichen und dadurch den Charakter des Versailler Vertrags genauer zu erschließen. Als historische Bezugsereignisse bieten sich zunächst der Friede von Frankfurt 1871 und der Friede von Brest-Litowsk 1918 an. Man kann aber auch weiter ausholen und den Westfälischen Frieden oder die antiken Friedenschlüsse zwischen Rom und Karthago mit einbeziehen, zumal das Diktum vom „karthagischen Frieden" in der zeitgenössischen Debatte über den Versailler Vertrag eine nicht unerhebliche Rolle spielte. Wie differenziert die vorgeschlagenen Kontextualisierungsversuche ausfallen, hängt nicht zuletzt von der Quellenvielfalt und Darstellungstiefe des jeweiligen Schulbuchs und seiner Erschließbarkeit durch gute Register ab. Um die gewonnenen Erkenntnisse darzustellen, kann man u. a. auf die in Kapitel 7.2 (Tabellen, Mindmaps etc.) und 7.4 (z. B. Erstellung eines eigenen Schulbuchkapitels) beschriebenen Methodenfiguren zurückgreifen.

7.4 Urteilsbildung durch Problemlösung

Ist die Phase des Erkenntnisgewinns abgeschlossen, kommt es darauf an, die gewonnenen Einsichten in einen logischen Sinnzusammenhang zu bringen, um sie abschließend darstellen und damit intersubjektiv überprüfbar machen zu können. Dieser Vermittlungsprozess, der sich aus geschichtsdidaktischer Perspektive als problemorientierte, d. h. von einer historischen Frage ausgehende Kommunikation historischer Sach- und Werturteile beschreiben lässt, kann sich nur im Medium der Sprache vollziehen. Im Folgenden werden daher Figuren des Schulbucheinsatzes vorgestellt, die dazu geeignet sind, die Ergebnisse historischer Urteilsbildung methodisch motivierend und sprachlich angemessen darzustellen. Grundsätzlich haben Lehrerinnen und Lehrer dabei zwei Optionen.

7.4.1 Urteilsbildung auf der Methodenbasis des eigenen Schulbuchs

Die erste Option besteht darin, zur Urteilsbildung auf die im Schulbuch bereits vorgegebenen methodischen Arrangements zurückzugreifen. Die-

---

„Kaiserproklamation" fehlt jedoch im Register, und unter „Versailles" wird man hier nicht fündig. Das ist ein Beispiel für die Verbesserungsfähigkeit mancher Register.

se Option ist pragmatisch, aber nur dann effektiv, wenn es sich um ein Schulbuch handelt, in dem gelungene Methodenseiten zur Verfügung stehen und in dem in ausreichender Zahl anspruchsvolle Arbeitsaufträge formuliert werden. In der Regel sind jedoch gerade Aufträge, die auf historische Werturteilsbildung zielen, eher rar.[83] Und relativ selten sind nach wie vor auch Methodenseiten, auf denen Schülerinnen und Schülern in fachdidaktisch fundierter Weise erklärt wird, was es überhaupt heißt, reflektierte Werturteile zu formulieren.[84] Gleichwohl gibt es in neueren Schulgeschichtsbüchern immer öfter Methodenvorschläge, die eine angemessene historische Urteilsbildung zweifelsohne erleichtern. Weil diese Figuren als bekannt vorausgesetzt werden können, belassen wir es bei folgender Kurzübersicht:

- einen Zeitungskommentar schreiben
- einen Leserbrief verfassen
- einen Bildkommentar erstellen
- ein Schreibgespräch durchführen
- eine Podiumsdiskussion moderieren
- eine Pro-und-Contra-Debatte durchführen
- ein historisches Gutachten verfassen
- eine historische Rede ausarbeiten

7.4.2 Urteilsbildung durch medienreflexive Arbeitsaufträge

Eine andere Möglichkeit, historische Urteilsbildung anzubahnen, liegt darin, Arbeitsaufträge zu entwickeln, durch die zugleich die mediale Eigenlogik des Schulbuchs gezielt reflektiert wird. Solche Arbeitsaufträge sind in den von uns untersuchten Schulgeschichtsbüchern bisher nicht zu finden. Hier bieten sich mindestens vier Figuren an.

7.4.2.1 Schulbuchdarstellungen umschreiben

Folgt man der Argumentation Hans-Jürgen Pandels, dann enthalten gute Autorentexte „absichtlich ‚Löcher', Leerstellen, die Schülerinnen und Schüler selbst ausfüllen müssen."[85] Vor diesem Hintergrund ist es

---

83 Vgl. Holger Thünemann: Geschichtsunterricht ohne Geschichte? Überlegungen und empirische Befunde zu historischen Fragen im Geschichtsunterricht und im Schulgeschichtsbuch. In: Saskia Handro/Bernd Schönemann (Hrsg.): Geschichte und Sprache (Zeitgeschichte – Zeitverständnis, Bd. 21). Berlin 2010, S. 49-59, hier S. 54-59.

84 Vgl. z. B. Hans-Jürgen Lendzian (Hrsg.): Zeiten und Menschen. Bd. 3. Paderborn 2009, S. 244, oder Hans-Otto Regenhardt (Hrsg.): Forum Geschichte kompakt. Bd. 2. Berlin 2008, S. 244.

85 Pandel, Schulbuch (wie Anm. 58), S. 26.

sinnvoll, Schulbuchdarstellungen nach gründlicher Quellenauswertung ergänzen und umschreiben zu lassen. Die fertigen Produkte können dann mit dem Ausgangstext verglichen, hinsichtlich unterschiedlicher Sinnbildungsmuster untersucht und durch die Schülerinnen und Schüler vergleichend diskutiert werden.

7.4.2.2 Eigene Schulbuchdarstellungen verfassen

Für den Fall, dass in bestimmten Schulbuchkapiteln auf Autorentexte vollständig verzichtet wird,[86] besteht eine anspruchsvolle Form der Urteilsbildung darin, die Untersuchungsergebnisse in einer eigenen Schulbuchdarstellung zusammenfassen. Um den Schülerinnen und Schülern die Eigenlogik des Mediums Schulbuch bewusst zu machen, sollte man sie zum einen mit den Kriterien eines guten Autorentextes (vgl. dazu Kapitel 4 dieses Bandes) vertraut machen und sie zum anderen darauf hinweisen, dass ein genau festzulegender Textumfang unbedingt einzuhalten ist. Auf diese Weise werden ihnen schulbuchtypische Reduktionszwänge deutlich.

7.4.2.3 Konzeption eines eigenen Schulbuchkapitels

Noch anspruchsvoller ist es, wenn Schülerinnen und Schüler ein gesamtes Schulbuchkapitel eigenständig konzipieren.[87] Dazu müssen sie selbst Autorentexte verfassen, auf der Grundlage eigener Recherchen eine begründete Auswahl von Text- und Bildquellen treffen und die ausgewählten Materialien schließlich um sinnvolle Arbeitsaufträge ergänzen. Eine solche Methodenfigur, die dafür sensibilisieren kann, dass jede Schulbuchkonzeption mehr oder weniger reflektierten Wertannahmen folgt, eignet sich besonders für projektförmigen Geschichtsunterricht in der Sekundarstufe II.

7.4.2.4 Rezension eines Schulbuchkapitels

Eine letzte Option besteht darin, dass Schülerinnen und Schüler ein ausgewähltes Schulbuchkapitel in seiner Gesamtheit auf bestimmte Sinnbildungsmuster und Narrative untersuchen und anschließend eine entsprechende Rezension verfassen. Diese Methodenfigur trägt dazu bei, den autoritativen Charakter des Schulbuchs in Frage zu stellen und einen kritischen Umgang mit dem Leitmedium des Geschichtsunter-

86 Vgl. z. B. das Schulbuchkapitel „Von der Wirtschaftskrise zur Staatskrise – Wer wählte die NSDAP?“. In: Hans-Jürgen Lendzian/Wolfgang Mattes (Hrsg.): Zeiten und Menschen. Bd. 4. Paderborn 2002, S. 86f.

87 Vgl. Brigitte Dannhauser: Schülerinnen und Schüler gestalten ein eigenes Schulbuchkapitel. In: Geschichte lernen 5 (1992), H. 30, S. 14-16.

richts anzubahnen, der durch Formen des synchronen und diachronen Schulbuchvergleichs noch verstärkt werden kann. Diesem Aspekt widmet sich das folgende Kapitel.

7.5 Ideologiekritik durch synchronen und diachronen Schulbuchvergleich

Das Schulbuch ist Gerd Stein zufolge niemals nur Informatorium und Paedagogicum, sondern immer auch *Politicum.*[88] Interdisziplinär ansetzende Studien zur Schulbuchforschung konnten nachweisen, dass Schulbücher generell keineswegs apolitisch sind. Unabhängig davon, ob es sich nun um Fibeln oder Lesebücher, Religionsbücher, Rechenbücher, Biologiebücher, Liederbücher oder Geschichtsbücher handelt – stets ist Politik im Spiel.[89] Wenn wir hier dafür plädieren, den Zusammenhang von Schulbuch und Politik zu einem gesonderten Thema des Geschichtsunterrichts zu machen und Ideologiekritik im Modus des synchronen und diachronen Schulbuchvergleichs zu betreiben, dann knüpfen wir damit an Überlegungen an, die sich bereits bei Wolfgang Hug, Klaus Fröhlich und Ursula A. J. Becher finden.[90] Darüber hinaus folgen wir Klaus Bergmann, der die Notwendigkeit eines ideologiekritisch arbeitenden Geschichtsunterrichts wohl am prägnantesten begründet hat:

> „Der Geschichtsunterricht selber ist in seiner Geschichte ideologisch bestimmt gewesen. Die Absicht Wilhelms II., ‚die Schule in ihren einzelnen Abstufungen nutzbar zu machen, um der Ausbreitung sozialistischer und kommunistischer Ideen entgegenzuwirken', ist nur das klassische Beispiel für eine immer wieder beobachtbare ‚Nutzbarmachung'. Sie lief darauf hinaus, ausgerechnet durch das Fach, das es mit Veränderungen zu tun hat, den Status quo zu legitimieren und zu bewahren.
> Besonders deutlich zeigt sich das an historischen Lehrplänen und Schulbüchern.
> Früheren Geschichtsunterricht zum Thema des Geschichtsunterrichts zu machen, ist ein ebenso sinnvolles Verfahren wie gegenwärtige Schulbuchdarstellungen auf ihre unterschiedlichen Schwerpunktsetzungen zu befragen. Geschichtsunterricht – das kann man daraus lernen – ist immer in der Gefahr, ideologisch bestimmt zu sein – und wir haben

88 Vgl. Gerd Stein: Das Schulbuch im Spannungsfeld von pädagogischem Zweck, verlegerischer Investition und öffentlicher Kontrolle. In: Bernard Tewes (Hrsg.): Schulbuch und Politik. Unterrichtsmedien im Spannungsfeld politischer Interessen. Paderborn u. a. 1979, S. 26-50, hier S. 26 f.

89 Vgl. Franz Pöggeler (Hrsg.): Politik im Schulbuch (Schriftenreihe der Bundeszentrale für politische Bildung. Bd. 231). Bonn 1985.

90 Vgl. dazu Kap. 7.1.

wenig Grund, uns über die Früheren zu erheben, aber viel Grund, uns eigener Anfälligkeiten bewusst zu sein und die Vorläufigkeit von Deutungen zu erkennen."[91]

Worauf zielt Ideologiekritik im Modus des Schulbuchvergleichs? Insgesamt lassen sich *drei Zielsetzungen* unterscheiden. Die erste ist allgemeiner Natur und gilt für alle ideologiekritischen Operationen. Bergmann spricht in diesem Zusammenhang vom *„zweite[n] Blick"*, der gelernt werden müsse. Er bezieht sich mit dieser Formel auf eine Grundeigenschaft von Ideologien, nämlich die, dass sie „immer auch verborgene, unausgesprochene, bewusst oder unbewusst verhüllte Bestandteile oder Konsequenzen in sich bergen, die durch Ideologiekritik enthüllt und durchschaut werden sollen."[92] Ebendies ist nur bei genauerem Hinsehen, auf den zweiten Blick möglich. Eine weitere, speziell auf den Geschichtsunterricht bezogene Zielsetzung besteht in der Erkenntnis der *Instrumentalisierbarkeit historischen Lehrens und Lernens* in der Schule: Gerade weil es sich dabei um eine staatliche Veranstaltung handelt, besteht schon aus strukturellen Gründen stets die Gefahr, dass der Geschichtsunterricht für schul- und sachfremde Zwecke vereinnahmt, politisch instrumentalisiert und von einem Denk- und Arbeitsfach in ein Gesinnungsfach verwandelt wird. Schülerinnen und Schüler können – darin besteht die dritte Zielsetzung – eine *kritische Distanz zum Medium Geschichtslehrbuch* aufbauen. In Anlehnung an Erich Weniger, der von einem „Kampf um den Lehrplan" gesprochen hat, lässt sich auch von einem *Kampf um das Schulbuch* sprechen, der erkannt werden soll – ein Kampf, der zwischen konkurrierenden „Bildungsmächten", beispielsweise Staat und Kirche, Wirtschaft und Gesellschaft, ausgetragen wird, weil diese geistigen Einfluss auf die nachwachsende Generation ausüben wollen und deshalb dafür sorgen, dass Unterrichtsmedien mit entsprechenden Werten und Normen imprägniert werden.[93] Wenn man die Lernenden durch vergleichende Schulbuchanalyse für diese Zusammenhänge sensibilisiert, dann dürfte man damit einigermaßen wirkungsvoll verhindern, dass sie Schulbuchdarstellungen generell für objektiv halten und affirmativ-unkritisch mit ihnen umgehen.

Was die *methodische Anlage* des Schulbuchvergleichs betrifft, so kann man grundsätzlich zwischen einer synchronen und einer diachronen

91 Klaus Bergmann: Ideologiekritik. In: Ulrich Mayer/Hans-Jürgen Pandel/Gerhard Schneider (Hrsg.): Handbuch Methoden im Geschichtsunterricht. 2., überarb. Aufl. Schwalbach/Ts. 2007, S. 137-151, Zitat S. 149.

92 Ebd., S. 139. Kursive Hervorhebung durch die Verf.

93 Vgl. Erich Weniger: Didaktik als Bildungslehre. Teil 1. Theorie der Bildungsinhalte und des Lehrplans. 6./8. Aufl. Weinheim 1965, S. 7 u. 22.

Variante unterscheiden. Darüber hinaus hat man die Möglichkeit, entweder induktiv oder deduktiv vorzugehen, also Schulbuchtexte zunächst einmal *ohne* oder sofort *mit* wichtigen Zusatzinformationen (Autor, Titel, Erscheinungsjahr, nationale oder epochale Hintergründe und Zusammenhänge usw.) in den Unterricht einzubringen.[94] Dazu werden im Folgenden zwei Beispiele präsentiert.

7.5.1 Synchroner Schulbuchvergleich

Das erste Beispiel kombiniert die synchrone Vergleichsanlage mit einem induktiven Zugriff. Inhaltlich geht es um den Beginn des Zweiten Weltkriegs in den Darstellungen europäischer Geschichtslehrbücher. Textgrundlage ist eine von Robert Multhoff 1979 in der „Internationalen Schulbuchforschung" vorgelegte Dokumentation, deren deutsche bzw. ins Deutsche übersetzte Schulbuchauszüge hier freilich aus Raumgründen nur in verringerter Zahl und gekürztem Umfang wiedergegeben werden können. Drei Auszüge müssen reichen, um das methodische Prinzip zu verdeutlichen, für die erweiterte und vertiefte Auseinandersetzung mit der Thematik sei auf die Ursprungsdokumentation verwiesen, die auch ausführlichere Kommentare zu den Schulbuchtexten enthält.[95] Alle Schülerinnen und Schüler erhalten die folgenden Textauszüge ohne jegliche Zusatzinformation. Ihr Auftrag besteht darin, allein anhand der – ausgesprochenen wie unausgesprochenen – Prämissen, Perspektiven, Argumente und Urteile eine Bestimmung der nationalen Herkunft der Schulbuchdarstellungen vorzunehmen.

Text 1

„Die Ausführungen, die Hitler vor Wehrmachtsführern am 23. Mai 1939 tat, […] spiegeln die grundsätzlichen Ziele der von Deutschland vorbereiteten Aggression gegen Polen und von dort aus weiter nach Osten. Ziel dieser Aggression war nicht irgendein Danzig, nicht irgendeine Grenzkorrektur. Es war vielmehr das Bestreben, den polnischen Staat völlig zu liquidieren und sich auf diese Weise den Weg zu öffnen, der eine weitere Expansion in Europa ermöglichen würde. Das so deutlich dargestellte Ziel dieser Aggression war gleichzeitig verknüpft mit einem ganzen System von Provokation, für deren Organisation vor allem die deutsche Minderheit in Polen benutzt wurde. Ihr grundsätzliches Er-

94 Vgl. dazu Bergmann, Ideologiekritik (wie Anm. 91), S. 142 f.

95 Vgl. Robert Multhoff: Dokumentation. Der Beginn des Zweiten Weltkriegs in Geschichtsbüchern Europas. In: Internationale Schulbuchforschung 1 (1979), H. 1, S. 64-79.

scheinungsbild war die Tätigkeit deutscher Kampfgruppen, besonders intensiv auf oberschlesischem Gebiet [...].
Die bekannteste Provokation war der Überfall einer hitlerschen Kampfgruppe in polnischer Uniform auf die Radiostation Gleiwitz am 31. August 1939. [...]
Das ganze System der hitlerschen Provokationen gegenüber Polen sollte der Beweisführung deutscher Behauptungen dienen über eine angebliche Verantwortlichkeit der polnischen Seite für die wachsenden Spannungen in den deutsch-polnischen Beziehungen wie auch für den Ausbruch des Krieges selbst. Mit dem Griff nach dieser Waffe, die vorher schon gegenüber der Tschechoslowakei ausprobiert worden war, nährten die Hitler-Führer auch die Hoffnung, daß ihnen eine völlige politische Isolation Polens gelingen werde. [...] Diese Möglichkeit wurde auch in die von der obersten Wehrmachtführung ausgearbeitete deutsche Angriffsplanung gegen Polen miteinbezogen, die unter dem Kennwort ‚Fall Weiß' lief und voraussetzte, daß Polen sich in der Lage einer militärischen Isolation befand. Solche Schlußfolgerungen ergaben sich aus einer Analyse der Politik der Zugeständnisse, wie sie von Großbritannien und Frankreich betrieben worden war. Daher hat denn auch die Kriegserklärung dieser beiden Staaten vom 3.9.1939 gegenüber Deutschland beträchtliche Kopflosigkeit in Führungskreisen des III. Reichs hervorgerufen. Man muß sich dafür etwa klarmachen, daß alle großen deutschen Panzer- und motorisierten Einheiten in Polen engagiert waren. Diese Befürchtungen erwiesen sich jedoch leider als unbegründet, weil die westlichen Verbündeten Polens ihr Eingreifen auf Grenzpatrouillen und den Abwurf von Propagandaflugblättern auf deutsches Gebiet beschränkten."

Text 2

„Dann begann Hitler, Polen so zu behandeln, wie er die Tschechoslowakei behandelt hatte. Die Verhältnisse waren ähnlich. Im Gebiet um den großen Ostseehafen Danzig und im Polnischen Korridor war ein großer Teil der Bevölkerung deutschsprachig. Viele wünschten, wie im Sudetenland, die Vereinigung mit Deutschland. Die Forderung, daß dieser deutschen Minderheit Selbstbestimmung gewährt werden sollte, verbunden mit der Drohung eines Krieges, falls eine solche Selbstbestimmung von der polnischen Regierung nicht zugestanden würde, sollte genügen, um den Zusammenbruch Polens im Jahre 1939 zu bewirken, wie die gleiche Forderung den der Tschechoslowakei im Jahre 1938 bewirkt hatte. Hitlers Zuversicht wurde verstärkt durch einen beträchtlichen diplomatischen Erfolg im August 1939. Er überredete seinen Erzfeind Rußland, einen Nichtangriffspakt zu unterzeichnen. Stalin hatte auf eine

Art Anti-Nazi-Abkommen mit Großbritannien und Frankreich gehofft. Diese beiden Mächte handelten jedoch sehr zögernd. Ihr Hauptziel war, Polen zu sichern, und die polnische Regierung sah Stalin auf der Seite Hitlers. Die Bedingungen des Paktes waren, daß Estland, Lettland und ein Teil Polens an Rußland, Litauen und das übrige Polen an Deutschland fallen sollten. So wurde die einzige Macht, die Polen hätte wirksam helfen können, bestochen.
Großbritannien und Frankreich jedoch unterstützten Polen sehr viel stärker, als sie die Tschechoslowakei unterstützt hatten. Dies machte auf Hitler keinen Eindruck. [...]
Als die Polen sich weigerten, seine die deutsche Minderheit betreffenden Forderungen in Erwägung zu ziehen, drohte er mit Krieg. Als dies keine Wirkung hatte und Großbritannien und Frankreich fest hinter der unnachgiebigen polnischen Regierung standen, ließ er seine Truppen in Aktion treten. Am 1. September täuschten Deutsche in polnischen Uniformen einen Angriff auf einen deutschen Rundfunksender vor, und der deutsche Einmarsch in Polen begann. Großbritannien wartete einen Tag lang in der Hoffnung auf Friedensverhandlungen und erklärte am Morgen des 3. September den Krieg; Frankreich folgte seinem Beispiel am selben Nachmittag. Der Zweite Weltkrieg hatte begonnen."

Text 3

„Der SU drohte die Gefahr, in einen Zweifrontenkrieg verwickelt zu werden – mit dem faschistischen Deutschland im Westen und dem militaristischen Japan im Osten – unter Bedingungen einer völligen internationalen Isolierung, ohne Verbündete.
In dieser für das sowjetische Volk beunruhigenden Zeit führte die englische Regierung hinter dem Rücken der SU geheime Verhandlungen mit Deutschland. Bei diesen Gesprächen, die in London geführt wurden, handelte es sich um ein neues antisowjetisches Abkommen mit Hitlerdeutschland. Vor unserem Land stand die Aufgabe, die heimtückischen Pläne der Kriegshetzer zu durchkreuzen und den Einfall der Imperialisten zu verhindern.
Nachdem sich die SU davon überzeugt hatte, daß England und Frankreich einem dreiseitigen Vertrag zur gegenseitigen Hilfe auswichen und bestrebt waren, das faschistische Deutschland gegen die SU zu verwenden, entschloß sie sich dazu, mit Deutschland einen Nichtangriffspakt, der von der deutschen Regierung vorgeschlagen worden war, zu schließen. Bei der Vertragsschließung mit Deutschland ging unsere Regierung aus von V.I. Lenins Anweisungen zur unbedingten Ausnutzung der Widersprüche zwischen den imperialistischen Mächten, um deren Abkommen

> und Bündnisse mit antisowjetischen Zielen zu verhindern. Der Nichtangriffspakt für 10 Jahre wurde am 23. August 1939 geschlossen. [...] Diesen Vertrag mit Deutschland schließend, wich die SU einem Zweifrontenkrieg unter äußerst unvorteilhaften internationalen Bedingungen aus und gewann Zeit für die Verstärkung der Landesverteidigung.
> Entgegen den Wünschen der herrschenden Kreise der Westmächte begann der Zweite Weltkrieg nicht mit einem Einfall in die SU, sondern mit Krieg zwischen den beiden imperialistischen Gruppierungen, die um die Weltherrschaft kämpften."

Bei den drei Texten handelt es sich – in der Reihenfolge des Abdrucks – um Auszüge aus einem polnischen, einem englischen und einem sowjetischen Geschichtslehrbuch. Sie stammen aus den Jahren 1977, 1975 und 1978, sind also in etwa zeitgleich verfasst und waren für Schülerinnen und Schüler des 9. und/oder 10. Schuljahrs bestimmt.[96]

Was lässt sich nun aus einer vergleichenden Analyse dieser drei Schulbuchtexte lernen?

Eine *Lernpotentialbestimmung* des synchronen Schulbuchvergleichs ohne Zusatzinformationen muss zunächst lernmethodisch ansetzen und darauf verweisen, dass die Technik der *immanenten Quelleninterpretation* geschult wird. Sodann ist evident, dass Schülerinnen und Schüler gerade im Vergleich besonders gut die *Standortgebundenheit und Perspektivität* der Einzeldarstellungen erkennen können – also beispielsweise die überaus starke Fixierung des polnischen Textes auf die konfliktreiche deutsch-polnische Beziehungsgeschichte, die implizite Auseinandersetzung mit der Appeasement-Politik im englischen Text oder die vornehmlich imperialismustheoretisch ansetzende Erklärung des Zweiten Weltkriegs, wie sie sich im sowjetischen Text findet. An die Erkenntnis, dass ein und dasselbe historische Großereignis völlig unterschiedlich wahrgenommen und gedeutet werden kann, schließt sich dann sachlogisch und fast automatisch die normative Einsicht in die *Notwendigkeit einer multiperspektivischen Geschichtsbetrachtung* an.[97]

---

96 Abdruck bei Multhoff (wie Anm. 95), S. 68f., 66 u. 71f. Polnischer Text: Roman Wapiński: „Historia". Warschau 1977, S. 3f.; englischer Text: Martin Roberts: The New Barbarism? (A Portrait of Europe 1900-1973). In: Mary R. Price/Donald Lindsay: A Portrait of Europe. Bd. 5. Oxford 1975, S. 153f.; sowjetrussischer Text: Istoria SSSR 1938-1976. Lehrbuch für die 10. Klasse. Unter der Redaktion von M.B. Kima. 7. Aufl. Moskau 1978, S. 12. Die Übersetzungen stammen von Wolfgang Jacobmeyer, Robert Multhoff und Susanne Jeismann.

97 Vgl. dazu auch Klaus Bergmann: Multiperspektivität. Geschichte selber denken. 2. Aufl. Schwalbach 2008; ders.: Multiperspektivität. In: Mayer u. a., Handbuch Methoden im Geschichtsunterricht (wie Anm. 91), S. 65-77.

Darüber hinaus verweisen die Schulbuchauszüge inhaltlich auf die große Bedeutung von *„Kriegsnarrativen"* – nicht nur in Geschichtslehrmitteln,[98] sondern auch in nationalen Meistererzählungen vor und nach 1945.[99] Auch diese gleichermaßen mythologische wie geschichtskulturelle Dimension lässt sich durch synchronen Schulbuchvergleich erschließen.

7.5.2 Diachroner Schulbuchvergleich

Schulbuchvergleiche haben durchaus wissenschaftspropädeutischen Charakter: Während die Methodenfigur des synchronen Schulbuchvergleichs erkennbare Affinitäten zur internationalen Schulbuchforschung aufweist, bestehen vergleichbare Ähnlichkeiten zwischen der jetzt vorzustellenden Methodenfigur des diachronen Schulbuchvergleichs und der historischen Schulbuchforschung.[100] Liegt die Stärke des synchronen Vergleichs in der Verdeutlichung der Multiperspektivität historischer Darstellung, so kann man die besondere Leistung des diachronen Vergleichs eher darin ausmachen, dass er *Deutungswandel* erkennbar werden lässt. Diesmal wollen wir eine Kombination von diachronem Vergleich und deduktivem Zugriff favorisieren, d. h. drei aus unterschiedlichen Epochen stammende Auszüge aus deutschen Geschichtslehrbüchern, die sich inhaltlich mit dem Westfälischen Frieden befassen, sogleich mit Zusatzinformationen versehen und die Schülerinnen und Schüler damit beauftragen, die jeweils dominierenden Wahrnehmungs- und Urteilsmuster herauszupräparieren und Hypothesen über die Ursachen festgestellten Deutungswandels aufzustellen.

Text 1

Auszug aus: Johann Matthias Schröckh: Lehrbuch der allgemeinen Weltgeschichte Zum Gebrauche bey dem ersten Unterrichte der Jugend. 5., verb. u. verm. Aufl. Berlin, Stettin 1795, S. 423 ff.

---

98 Vgl. dazu jetzt Markus Furrer/Kurt Messmer (Hrsg.): Kriegsnarrative in Geschichtslehrmitteln. Brennpunkte nationaler Diskurse. Schwalbach/Ts. 2009.

99 Mit diesem Problem befassten sich besonders die beiden „Mythenausstellungen" des Deutschen Historischen Museums in Berlin. Vgl. Monika Flacke (Hrsg.): Mythen der Nationen. Ein europäisches Panorama. Berlin 1998; dies. (Hrsg.): Mythen der Nationen. 1945 – Arena der Erinnerungen. 2 Bde. Berlin 2004, darin besonders in Band I: Etienne François: Meistererzählungen und Dammbrüche: Die Erinnerung an den Zweiten Weltkrieg zwischen Nationalisierung und Universalisierung (S. 13-28). Zum historiografiegeschichtlichen Konzept der Meistererzählungen vgl. auch Konrad H. Jarausch/Martin Sabrow: „Meistererzählung" – Zur Karriere eines Begriffs. In: Dies. (Hrsg.): Die historische Meistererzählung. Deutungslinien der deutschen Nationalgeschichte nach 1945. Göttingen 2002, S. 9-32.

100 Vgl. dazu auch Kap. 2.

Weitere Zusatzinformation: Über die Vorzüge des Konzepts einer allgemeinen Weltgeschichte äußert sich Schröckh (1733-1808) wie folgt: „Auch die Nutzbarkeit der allgemeinen Weltgeschichte ist weit ausgebreiteter, als bey jeder besondern Geschichte. [...] So ist sie es besonders, welche die Spuren der göttlichen Regierung auf der Welt am deutlichsten zeigt [...]. Sie lehrt uns auch am vollständigsten den Menschen kennen, weil sie ihm durch alle Zeiten nachgeht [...]. Aber es ist ihr vorzüglich eigen, daß sie uns von der partheyischen Verwunderung gewisser Zeiten, Völker und Personen abzieht, dagegen Weisheit und Tugend in allen Gegenden und Jahrhunderten auf gleiche Art zu verehren nöthiget." (Ebd., S. 26f.)

„Endlich gab der westphälische Friede, der in den beyden Städten von Westphalen, Münster und Osnabrück, geschlossen wurde, Deutschland die erwünschte Ruhe wieder. Durch denselben wurde der Religionsfriede bestätigt, und die Reformirten erlangten zugleich einerley Rechte mit den Evangelischen in Deutschland [...]. Ueberhaupt wurde der Religionszustand in Deutschland genau bestimmt, eine völlige Gleichheit zwischen Protestanten und Römischcatholischen eingeführt [...]. Den sämmtlichen Reichsständen wurden die wichtigsten Vorrechte, sowohl der Landeshoheit, als im Verhältnisse gegen den Kaiser und das deutsche Reich, bestätigt. [...] Wegen all dieser Entscheidungen, ist der Westphälische Friedensschluß das vornehmste deutsche Reichsgesetz, und der Grund von der neuern Verfassung Deutschlands geworden.
Die siegende Parthey insonderheit verschaffte sich durch denselben ausnehmende Vortheile. Schweden erhielt den ansehnlichern Theil von Pommern, die Stifter Bremen und Verden, in Herzogthümer verwandelt, noch andere Ländereyen, und eine starke Geldsumme; an Frankreich aber wurde die Landgrafschaft Elsass überlassen. [...] Zugleich aber war durch den westphälischen Frieden die Gewalt der Kaiser merklich eingeschränkt worden; Frankreich hingegen und Schweden, die ihn bewürkt hatten, und zu erhalten versprachen, behaupteten deswegen im deutschen Reiche ein nicht geringes Ansehen."

Text 2

Auszug aus: M. Edelmann/L. Gruenberg (Hrsg.): Volkwerden der Deutschen. Geschichtsbuch für höhere Schulen. Klasse 3. Von der Gründung des Ersten Reiches bis 1648. Bearb. v. Hans Bartels u. Erich Buchholz. Leipzig, Berlin 1939. S. 180-182.

Weitere Zusatzinformation: Im „Vorwort" geben die Bearbeiter Auskunft über ihre Wirkungsabsichten und Urteilsmaßstäbe: „Der schicksalhaft schwere Kampf, den *die Deutschen im Herzen Europas* gegen eine Welt von Widersachern zu bestehen haben, wird Jungen und Mädchen schon bei der ersten Vertiefung in die Geschichte ihres Volkes ergreifen. Zugleich wird ihnen aber auch das Herz aufgehen im Stolz über die erhabenen Taten einzelner Großer wie auch ihres ganzen Volkes. [...] Daß in einer Darstellung, die das Herz des Jungen zu Freude und Stolz oder zu Trauer und Hoffnung mitreißen soll, auf eine *Stellungnahme der Verfasser* den Ereignissen gegenüber nicht verzichtet wird, ist selbstverständlich. Ebenso selbstverständlich ist, daß Wert oder Unwert einer Begebenheit oder Persönlichkeit, einer Anschauung oder Einrichtung sich allein ergeben aus der Förderung oder Hemmung völkischer Art." (Ebd., S. V, kursive Hervorhebungen im Original)

„IV. Der westfälische Frieden (1648)
Vier Jahre brauchen die Unterhändler, um endlich dem deutschen Land wieder den Frieden zu geben. Aber bei der Selbstsucht der meisten Fürsten und vor allem bei den unerhörten Forderungen, die das Ausland stellt, ist zunächst an Frieden gar nicht zu denken. Nun endlich, nach vielen förmlichen Sitzungen und Beratungen, Festlichkeiten und Schmausereien, nach langem Feilschen und Verhandeln, ist der Friede unterzeichnet worden. In *Münster* hat der Kaiser mit den Franzosen, in *Osnabrück* mit den Schweden abgeschlossen. Ein unendlich trauriges Kapitel deutscher Geschichte endet mit diesem Westfälischen Frieden. Wieder einmal haben die Deutschen die *innere Zerrissenheit und Uneinigkeit* mit dem *Verlust kostbarer Grenzländer* zu bezahlen. Das Ausland ringsum ist der Sieger, das Reich ist das alleinige Schlachtopfer.
Die *Niederlande* und die *Schweiz* gehen endgültig dem Reich verloren. Fremde Großmächte werfen sich zu Bürgen und Wächtern der Selbständigkeit dieser deutschen Länder auf. *Frankreich* reißt den größten Teil des *Elsaß* an sich. Es faßt zum ersten Male Fuß auf dem rechten Rheinufer, indem es sich den Besitz von Breisach und Philippsburg als wichtige Brückenköpfe sichert. In der Pfalz behält es die Festung Landau. [...] *Schweden* reißt das *Mündungsgebiet der drei letzten großen Flüsse* an sich, die Deutschland bisher noch geblieben sind. Es erhält Stettin mit dem Besitz des Haffs, Vorpommern und Rügen, Wismar, den wichtigsten Hafen Mecklenburgs, und das Gebiet zwischen Elbe- und Wesermündung. Das Reich ist so gut wie völlig vom Meere abgeschnitten; denn Schleswig-Holstein ist in dänischen Händen, die Rheinmündung in niederländischem, die Weichsel in polnischem Besitz.
In *religiöser* Beziehung wird als *Normaljahr* für den Besitzstand der Konfessionen die Mitte genommen zwischen dem Anfang des Krieges

(1618) und dem Zeitpunkt der größten Ausdehnung des Katholizismus (1630), also das Jahr 1624. [...] Die religiöse Spaltung Deutschlands wird so rechtlich festgelegt und verewigt. Die *verfassungsrechtlichen* Bestimmungen des Friedens geben der Einheit des Reiches den Todesstoß. Zwar bleibt noch der kaiserliche Titel bestehen mit einigen äußerlichen Ehrenrechten für das Reichsoberhaupt; den *Einzelfürsten* werden aber sämtliche Hoheitsrechte, die ehemals beim Reich lagen, überlassen. Jedes Territorium hat die *volle Staatshoheit*, die so weit geht, daß die Fürsten unter sich selbst und sogar mit fremden Mächten Bündnisse schließen können. Dadurch ist der Einmischung der Nachbarstaaten in die deutschen Verhältnisse Tür und Tor geöffnet." (kursive Hervorhebungen im Original)

Text 3

Auszug aus: Hans-Georg Hofacker/Thomas Schuler (Hrsg.): Geschichtsbuch 2. Die Menschen und ihre Geschichte in Darstellungen und Dokumenten. Ausgabe A: Das Mittelalter und die frühe Neuzeit. Berlin 1987, S. 168 f.

Weitere Zusatzinformation: Hilke Günther-Arndt, Mitherausgeberin des 3. Bandes des Geschichtsbuches, äußert sich zur Perspektivität historischer Darstellungen wie folgt: „Gegen die Konzeption von Darstellungsteilen könnte eingewandt werden, daß darstellende Texte die Schüler auf die Sichtweise des jeweiligen Schulbuchautors festlegen [...].
Diese Kritik ist nicht unberechtigt, das Problem ist allerdings sehr viel verwickelter, als es die grundsätzlich richtige Forderung nach Multiperspektivität auf der Ebene der historischen Betrachtung erscheinen läßt. Wie könnte die Einlösung einer solchen Forderung für die Klassen 6 bzw. 7 bis 10 aussehen? Sollte ein Kapitel jeweils in zwei oder mehreren Fassungen, von verschiedenen Autoren geschrieben, im Geschichtsbuch erscheinen? Sollten die Autoren auf jede Erklärung, jede Beurteilung verzichten, so daß das Problem der Perspektivität einer historischen Darstellung sich gar nicht stellte?" (Hilke Günther-Arndt: Zur Konzeption des „Geschichtsbuchs". In: Jochen Martin/Norbert Zwölfer (Hrsg.): Geschichtsbuch 1. Die Menschen und ihre Geschichte in Darstellungen und Dokumenten. Lehrerband. Berlin 1989, S. 5-12, Zitat S. 9 f.)

„Gleichzeitig mit dem Eintritt Frankreichs in den Krieg begannen auch die ersten Verhandlungen über eine umfassende Friedensregelung für Deutschland und Europa. Schweden und Frankreich verpflichteten sich, nur gemeinsam Frieden zu schließen. *Frankreich* wollte durch territoriale Erwerbungen im Osten an den Rhein vordringen, die habsburgische

Einkreisung durchbrechen und sich ein Eingangstor nach Deutschland verschaffen. *Schweden* bestand auf Erwerbungen an der deutschen Ost- und Nordseeküste, durch die es seine Vormachtstellung in Nordeuropa sichern wollte. Für die *deutschen Fürsten* ging es bei aller Schwäche darum, ihre Herrschaftsrechte gegen den Kaiser zu schützen. Deshalb setzten sie gegen den Widerstand Habsburgs ihre Teilnahme an dem künftigen Friedenskongreß durch.

[…] Bereits 1644 trafen die ersten Delegationen aus ganz Europa mit großem Gefolge in der katholischen Stadt Münster und im evangelischen Osnabrück ein, wo mit den Franzosen und Schweden getrennt verhandelt werden sollte. Jede der beiden Städte hatte nur 10 000 Einwohner. Jetzt mußten sie nahezu die gleiche Anzahl von Menschen zusätzlich beherbergen, denn den Delegationen folgten ganze Schwärme von Malern, Kupferstechern, fliegenden Händlern und Bettlern […]. Einen solchen umfassenden Friedenskongreß hatte Europa noch nicht gesehen. […] Im Oktober 1648 war es dann soweit. Feierliche Gottesdienste und Salutschüsse begleiteten in beiden Konferenzorten die Unterzeichnung des Friedensvertrages. Frankreich, Schweden und die deutschen Reichsfürsten konnten ihre Forderungen gegen die spanischen und deutschen Habsburger durchsetzen. Die Niederlande und die Eidgenossenschaft verließen den Reichsverband und wurden selbständige Staaten.

[…] In der Religionsfrage […] konnte keine Seite im Deutschen Reich einen Sieg verbuchen. Der Augsburger Religionsfriede von 1555 […] wurde bestätigt, der Calvinismus als Konfession im Reich anerkannt. Die Friedensverträge von Münster und Osnabrück beendeten aber nicht nur den Glaubensstreit. Viel bedeutsamer war, daß der Jahrhunderte andauernde Konflikt zwischen Kaiser und Reichsständen, d. h. um die *Verfassung* des Reichs, jetzt zugunsten der Reichsstände gelöst wurde. Sie standen nun dem Kaiser nahezu unabhängig gegenüber. Sie durften Bündnisse untereinander und mit auswärtigen Mächten schließen, außer wenn sie sich gegen Kaiser und Reich richteten. Das Reich war nur noch ein lockerer Staatenbund. Endgültig hatten die Reichsstände auch das Recht der Mitregierung durchsetzen können, denn in allen Sachen, die das Reich betrafen, war der Kaiser an ihre Zustimmung gebunden.“ (kursive Hervorhebungen bis auf die letzte im Original, kursiv hervorgehobener Begriff „Verfassung“ im Original unterstrichen)

Was können Schülerinnen und Schüler aus diesem diachronen Schulbuchvergleich mit Zusatzinformationen lernen? Eine Lernpotentialbestimmung muss sicherlich mit der Erkenntnis der *Epochenabhängigkeit der Wahrnehmungs- und Urteilsmuster* beginnen: 1795 existiert das Heilige Römische Reich deutscher Nation noch, und der Westfälische Frieden ist ein positiv bewerteter, nach wie vor gültiger Bestandteil der Reichsverfassung; das Jahr 1939 steht dagegen bereits ganz im Zeichen des Kriegsbeginns und einer völkisch-nationalistisch gedeuteten Reichsgeschichte, die mit dem Westfälischen Frieden an ihren vermeintlichen Tiefpunkt gelangt ist,[101] während in der Bundesrepublik des Jahres 1987 postnationalistische Orientierungen vorherrschen und eine verhalten positive Gesamtbewertung des Friedens ermöglichen, die sich wieder an das ausgehende 18. Jahrhundert annähert.[102] Mit Hilfe der Zusatzinformationen ist es aber auch möglich, dass die Schülerinnen und Schüler in *unterschiedlichen geschichtsdidaktischen Konzepten* einen weiteren Faktor des Deutungswandels erkennen; denn zwischen der weltgeschichtlichen Weite des aufgeklärten Blicks, der auf Unparteilichkeit zielt, zwischen der völkisch-nationalistisch verengten Sicht, die überwiegend auf Emotion und Gesinnung setzt, und zwischen dem fast skrupulös anmutenden Bemühen um ein möglichst hohes Maß an Multiperspektivität in den Darstellungsteilen moderner Geschichtslehrbücher liegen jeweils Welten.[103]

---

101 Die nationalistisch inspirierte Abwertung des Westfälischen Friedens begann bereits zu Beginn des 19. Jahrhunderts. Vgl. dazu auch den Textauszug aus Friedrich Kohlrausch „Teutscher Geschichte“ in Kap. 3 (Abschnitt „Der klassische Leitfaden“).

102 Zur Bedeutung und Wirkung von 1648 vgl. auch Heinz Duchhardt (Hrsg.): Der Westfälische Friede. Diplomatie – politische Zäsur – kulturelles Umfeld – Rezeptionsgeschichte. München 1998.

103 Zum diachronen Wandel geschichtsdidaktischer Konzepte vgl. auch Klaus Bergmann/Gerhard Schneider (Hrsg.): Gesellschaft – Staat – Geschichtsunterricht. Beiträge zu einer Geschichte der Geschichtsdidaktik und des Geschichtsunterrichts von 1500-1980. Düsseldorf 1982; Paul Leidinger (Hrsg.): Geschichtsunterricht und Geschichtsdidaktik vom Kaiserreich bis zur Gegenwart. Festschrift des Verbandes der Geschichtslehrer Deutschlands zum 75jährigen Bestehen. Stuttgart 1988.

Adamski, Peter: Portfolio im Geschichtsunterricht. Leistungen dokumentieren – Lernen reflektieren. In: Geschichte in Wissenschaft und Unterricht 54 (2003), S. 32-50

Barricelli, Michele: Problemorientierung. In: Mayer, Ulrich/Pandel, Hans-Jürgen/Schneider, Gerhard (Hrsg.): Handbuch Methoden im Geschichtsunterricht. 2., überarb. Aufl. Schwalbach/Ts. 2007, S. 78-90

Barricelli, Michele: Thematische Strukturierungskonzepte. In: Günther-Arndt, Hilke (Hrsg.): Geschichts-Methodik. Handbuch für die Sekundarstufe I und II. Berlin 2007, S. 46-62

Becher, Ursula A. J.: Schulbuch. In: Pandel, Hans-Jürgen/Schneider, Gerhard (Hrsg.): Handbuch Medien im Geschichtsunterricht. 4. Aufl. Schwalbach/Ts. 2007, S. 45-68

Becher, Ursula A. J./Borodziej, Włodzimierz/Maier, Robert (Hrsg.): Deutschland und Polen im 20. Jahrhundert. Analysen – Quellen – didaktische Hinweise (Studien zur internationalen Schulbuchforschung, Bd. 82/C). Hannover 2001

Bendick, Rainer: Nationale Geschichtsbilder. Der Versailler Vertrag in deutschen und französischen Schulgeschichtskarten. In: Praxis Geschichte H. 4/1999, S. 46-50

Bergmann, Klaus: Multiperspektivität. Geschichte selber denken. 2. Aufl. Schwalbach/Ts. 2008

Bergmann, Klaus: Multiperspektivität. In: Mayer, Ulrich/Pandel, Hans-Jürgen/Schneider, Gerhard (Hrsg.): Handbuch Methoden im Geschichtsunterricht. 2., überarb. Aufl. Schwalbach/Ts. 2007, S. 65-77

Bergmann, Klaus: Gegenwarts- und Zukunftsbezug. In: Mayer, Ulrich/Pandel, Hans-Jürgen/Schneider, Gerhard (Hrsg.): Handbuch Methoden im Geschichtsunterricht. 2., überarb. Aufl. Schwalbach/Ts. 2007, S. 91-112

Bergmann, Klaus: Ideologiekritik. In: Mayer, Ulrich/Pandel, Hans-Jürgen/Schneider, Gerhard (Hrsg.): Handbuch Methoden im Geschichtsunterricht. 2., überarb. Aufl. Schwalbach/Ts. 2007, S. 137-151

Bergmann, Klaus/Rohrbach, Rita: Chance Geschichtsunterricht. Eine Praxisanleitung für den Notfall, für Anfänger und Fortgeschrittene. Schwalbach/Ts. 2005

Bergmann, Klaus: „… so ist das Bild immer notwendig ein beschränktes“ – historisches Denken durch Bilder. In: Schneider, Gerhard (Hrsg.): Die visuelle Dimension des Historischen. Hans-Jürgen Pandel zum 60. Geburtstag. Schwalbach/Ts. 2002, S. 9-20

Bergmann, Klaus/Schneider, Gerhard (Hrsg.): Gesellschaft – Staat – Geschichtsunterricht. Beiträge zu einer Geschichte der Geschichtsdidaktik und des Geschichtsunterrichts von 1500-1980. Düsseldorf 1982

Bernhardt, Markus: Erarbeitung. In: Mayer, Ulrich/Pandel, Hans-Jürgen/Schneider, Gerhard (Hrsg.): Handbuch Methoden im Geschichtsunterricht. 2., überarb. Aufl. Schwalbach/Ts. 2007, S. 619-633

Binnenkade, Alexandra/Gautschi, Peter: Didaktisches Konzept des Lehrmittels ‚Menschen in Zeit und Raum'. Das Theoriekonzept von „FUER Geschichtsbewusstsein" als Horizont. In: Zeitschrift für Geschichtsdidaktik 2 (2003), S. 197-212

Bölling, Rainer: Richtlinieninflation im 20. Jahrhundert. In: Geschichte in Wissenschaft und Unterricht 57 (2006), S. 534-539

Böttcher, Christina: Umgang mit Karten. In: Mayer, Ulrich/Pandel, Hans-Jürgen/Schneider, Gerhard (Hrsg.): Handbuch Methoden im Geschichtsunterricht. 2., überarb. Aufl. Schwalbach/Ts. 2007, S. 225-254

Bonhage, Barbara u. a. (Hrsg.): Hinschauen und Nachfragen. Die Schweiz und die Zeit des Nationalsozialismus im Licht aktueller Fragen. 2. Aufl. Zürich 2006

Borodziej, Włodzimierz: Die deutsch-polnische Schulbucharbeit seit 1972: alte und neue Perspektiven. In: Handro, Saskia/Jacobmeyer, Wolfgang (Hrsg.): Geschichtsdidaktik. Identität – Bildungsgeschichte – Politik. Karl-Ernst Jeismann zum 50jährigen Doktorjubiläum (ZfL-Texte, Nr. 18). Münster 2007, S. 31-44

Borries, Bodo von: Wissenschaftsorientierung. Geschichtslernen in der „Wissensgesellschaft". In: Mayer, Ulrich/Pandel, Hans-Jürgen/Schneider, Gerhard (Hrsg.): Handbuch Methoden im Geschichtsunterricht. 2., überarb. Aufl. Schwalbach/Ts. 2007, S. 30-48

Borries, Bodo von: Schulbuch-Gestaltung und Schulbuch-Benutzung im Fach Geschichte. Zwischen empirischen Befunden und normativen Überlegungen. In: Handro, Saskia/Schönemann, Bernd (Hrsg.): Geschichtsdidaktische Schulbuchforschung (Zeitgeschichte – Zeitverständnis, Bd. 16). Berlin 2006, S. 39-51

Borries, Bodo von u. a.: Schulbuchverständnis, Richtlinienbenutzung und Reflexionsprozesse im Geschichtsunterricht. Eine qualitativ-quantitative Schüler- und Lehrerbefragung im Deutschsprachigen Bildungswesen 2002 (Bayerische Studien zur Geschichtsdidaktik, Bd. 9). Neuried 2005

Borries, Bodo von/Körber, Andreas/Meyer-Hamme, Johannes: Reflexiver Umgang mit Geschichts-Schulbüchern? Befunde einer Befragung von Lehrern, Schülern und Studierenden 2002. In: Zeitschrift für Geschichtsdidaktik 2 (2003), S. 114-136

Borries, Bodo von: Das Geschichtsbewußtsein Jugendlicher. Erste repräsentative Untersuchung über Vergangenheitsdeutungen, Gegenwartswahrnehmungen und Zukunftserwartungen von Schülerinnen und Schülern in Ost- und Westdeutschland. Weinheim/München 1995

Borries, Bodo von: Das Geschichts-Schulbuch in Schüler- und Lehrersicht. Einige empirische Befunde. In: Internationale Schulbuchforschung 17 (1995), S. 45-60

Borries, Bodo von: Der soziale, wirtschaftliche, politische und mentale Wandlungsprozeß Deutschlands im 19. und 20. Jahrhundert im Spiegel des Schulbuchs. In: Internationale Schulbuchforschung 16 (1994), S. 49-79

Borries, Bodo von: Geschichtslernen und Geschichtsbewußtsein. Empirische Erkundungen zu Erwerb und Gebrauch von Historie. Stuttgart 1988

Borries, Bodo von: Problemorientierter Geschichtsunterricht. Schulbuchkritik und Schulbuchrevision, dargestellt am Beispiel der römischen Republik. Stuttgart 1980

Bühl-Gramer, Charlotte: Rahmenbedingungen der Schulbuchproduktion in Italien. In: Handro, Saskia/Schönemann, Bernd (Hrsg.): Geschichtsdidaktische Schulbuchforschung (Zeitgeschichte – Zeitverständnis, Bd. 16). Berlin 2006, S. 283-295

Burckhardt, Jacob: Über das Studium der Geschichte. Der Text der ‚Weltgeschichtlichen Betrachtungen' auf Grund der Vorarbeiten von Ernst Ziegler nach den Handschriften hrsg. von Peter Ganz. München 1982

Cornelsen-Stiftung „Lehren und Lernen": Zukünftige Entwicklung von Lehr- und Lernmedien. Ausgewählte Ergebnisse einer Delphi-Studie – zusammengestellt von Witlof Vollstädt. In: Internationale Schulbuchforschung 24 (2002), S. 213-231

Dannhauser, Brigitte: Schülerinnen und Schüler gestalten ein eigenes Schulbuchkapitel. In: Geschichte lernen 5 (1992), H. 30, S. 14-16

Dehne, Brigitte: Schülerfragen als konstitutives Element des Geschichtsunterrichts. In: Geschichte in Wissenschaft und Unterricht 51 (2000), S. 661-680

Demantowsky, Marko: Unterrichtsmethodische Strukturierungskonzepte. In: Günther-Arndt, Hilke (Hrsg.): Geschichts-Methodik. Handbuch für die Sekundarstufe I und II. Berlin 2007, S. 63-76

Die deutsch-polnischen Schulbuchempfehlungen in der öffentlichen Diskussion der Bundesrepublik Deutschland. Eine Dokumentation, eingeleitet und ausgewählt von Wolfgang Jacobmeyer (Studien zur internationalen Schulbuchforschung. Bd. 26). Braunschweig 1979

Dörr, Margarete: Tafel- und Folienarbeit. In: Pandel, Hans-Jürgen/Schneider, Gerhard (Hrsg.): Handbuch Medien im Geschichtsunterricht. 4. Aufl. Schwalbach/Ts. 2007, S. 87-145

Duchhardt, Heinz (Hrsg.): Der Westfälische Friede. Diplomatie – politische Zäsur – kulturelles Umfeld – Rezeptionsgeschichte. München 1998

Falter, Jürgen W.: Hitlers Wähler. München 1991

Flacke, Monika (Hrsg.): Mythen der Nationen. 1945 – Arena der Erinnerungen. 2 Bde. Berlin 2004

Flacke, Monika (Hrsg.): Mythen der Nationen. Ein europäisches Panorama. Berlin 1998

François, Etienne: Meistererzählungen und Dammbrüche: Die Erinnerung an den Zweiten Weltkrieg zwischen Nationalisierung und Universalisierung. In: Flacke, Monika (Hrsg.): Mythen der Nationen. 1945 – Arena der Erinnerungen. Bd. I. Berlin 2004, S. 13-28

Fried, Johannes: Die Aktualität des Mittelalters. Gegen die Überheblichkeit unserer Wissensgesellschaft. 3. Aufl. Stuttgart 2003

Friederich, Gerd: Das niedere Schulwesen. In: Jeismann, Karl-Ernst/Lundgreen, Peter (Hrsg.): Handbuch der deutschen Bildungsgeschichte. Bd. 3, 1800-1870. Von der Neuordnung Deutschlands bis zur Gründung des Deutschen Reiches. München 1987, S. 123-152

Frieß, Peer: Das bayerische Zulassungsverfahren für Schulbücher im Fach Geschichte. In: Geschichte in Wissenschaft und Unterricht 49 (1998), S. 180-186

Fritzsche, Peter K. (Hrsg.): Schulbücher auf dem Prüfstand. Perspektiven der Schulbuchforschung und Schulbuchbeurteilung in Europa (Studien zur internationalen Schulbuchforschung, Bd. 75). Frankfurt/M. 1992

Fröhlich, Klaus: Das Schulbuch. In: Pandel, Hans-Jürgen/Schneider, Gerhard (Hrsg.): Handbuch Medien im Geschichtsunterricht. Düsseldorf 1985, S. 91-114

Fröhlich, Klaus: Schulbucharbeit. In: Bergmann, Klaus u. a. (Hrsg.): Handbuch der Geschichtsdidaktik. 5. Aufl. Seelze-Velber 1997, S. 422-429

Funke, Peter: Athen in klassischer Zeit. 2., durchges. u. aktual. Aufl. München 2003

Furrer, Markus/Messmer, Kurt (Hrsg.): Kriegsnarrative in Geschichtslehrmitteln. Brennpunkte nationaler Diskurse. Schwalbach/Ts. 2009

Gautschi, Peter: Guter Geschichtsunterricht. Grundlagen, Erkenntnisse, Hinweise. Schwalbach/Ts. 2009

Gautschi, Peter/Moser, Daniel V./Reusser, Kurt/Wiher, Pit: Geschichtsunterricht heute – Einleitung und Überblick über die Hauptergebnisse der Studie. In: Dies. (Hrsg.): Geschichtsunterricht heute. Eine empirische Analyse ausgewählter Aspekte. Bern 2007, S. 9-20

Gautschi, Peter: Geschichtslehrmittel: Wie sie entwickelt werden und was von ihnen erwartet wird. In: Zeitschrift für Geschichtsdidaktik 5 (2006), S. 178-197

Gemeinsame Deutsch-Polnische Schulbuchkommission: Empfehlungen für Schulbücher der Geschichte und Geographie in der Bundesrepublik Deutschland und in der Volksrepublik Polen (Schriftenreihe des Georg-Eckert-Instituts für internationale Schulbuchforschung, Bd. 22). Braunschweig 1977

Gies, Horst: Geschichtsunterricht unter der Diktatur Hitlers. Köln u. a. 1992

Gollwitzer, Heinz: Historismus als kultur- und sozialgeschichtliche Bewegung. In: Geschichte, Politik und ihre Didaktik 10 (1982), S. 5-16

Gorbahn, Katja: „Griechische Bürgerstaaten trotzen der persischen Weltmacht“. Die Darstellung des persischen Reiches in Schulbüchern für die Sekundarstufe I seit 1990. In: Handro, Saskia/Schönemann, Bernd (Hrsg.): Geschichtsdidaktische Schulbuchforschung (Zeitgeschichte – Zeitverständnis, Bd. 16). Berlin 2006, S. 177-197

Grosch, Waldemar: Das Schulbuch der Zukunft. In: Pandel, Hans-Jürgen/Schneider, Gerhard (Hrsg.): Wie weiter? Zur Zukunft des Geschichtsunterrichts. Schwalbach/Ts. 2001, S. 136-155

Grunder, Hans-Ulrich/Wuelser, Patrick: Zwischen staatlicher Kontrolle und freiem Markt – zur Lehrmittelproduktion in der Schweiz. In: Internationale Schulbuchforschung 18 (1996), S. 229-240

Günther-Arndt, Hilke: Lehren und Lernen mit dem Schulbuch im Geschichtsunterricht der Sekundarstufe I. In: Geschichte in Wissenschaft und Unterricht 59 (2008), S. 4-19

Günther-Arndt, Hilke: Historisches Lernen und Wissenserwerb. In: Dies. (Hrsg.): Geschichts-Didaktik. Praxishandbuch für die Sekundarstufe I und II. 3. Aufl. Berlin 2008, S. 23-47

Günther-Arndt, Hilke: Umrisse einer Geschichtsmethodik. In: Dies. (Hrsg.): Geschichts-Methodik. Handbuch für die Sekundarstufe I und II. Berlin 2007, S. 9-24

Günther-Arndt, Hilke: Erarbeitender Geschichtsunterricht. In: Dies. (Hrsg.): Geschichts-Methodik. Handbuch für die Sekundarstufe I und II. Berlin 2007, S. 88-93

Günther-Arndt, Hilke: Methodik des Geschichtsunterrichts. In: Dies. (Hrsg.): Geschichts-Didaktik. Praxishandbuch für die Sekundarstufe I und II. 2. Aufl. Berlin 2005, S. 151-196

Günther-Arndt, Hilke: Zur Konzeption des „Geschichtsbuchs". In: Martin, Jochen/Zwölfer, Norbert (Hrsg.): Geschichtsbuch 1. Die Menschen und ihre Geschichte in Darstellungen und Dokumenten. Lehrerband. 1. Aufl. Berlin 1989, S. 5-12

Günther-Arndt, Hilke: Der grüne Wollfaden oder Was heißt „Geschichte erzählen" heute? Zu alten und neuen Problemen der Geschichtsdarstellung in Wissenschaft und Unterricht. In: Geschichte in Wissenschaft und Unterricht 36 (1985), S. 684-704

Handro, Saskia: Geschichtsbild oder Geschichtsbewusstsein? 1989 in Schulgeschichtsbüchern. In: Dies./Schaarschmidt, Thomas (Hrsg.): Geschichtskulturelle Schlüsseldiskurse zur DDR-Geschichte. Schwalbach/Ts. 2010 [im Druck]

Handro, Saskia/Schönemann, Bernd: Geschichte und Sprache - eine Einführung. In: Dies. (Hrsg.): Geschichte und Sprache (Zeitgeschichte - Zeitverständnis, Bd. 21). Berlin 2010

Handro, Saskia: Konstruktivismus. In: Mayer, Ulrich u. a. (Hrsg.): Wörterbuch Geschichtsdidaktik. 2., überarb. und erw. Aufl. Schwalbach/Ts. 2009, S. 119 f.

Handro, Saskia: Historische Erkenntnisverfahren. In: Günther-Arndt, Hilke (Hrsg.): Geschichts-Methodik. Handbuch für die Sekundarstufe I und II. Berlin 2007, S. 25-45

Handro, Saskia: Der lange Abschied von vertrauten Opfermythen. Eine Schulbuchanalyse aus geschichtskulturellem Anlass. In: Dies./Schönemann, Bernd (Hrsg.): Geschichtsdidaktische Schulbuchforschung (Zeitgeschichte – Zeitverständnis, Bd. 16). Berlin 2006, S. 199-216

Handro, Saskia/Schönemann, Bernd (Hrsg.): Geschichtsdidaktische Schulbuchforschung (Zeitgeschichte – Zeitverständnis, Bd. 16). Berlin 2006

Harstick, Hans-Peter: Georg Eckert (1912-1974). Wegbereiter einer neuen Konzeption von Geschichte in Wissenschaft und Unterricht. In: Becher, Ursula A. J./Riemenschneider, Rainer (Hrsg.): Internationale Verständigung. 25 Jahre Georg-Eckert-Institut für internationale Schulbuchforschung in Braunschweig (Studien zur internationalen Schulbuchforschung, Bd. 100). Hannover 2000, S. 105-115

Hasberg, Wolfgang: Von PISA nach Berlin. Auf der Suche nach Kompetenzen und Standards historischen Lernens. In: Geschichte in Wissenschaft und Unterricht 56 (2005), S. 684-702

Heimann, Paul/Otto, Gunter/Schulz, Wolfgang: Unterricht. Analyse und Planung. 10., unveränd. Aufl. Hannover 1979

Henke-Bockschatz, Gerhard: Viel benutzt, aber auch verstanden? Arbeit mit dem Schulgeschichtsbuch. In: Geschichte lernen 20 (2007), H. 116, S. 40-45

Herren, Madeleine: Internationale Organisationen seit 1865. Eine Globalgeschichte der internationalen Ordnung. Darmstadt 2009

Hessenauer, Heike: Die Produktion von Schulbüchern – Zwischen rechtlichen Vorgaben und unternehmerischem Kalkül. In: Handro, Saskia/Schönemann, Bernd (Hrsg.): Geschichtsdidaktische Schulbuchforschung (Zeitgeschichte – Zeitverständnis, Bd. 16). Berlin 2006, S. 265-282

Hilpert, Hans-Eberhard: Geschichtsdidaktische Innovation in der Bundesrepublik Deutschland. Lehrpläne und Schulbücher am Beispiel ihrer Darstellung von Kirchenreform und Investiturstreit. Stuttgart 1989

Hinrichs, Ernst/Pingel, Falk: Georg Eckert (1912-1974) und die internationale Schulbuchforschung. In: Leidinger, Paul (Hrsg.): Geschichtsunterricht und Geschichtsdidaktik vom Kaiserreich bis zur Gegenwart. Festschrift des Verbandes der Geschichtslehrer Deutschlands zum 75jährigen Bestehen. Stuttgart 1988, S. 334-349

Hodel, Jan/Waldis, Monika: Sichtstrukturen im Geschichtsunterricht – die Ergebnisse der Videoanalyse. In: Gautschi, Peter/Moser, Daniel V./Reusser, Kurt/Wiher, Pit (Hrsg.): Geschichtsunterricht heute. Eine empirische Analyse ausgewählter Aspekte. Bern 2007, S. 91-142

Höhne, Thomas: Schulbuchwissen. Umrisse einer Wissens- und Medientheorie des Schulbuches. Frankfurt/M. 2003

Hug, Wolfgang: Das Schulgeschichtsbuch in der Unterrichtspraxis. In: Geschichtsdidaktik 2 (1977), S. 64-74

Hug, Wolfgang: Geschichtsunterricht in der Praxis der Sekundarstufe I. Befragungen, Analysen und Perspektiven (1977). 3. Aufl. Frankfurt/M. 1985

Hug, Wolfgang: Schulbuch. In: Bergmann, Klaus u. a. (Hrsg.): Handbuch der Geschichtsdidaktik. 3., völlig überarb. u. bedeutend erw. Aufl. Düsseldorf 1985, S. 469-475

Huhn, Jochen: Siegfried Kawerau (1886-1936). In: Quandt, Siegfried (Hrsg.): Deutsche Geschichtsdidaktiker des 19. und 20. Jahrhunderts. Wege, Konzeptionen, Wirkungen. Paderborn u. a. 1978

Jacobmeyer, Wolfgang: Die Genese des „modernen" Lehrbuchs für das Fach Geschichte im 18. Jahrhundert. In: Handro, Saskia/Schönemann, Bernd (Hrsg.): Geschichtsdidaktische Schulbuchforschung (Zeitgeschichte – Zeitverständnis, Bd. 16). Berlin 2006, S. 249-262

Jacobmeyer, Wolfgang: „Empfehlungen". Arbeitsform, Medium und Ergebnis der international vergleichenden Schulbuchforschung. In: Zeitschrift für Geschichtsdidaktik 4 (2005), S. 196-209

Jacobmeyer, Wolfgang: Die Darstellung der „Vertreibung“ in deutschen und polnischen Lehrbüchern des Faches Geschichte. In: Maier, Robert (Hrsg.): Zwischen Zählebigkeit und Zerrinnen. Nationalgeschichte im Schulunterricht in Ostmitteleuropa (Studien zur internationalen Schulbuchforschung, Bd. 112). Hannover 2004, S. 83-100

Jacobmeyer, Wolfgang: Das deutsche Schulgeschichtsbuch 1700-1989. Vorbericht zu einem laufenden Projekt. In: Wollersheim, Heinz-Werner/Moderow, Hans-Martin/Friedrich, Cathrin (Hrsg.): Die Rolle von Schulbüchern für Identifikationsprozesse in historischer Perspektive (Leipziger Studien zur Erforschung von regionenbezogenen Identifikationsprozessen, Bd. 5). Leipzig 2002, S. 123-132

Jacobmeyer, Wolfgang: Konditionierung von Geschichtsbewußtsein: Schulgeschichtsbücher als nationale Autobiographien. In: Gruppendynamik 23 (1992), S. 375-388

Jacobmeyer, Wolfgang: Von „öden Verzeichnissen“ zu „erhabenen Beyspielen“. Beobachtungen an deutschen Unterrichtsmaterialien aus der zweiten Hälfte des 18. Jahrhunderts. In: Internationale Schulbuchforschung 9 (1987), S. 233-249

Jacobmeyer, Wolfgang: Mentalitätsgeschichtliche Strukturen im Lutherbild deutscher Schulgeschichtsbücher, 1860-1942. In: Internationale Schulbuchforschung 6 (1984), S. 5-16

Jacobmeyer, Wolfgang: Die deutsch-polnischen Bemühungen zur Verständigung auf dem Gebiet der historischen und geographischen Unterrichtswerke. In: Internationale Schulbuchforschung 1 (1979), H. 1, S. 23-31

Jank, Werner/Meyer, Hilbert: Didaktische Modelle. 8. Aufl. Berlin 2008

Jarausch, Konrad H./Sabrow, Martin: „Meistererzählung“ – Zur Karriere eines Begriffs. In: Dies. (Hrsg.): Die historische Meistererzählung. Deutungslinien der deutschen Nationalgeschichte seit 1945. Göttingen 2002, S. 9-32

Jeismann, Karl-Ernst: 20 Jahre deutsch-polnische Schulbucharbeit. Experiment – Provokation – Modell. In: Zwanzig Jahre Gemeinsame Deutsch-Polnische Schulbuchkommission. Reden aus Anlaß der Festveranstaltung in Braunschweig am 10. Juni 1992 (Vorträge im Georg-Eckert-Institut, H. 12). Braunschweig 1993, S. 23-31

Jeismann, Karl-Ernst: Geschichtsbewußtsein als zentrale Kategorie der Geschichtsdidaktik. In: Schneider, Gerhard (Hrsg.): Geschichtsbewußtsein und historisch-politisches Lernen (Jahrbuch für Geschichtsdidaktik, Bd. 1). Pfaffenweiler 1988, S. 1-24

Jeismann, Karl-Ernst: Begutachtung und Zulassung von Schulbüchern. Ein kritischer Brief. In: Geschichte in Wissenschaft und Unterricht 38 (1987), S. 105-107

Jeismann, Karl-Ernst: „Geschichtsbewußtsein“. Überlegungen zur zentralen Kategorie eines neuen Ansatzes der Geschichtsdidaktik. In: Süssmuth, Hans (Hrsg.): Geschichtsdidaktische Positionen. Bestandsaufnahme und Neuorientierung. Paderborn u. a. 1980, S. 179-222

Jeismann, Karl-Ernst: Internationale Schulbuchforschung. Aufgaben und Probleme. In: Internationale Schulbuchforschung 1 (1979), H. 1, S. 7-22

Jeismann, Karl-Ernst: Friedrich Kohlrausch (1780-1867). In: Quandt, Siegfried (Hrsg.): Deutsche Geschichtsdidaktiker des 19. und 20. Jahrhunderts. Paderborn u.a. 1978, S. 41-83

Jeismann, Karl-Ernst: Das preußische Gymnasium in Staat und Gesellschaft. Die Entstehung des Gymnasiums als Schule des Staates und der Gebildeten, 1787-1817 (Industrielle Welt, Bd. 15). Stuttgart 1974

Kaufmann, Günter: Neue Bücher – alte Fehler. Zur Bildpräsentation in Schulgeschichtsbüchern. In: Geschichte in Wissenschaft und Unterricht 51 (2000), S. 68-87

Kirchhoff, Hans Georg: Von der historischen Katechese zum geschichtlichen Arbeitsbuch. Zum Wandel der Unterrichtsmethodik vom 18. zum 20. Jahrhundert. In: Schönemann, Bernd/Uffelmann, Uwe/Voit, Hartmut (Hrsg.): Geschichtsbewußtsein und Methoden historischen Lernens (Schriften zur Geschichtsdidaktik, Bd. 8). Weinheim 1998, S. 25-38

Klemenz, Lola: „Ware Geschichtsschulbuch". Wie „Geschichte" in die Schulbücher kommt. In: Praxis Geschichte H. 2/1997, S. 60-62

Kleßmann, Christoph: Zur Methodik vergleichender Schulbuchanalyse. In: Internationales Jahrbuch für Geschichts- und Geographieunterricht 17 (1976), S. 59-68

Knepper, Herbert: Scheingegensätze im Dienste interessengeleiteter Rhetorik. Zwei Richtigstellungen zu Joachim Rohlfes. In: Geschichte in Wissenschaft und Unterricht 49 (1998), S. 175-179

Körber, Andreas/Schreiber, Waltraud/Schöner, Alexander (Hrsg.): Kompetenzen historischen Denkens. Ein Strukturmodell als Beitrag zur Kompetenzorientierung in der Geschichtsdidaktik (Kompetenzen: Grundlagen – Entwicklung – Förderung, Bd. 2). Neuried 2007

Kohl, Herbert/Wunderer, Hartmann: Von der Quelle zum Tafelbild. Tafelarbeit im Geschichtsunterricht: Bd. 1: Von der Russischen Revolution bis zum 11. September 2001, Schwalbach/Ts. 2008; Bd. 2: Von der Frühen Neuzeit bis zum Ersten Weltkrieg, Schwalbach/Ts. 2009; Bd. 3: Vom Neandertaler bis zum Spätmittelalter (i.E.); alle Bände mit CD.

Kolb, Eberhard: Der Frieden von Versailles. München 2005

Kolb, Eberhard: Die Weimarer Republik (Oldenbourg Grundriss der Geschichte, Bd. 16). 6., überarb. u. erw. Aufl. München 2002

Koppetsch, Axel: 1789 aus zweierlei Sicht. Die Französische Revolution als Gegenstand nationaler Rezeptionsgeschichten in der französischen und deutschen Schulbuchhistoriographie seit 1870 (Studien zur internationalen Schulbuchforschung, Bd. 79). Frankfurt/M. 1993

Koselleck, Reinhart: Historia Magistra Vitae. Über die Auflösung des Topos im Horizont neuzeitlich bewegter Geschichte (1967). Ndr. in: Ders.: Vergangene Zukunft. Zur Semantik geschichtlicher Zeiten. 2. Aufl. Frankfurt/M. 1984, S. 38-66

Kotte, Eugen: „Not to Have Ideologies But to Be One". Die Gründungsgeschichte der USA in amerikanischen Schulgeschichtsbüchern aus den Jahren 1968 bis 1985 (Studien zur Internationalen Schulbuchforschung, Bd. 93). Hannover 1997

Kunze, Peter: Neue Medien als Herausforderung für guten Unterricht. In: Geschichte lernen 15 (2002), H. 89, S. 10-16

Lackamp, Angelika/Ziegenspeck, Jörg: Das Schulbuchgenehmigungs- und Schulbuchzulassungsverfahren in den Ländern der Bundesrepublik Deutschland – Eine Synopse mit kritischen Anmerkungen. In: Schallenberger, Horst/Stein, Gerd (Hrsg.): Das Schulbuch zwischen staatlichem Zugriff und gesellschaftlichen Forderungen (Zur Sache Schulbuch, Bd. 7). Kastellaun 1978, S. 101-132

Lagatz, Uwe: Das Schulbuch zwischen Ministerium und Schule. Praxiserfahrungen zum Problem von Zulassung, Auswahl und Einsatz der Schulbücher im Geschichtsunterricht der Gegenwart im Land Sachsen-Anhalt. In: Wollersheim, Heinz-Werner/Moderow, Hans-Martin/Friedrich, Cathrin (Hrsg.): Die Rolle von Schulbüchern für Identifikationsprozesse in historischer Perspektive (Leipziger Studien zur Erforschung von regionenbezogenen Identifikationsprozessen, Bd. 5). Leipzig 2002, S. 19-23

Lehmann, Gustav Adolf: Perikles. Staatsmann und Stratege im klassischen Athen. München 2008

Leidinger, Paul (Hrsg.): Geschichtsunterricht und Geschichtsdidaktik vom Kaiserreich bis zur Gegenwart. Festschrift des Verbandes der Geschichtslehrer Deutschlands zum 75jährigen Bestehen. Stuttgart 1988

Leppek, Sabine: Die Zulassung und Einführung von Schulbüchern und anderen Lernmitteln an staatlichen deutschen Schulen. Verfassungs- und verwaltungsrechtliche Grundfragen. Marburg 2002

Lucas, Friedrich J.: Zur Geschichts-Darstellung im Unterricht. In: Geschichte in Wissenschaft und Unterricht 16 (1965), S. 285-298

Mahler, Elke: Handlungsorientierter Geschichtsunterricht. Theorie – Praxis – Empirie (Schriften zur Geschichtsdidaktik, Bd. 19). Idstein 2006

Marienfeld, Wolfgang: Schulbuch-Analyseverfahren am Beispiel von Schulbuchdarstellungen zum Thema Islam und Kreuzzüge. In: Geschichtsdidaktik 4 (1979), S. 130-156

Marienfeld, Wolfgang: Schulbuchanalyse und Schulbuchrevision: Zur Methodenproblematik. In: Internationales Jahrbuch für Geschichts- und Geographieunterricht 17 (1976), S. 47-58

Mätzing, Heike Christina: Geschichte im Zeichen des historischen Materialismus. Untersuchungen zu Geschichtswissenschaft und Geschichtsunterricht in der DDR (Studien zur internationalen Schulbuchforschung, Bd. 96). Hannover 1999

Mayer, Ulrich/Pandel, Hans-Jürgen/Schneider, Gerhard (Hrsg.): Handbuch Methoden im Geschichtsunterricht. 2., überarb. Aufl. Schwalbach/Ts. 2007

Mayer, Ulrich/Pandel, Hans-Jürgen/Schneider, Gerhard: Einführung. In: Dies. (Hrsg.): Handbuch Methoden im Geschichtsunterricht. 2., überarb. Aufl. Schwalbach/Ts. 2007, S. 9-11

Mayer, Ulrich: Umgang mit Statistiken. In: Ders./Pandel, Hans-Jürgen/Schneider, Gerhard (Hrsg.): Handbuch Methoden im Geschichtsunterricht. 2., überarb. Aufl. Schwalbach/Ts. 2007, S. 208-224

Memminger, Josef: Schüler schreiben Geschichte. Kreatives Schreiben im Geschichtsunterricht zwischen Fiktionalität und Faktizität. Schwalbach/Ts. 2007

Meyer, Enno: Über die Darstellung der deutsch-polnischen Beziehungen im Geschichtsunterricht. In: Internationales Jahrbuch für Geschichtsunterricht. Bd. 5 (1956), S. 225-243

Meyer-Hamme, Johannes: „Man muss so viel lesen. […] Nimmt so viel Zeit in Anspruch und ist nicht so wichtig." Ergebnisse einer qualitativen und quantitativen Schülerbefragung zum Schulbuchverständnis (2002). In: Handro, Saskia/Schönemann, Bernd (Hrsg.): Geschichtsdidaktische Schulbuchforschung (Zeitgeschichte – Zeitverständnis, Bd. 16). Berlin 2006, S. 89-103

Meyers, Peter: Friedrich II. von Preußen im Geschichtsbild der SBZ/DDR. Ein Beitrag zur Geschichte der Geschichtswissenschaft und des Geschichtsunterrichts in der SBZ/DDR. Mit einer Methodik zur Analyse von Schulgeschichtsbüchern (Studien zur internationalen Schulbuchforschung, Bd. 35). Braunschweig 1983

Ministerium für Schule und Weiterbildung des Landes Nordrhein-Westfalen (Hrsg.): Kernlehrplan für das Gymnasium – Sekundarstufe I (G8) in Nordrhein-Westfalen. Geschichte. Frechen 2007

Moderow, Hans-Martin: Schulbuchzulassung und Schulbuchverbreitung in Sachsen bis 1897 und die Rolle der Lehrervereine. In: Wollersheim, Heinz-Werner/Moderow, Hans-Martin/Friedrich, Cathrin (Hrsg.): Die Rolle von Schulbüchern für Identifikationsprozesse in historischer Perspektive (Leipziger Studien zur Erforschung von regionenbezogenen Identifikationsprozessen, Bd. 5). Leipzig 2002, S. 25-47

Mommsen, Wolfgang J.: Die Urkatastrophe Deutschlands. Der Erste Weltkrieg 1914-1918 (Gebhardt. Handbuch der deutschen Geschichte. 10., völlig neu bearb. Aufl. Bd. 17). Stuttgart 2002

Müller, David: Geschichte des deutschen Volkes in kurzgefaßter, übersichtlicher Darstellung zum Gebrauch an höheren Unterrichtsanstalten und zur Selbstbelehrung. 3., verb. u. bis 1871 vervollständigte Aufl. Berlin 1871

Müller, Michael G./Schönemann, Bernd: Die „Polen-Debatte" in der Frankfurter Paulskirche. Darstellung, Lernziele, Materialien (Studien zur internationalen Schulbuchforschung, Bd. 68). Frankfurt/M. 1991

Müller, Walter: Schulbuchzulassung. Zur Geschichte und Problematik staatlicher Bevormundung und Kontrolle von Unterricht und Erziehung (Grundfragen systematischer Pädagogik, Bd. 2). Kastellaun 1977

Multhoff, Robert: Dokumentation. Der Beginn des Zweiten Weltkriegs in Geschichtsbüchern Europas. In: Internationale Schulbuchforschung 1 (1979), H. 1, S. 64-79

Nipperdey, Thomas: Deutsche Geschichte 1800-1866. Bürgerwelt und starker Staat. München 1982, S. 498-533

Norden, Jörg van: Lob eines narrativen Konstruktivismus. In: Geschichte in Wissenschaft und Unterricht 60 (2009), S. 734-741

Opfer, Björn: Zwischen Markt, Politik und Wissenschaft. Wie entsteht ein Schulbuch für die gymnasiale Oberstufe? In: Clauss, Martin/Seidenfuß, Manfred (Hrsg.): Das Bild des Mittelalters in europäischen Schulbüchern (Geschichtsdidaktik in Vergangenheit und Gegenwart, Bd. 5). Berlin 2007, S. 117-124

Osburg, Florian: Tafelskizzen für den Geschichtsunterricht. 260 Tafelbilder. Frankfurt/M. 1994

Osburg, Florian: Die Bedeutung und die Möglichkeiten des methodischen Einsatzes von Tafel und Kreide bei der Gestaltung eines modernen Geschichtsunterrichts - dargestellt an der Arbeit mit Tabellen, Schemata und realistischen Skizzen. 2 Bde. Habilitationsschrift HU Berlin 1967

Oswalt, Vadim: Multimediale Programme im Geschichtsunterricht (Geschichte am Computer, Bd. 1). Schwalbach/Ts. 2002

Oswalt, Vadim: Multimediale Programme im Geschichtsunterricht. Visionen und Alltagsprobleme. In: Geschichte lernen 15 (2002), H. 89, S. 17-21

Pandel, Hans-Jürgen: Bildinterpretation. Die Bildquelle im Geschichtsunterricht. Bildinterpretation I. Schwalbach/Ts. 2008

Pandel, Hans-Jürgen: Erzählen und Erzählakte. Neuere Entwicklungen in der didaktischen Erzähltheorie. In: Demantowsky, Marko/Schönemann, Bernd (Hrsg.): Neue geschichtsdidaktische Positionen (Dortmunder Arbeiten zur Schulgeschichte und zur historischen Didaktik, Bd. 32). 3. Aufl. Bochum 2007, S. 39-55

Pandel, Hans-Jürgen: Erzählen. In: Mayer, Ulrich/Pandel, Hans-Jürgen/Schneider, Gerhard (Hrsg.): Handbuch Methoden im Geschichtsunterricht. 2., überarb. Aufl. Schwalbach/Ts. 2007, S. 408-424

Pandel, Hans-Jürgen: Visuelles Erzählen. Zur Didaktik von Bildgeschichten. In: Ders./Schneider, Gerhard (Hrsg.): Handbuch Medien im Geschichtsunterricht. 4. Aufl. Schwalbach/Ts. 2007, S. 387-404

Pandel, Hans-Jürgen: Was macht ein Schulbuch zu einem Geschichtsbuch? Ein Versuch über Kohärenz und Intertextualität. In: Handro, Saskia/Schönemann, Bernd (Hrsg.): Geschichtsdidaktische Schulbuchforschung (Zeitgeschichte – Zeitverständnis, Bd. 16). Berlin 2006, S. 15-37

Pandel, Hans-Jürgen: Quelleninterpretation. Die schriftliche Quelle im Geschichtsunterricht. 3. Aufl. Schwalbach/Ts. 2006

Pandel, Hans-Jürgen: Geschichtsunterricht nach PISA. Kompetenzen, Bildungsstandards und Kerncurricula. Schwalbach/Ts. 2005

Pandel, Hans-Jürgen: Entwicklung der didaktischen Darstellung: Katechese – Erzählung – narrative Rekonstruktion. Eine Diskussionsbemerkung. In: Jeismann, Karl-Ernst/Quandt, Siegfried (Hrsg.): Geschichtsdarstellung. Determinanten und Prinzipien. Göttingen 1982, S. 39-42

Pandel, Hans-Jürgen: Anmerkungen zum Stand der geschichtsdidaktischen Mediendiskussion. In: Geschichtsdidaktik 5 (1980), S. 329-334

Pingel, Falk: Geschichtslehrbücher zwischen Kaiserreich und Gegenwart. In: Leidinger, Paul (Hrsg.): Geschichtsunterricht und Geschichtsdidaktik vom Kaiserreich bis zur Gegenwart. Festschrift des Verbandes der Geschichtslehrer Deutschlands zum 75jährigen Bestehen. Stuttgart 1988, S. 242-260

Pöggeler, Franz (Hrsg.): Politik im Schulbuch (Schriftenreihe der Bundeszentrale für politische Bildung. Bd. 231). Bonn 1985

Radkau, Verena: Georg-Eckert-Institut. In: Mayer, Ulrich, u. a. (Hrsg.): Wörterbuch Geschichtsdidaktik. 2., überarb. u. erw. Aufl. Schwalbach/Ts. 2009, S. 78 f.

Rahe, Konrad: Wie man Schulbücher nicht machen darf! Eine Polemik zum Klett-Lehrwerk ‚Geschichte und Geschehen'. In: Körber, Andreas (Hrsg.): Geschichte – Leben – Lernen. Bodo von Borries zum 60. Geburtstag. Schwalbach/Ts. 2003, S. 215-224

Riemenschneider, Rainer: „Dem Belieben von Mordbuben ausgeliefert". Die Französische Revolution in deutschen Schulgeschichtsbüchern von 1871 bis 1945. In: Herrmann, Ulrich/Oelkers, Jürgen (Hrsg.): Französische Revolution und Pädagogik der Moderne. Aufklärung, Revolution und Menschenbildung im Übergang vom Ancien Régime zur bürgerlichen Gesellschaft (Zeitschrift für Pädagogik, Beiheft 24). Weinheim/Basel 1989, S. 391-409

Riemenschneider, Rainer: Das Geschichtslehrbuch in der Bundesrepublik. Seine Entwicklung seit 1945. In: Bergmann, Klaus/Schneider, Gerhard (Hrsg.): Gesellschaft – Staat – Geschichtsunterricht. Beiträge zu einer Geschichte der Geschichtsdidaktik und des Geschichtsunterrichts von 1500-1980. Düsseldorf 1982, S. 295-321

Rohlfes, Joachim: Konstruktivismus - Stärken und Schwächen einer Erkenntnis- und Lerntheorie. In: Geschichte in Wissenschaft und Unterricht 60 (2009), S. 707-719

Rohlfes, Joachim: Geschichte und ihre Didaktik. 3., erw. Aufl. Göttingen 2005

Rohlfes, Joachim: Politische und didaktische Tugendwächter. Warum unsere Schulbuch-Gutachter mehr Zurückhaltung üben sollten. In: Geschichte in Wissenschaft und Unterricht 49 (1998), S. 157-164

Rohlfes, Joachim: Schulgeschichtsbücher. In: Geschichte in Wissenschaft und Unterricht 45 (1994), S. 460-465

Rohlfes, Joachim: Die staatliche Prüfung und Zulassung von Schulbüchern: ein notwendiges Ärgernis? Unfrisierte Gedanken eines Schulbuchverfassers. In: Geschichte in Wissenschaft und Unterricht 33 (1982), S. 599-608

Rommel, Heinz: Das Schulbuch im 18. Jahrhundert (Probleme der Erziehung, Bd. 9/10). Wiesbaden-Dotzheim 1968

Rox-Helmer, Monika: Jugendbücher im Geschichtsunterricht. Schwalbach/Ts. 2006

Rüsen, Jörn: Das ideale Schulbuch. Überlegungen zum Leitmedium des Geschichtsunterrichts. In: Internationale Schulbuchforschung 14 (1992), S. 237-250

Rüsen, Jörn: Die vier Typen des historischen Erzählens. In: Koselleck, Reinhart/Lutz, Heinrich/Rüsen, Jörn (Hrsg.): Formen der Geschichtsschreibung (Beiträge zur Historik, Bd. 4). München 1982, S. 514-605

Sauer, Michael: Bilder im Geschichtsunterricht. Typen, Interpretationsmethoden, Unterrichtsverfahren. 3. Aufl. Seelze-Velber 2007

Sauer, Michael: Die Zeitleiste. In: Pandel, Hans-Jürgen/Schneider, Gerhard (Hrsg.): Handbuch Medien im Geschichtsunterricht. 4. Aufl. Schwalbach/Ts. 2007, S. 197-208

Sauer, Michael: Kompetenzen für den Geschichtsunterricht - ein pragmatisches Modell als Basis für die Bildungsstandards des Verbandes der Geschichtslehrer. In: Informationen für den Geschichts- und Gemeinschaftskundelehrer 72 (2006), S. 7-20

Sauer, Michael: Geschichte unterrichten. Eine Einführung in die Didaktik und Methodik. 4. Aufl. Seelze-Velber 2005

Sauer, Michael: Zwischen Negativkontrolle und staatlichem Monopol. Zur Geschichte von Schulbuchzulassung und -einführung. In: Geschichte in Wissenschaft und Unterricht 49 (1998), S. 144-156

Schallenberger, Horst (Hrsg.): Das Schulbuch – Produkt und Faktor gesellschaftlicher Prozesse (Zur Sache Schulbuch, Bd. 1). Ratingen/Kastellaun 1973

Schallenberger, Horst: Untersuchungen zum Geschichtsbild der Wilhelminischen Ära und der Weimarer Zeit. Eine vergleichende Schulbuchanalyse deutscher Schulgeschichtsbücher aus der Zeit von 1888 bis 1933. Ratingen 1964

Schmid, Heinz Dieter: Entdeckendes Lernen im Geschichtsunterricht. In: Süssmuth, Hans (Hrsg.): Geschichtsdidaktische Positionen. Bestandsaufnahme und Neuorientierung. Paderborn u.a. 1980, S. 283-314

Schneider, Gerhard: Neue Inhalte für ein altes Unterrichtsfach. Überlegungen zu einem alternativen Curriculum Geschichte in der Sekundarstufe I. In: Demantowsky, Marko/Schönemann, Bernd (Hrsg.): Neue geschichtsdidaktische Positionen (Dortmunder Arbeiten zur Schulgeschichte und zur historischen Didaktik, Bd. 32). 3. Aufl. Bochum 2007, S. 119-141

Schneider, Gerhard: Ein alternatives Curriculum für den Geschichtsunterricht in der Hauptschule. Ein Diskussionsbeitrag. In: Geschichte in Wissenschaft und Unterricht 51 (2000), S. 406-417

Scholle, Dietrich: Schulbuchanalyse und Schulbuchkritik. In: Süssmuth, Hans (Hrsg.): Geschichtsunterricht im vereinten Deutschland. Auf der Suche nach Neuorientierung (Teil II). Erweiterte Dokumentation der Tagung Geschichtsunterricht in Deutschland, 22.-25. Oktober 1990, Bonn und Düsseldorf (Dialog in Deutschland, Bd. 3). Baden-Baden 1991, S. 275-283

Schönemann, Bernd: Bildungsstandards und Geschichtsunterricht. Ein Kommentar zu Waltraud Schreiber und Michael Sauer. In: Zeitschrift für Pädagogik 54 (2008), S. 218-221

Schönemann, Bernd: Die Dimension des Religiösen. Historisch-didaktische Befunde und Reflexionen. In: Schreiber, Waltraud (Hrsg.): Die religiöse Dimension im Geschichtsunterricht. Ein interdisziplinäres Forschungsprojekt. Tagungsband (Bayerische Studien zur Geschichtsdidaktik, Bd. 2). Neuried 2000, S. 411-431

Schönemann, Bernd: „Eine gewaltige Aufregung und Beunruhigung der Gemüther". Zum Streit um die obligatorische Einführung des Flügge'schen Lesebuchs in die einklassigen Elementarschulen der preußischen Provinz Hannover 1868-1871. In: Leidinger, Paul/Metzler, Dieter (Hrsg.): Geschichte und Geschichtsbewußtsein. Festschrift Karl-Ernst Jeismann zum 65. Geburtstag. Münster 1990, S. 648-679

Schönemann, Bernd: Nationale Identität als Aufgabe des Geschichtsunterrichts nach der Reichsgründung. In: Internationale Schulbuchforschung 11 (1989), S. 107-127

Schönemann, Bernd: Geschichtsunterricht zwischen Wissenschaft und politischen Legitimationsbedürfnissen. Ein Projektbericht. In: Jeismann, Karl-Ernst (Hrsg.): Geschichte als Legitimation? Internationale Schulbuchrevision unter den Ansprüchen von Politik, Geschichtswissenschaft und Geschichtsbedürfnis (Studien zur internationalen Schulbuchforschung, Bd. 39). Braunschweig 1984, S. 9-20

Schöner, Alexander/Schreiber, Waltraud: De-Konstruktion des Umgangs mit Geschichte in Schulbüchern. Vom Nutzen wissenschaftlicher Schulbuchanalysen für den Geschichtsunterricht. In: Schreiber, Waltraud/Mebus, Sylvia (Hrsg.): Durchblicken. Dekonstruktion von Schulbüchern (Themenhefte Geschichte, H. 1). 2., überarb. u. aktual. Aufl. Neuried 2006, S. 21-32

Schörken, Rolf: Das Aufbrechen narrativer Harmonie. Für eine Erneuerung des Erzählens mit Augenmaß. In: Geschichte in Wissenschaft und Unterricht 48 (1997), S. 727-735

Schreiber, Waltraud/Mebus, Sylvia (Hrsg.): Durchblicken. Dekonstruktion von Schulbüchern. 2., überarb. u. aktual. Aufl. Neuried 2006

Schröter, Heike: Geschichte ohne Frauen? Das Frauenbild in den Schulgeschichtsbüchern der BRD und der DDR von 1949 bis 1989. Frankfurt/M. 2002

Schüddekopf, Otto-Ernst: 20 Jahre Westeuropäischer Schulgeschichtsbuchrevision 1945-1965. Tatsachen und Probleme (Schriftenreihe des internationalen Schulbuchinstituts, Bd. 12). Braunschweig 1966

Schulze, Hagen: Versailles. In: François, Etienne/Schulze, Hagen (Hrsg.): Deutsche Erinnerungsorte. Eine Auswahl. München 2005, S. 214-228

Shell Deutschland Holding (Hrsg.): Jugend 2006. Eine pragmatische Generation unter Druck. Frankfurt/M. 2006

Skopp, Douglas R.: Auf der untersten Sprosse: Der Volksschullehrer als „Semi-Professional" im Deutschland des 19. Jahrhunderts. In: Geschichte und Gesellschaft 6 (1980), S. 383-402

Spreemann, Bernd: Fragen an das Geschichtsbuch – Kriterien für die Auswahl eines Schulbuchs. In: Geschichte in Wissenschaft und Unterricht 44 (1993), S. 640-642

Sproll, Heinz: Französische Revolution und Napoleonische Zeit in der historisch-politischen Kultur der Weimarer Republik. Geschichtswissenschaft und Geschichtsunterricht 1918-1933 (Schriften der Philosophischen Fakultät der Universität Augsburg, Nr. 42). München 1992

Stein, Gerd: Immer Ärger mit den Schulbüchern – Ein Beitrag zum Verhältnis zwischen Pädagogik und Politik (Brennpunkte der Bildungspolitik, Bd. 1). Stuttgart 1979

Stein, Gerd: Das Schulbuch im Spannungsfeld von pädagogischem Zweck, verlegerischer Investition und öffentlicher Kontrolle. In: Tewes, Bernard (Hrsg.): Schulbuch und Politik. Unterrichtsmedien im Spannungsfeld politischer Interessen. Paderborn u. a. 1979

Stephan-Kühn, Freya: Anmerkungen zu Geschichtsbüchern im Deutschland der 90er Jahre. In: Süssmuth, Hans (Hrsg.): Geschichtsunterricht im vereinten Deutschland. Auf der Suche nach Neuorientierung (Teil II). Erweiterte Dokumentation der Tagung Geschichtsunterricht in Deutschland, 22.-25. Oktober 1990, Bonn und Düsseldorf (Dialog in Deutschland, Bd. 3). Baden-Baden 1991, S. 296-302

Stillemunkes, Christoph: Die Schulbuchzulassung – Qualitätssicherung und Serviceleistung. In: Geschichte in Wissenschaft und Unterricht 49 (1998), S. 165-174

Teepe, Renate: Umgang mit dem Schulbuch. In: Mayer, Ulrich/Pandel, Hans-Jürgen/Schneider, Gerhard (Hrsg.): Handbuch Methoden im Geschichtsunterricht. 2., überarb. Aufl. Schwalbach/Ts. 2007, S. 255-268

Terhart, Ewald: Lehr-Lern-Methoden. Eine Einführung in Probleme der methodischen Organisation von Lehren und Lernen. 4., erg. Aufl. Weinheim 2005

Tewes, Bernard (Hrsg.): Schulbuch und Politik – Unterrichtsmedien im Spannungsfeld politischer Interessen. Paderborn u. a. 1979

Thünemann, Holger: Der Versailler Vertrag – ein ungerechter Friede? In: Geschichte lernen 23 (2010), H. 137 [im Druck]

Thünemann, Holger: Geschichtsunterricht ohne Geschichte? Überlegungen und empirische Befunde zu historischen Fragen im Geschichtsunterricht und im Schulgeschichtsbuch. In: Handro, Saskia/Schönemann, Bernd (Hrsg.): Geschichte und Sprache (Zeitgeschichte – Zeitverständnis, Bd. 21). Berlin 2010, S. 49-59

Thünemann, Holger: Fragen im Geschichtsunterricht. Forschungsstand und Forschungsperspektiven. In: Zeitschrift für Geschichtsdidaktik 8 (2009), S. 115-124

Thünemann, Holger: Die doppelte Staatsgründung in Schulgeschichtsbüchern der DDR und der alten Bundesrepublik – ein deutsch-deutscher Vergleich. In: Geschichte für heute 2 (2009), H. 4, S. 5-14

Thünemann, Holger: „Sind wir die Fans von Egon Krenz?“ Zur Reflexion des „Wende“-Begriffs. In: Geschichte lernen 22 (2009), H. 128, S. 54-59

Tiemann, Dieter (Hrsg.): Neue Schulgeschichtsbücher. Herausgeber und Autoren stellen ihre Werke vor (Dortmunder Arbeiten zur Schulgeschichte und zur historischen Didaktik, Bd. 18). Bochum 1990

Uffelmann, Uwe: Kompetenzen und problemorientiertes historisches Lernen – Ein Zwischenruf. In: Geschichte, Politik und ihre Didaktik 36 (2008), S. 19-23

Uffelmann, Uwe: Neue Beiträge zum Problemorientierten Geschichtsunterricht. Idstein 1999

Völkel, Bärbel: Handlungsorientierung im Geschichtsunterricht. 2. Aufl. Schwalbach/Ts. 2008

Vollstädt, Witlof: Neue Medien und Schulentwicklung. In: Internationale Schulbuchforschung 24 (2002), S. 161-173

Vollstedt, Hans: Die Darstellung der Reformation und der Gegenreformation in deutschen Schulgeschichtslehrbüchern des 19. und 20. Jahrhunderts (Probleme der Erziehung, Bd. 8). Wiesbaden-Dotzheim 1969

Weinbrenner, Peter: Grundlagen und Methodenprobleme sozialwissenschaftlicher Schulbuchforschung. In: Fritzsche, Peter K. (Hrsg.): Schulbücher auf dem Prüfstand. Perspektiven der Schulbuchforschung und Schulbuchbeurteilung in Europa (Studien zur internationalen Schulbuchforschung, Bd. 75). Frankfurt/M. 1992, S. 33-54

Weniger, Erich: Didaktik als Bildungslehre. Teil 1. Theorie der Bildungsinhalte und des Lehrplans. 6./8. Aufl. Weinheim 1965

Wenzel, Birgit: Aufgaben im Geschichtsunterricht. In: Hilke Günther-Arndt (Hrsg.): Geschichts-Methodik. Handbuch für die Sekundarstufe I und II. Berlin 2007, S. 77-86

Weymar, Ernst: Das Selbstverständnis der Deutschen. Ein Bericht über den Geist des Geschichtsunterrichts der höheren Schulen im 19. Jahrhundert. Stuttgart 1961